# DECLARACIONES DIARIAS
PARA LA GUERRA
ESPIRITUAL

# DECLARACIONES DIARIAS
## PARA LA GUERRA ESPIRITUAL

## JOHN ECKHARDT

CASA
CREACIÓN

La mayoría de los productos de Casa Creación están disponibles a un precio con descuento en cantidades de mayoreo para promociones de ventas, ofertas especiales, levantar fondos y atender necesidades educativas. Para más información, escriba a Casa Creación, 600 Rinehart Road, Lake Mary, Florida, 32746; o llame al teléfono (407) 333-7117 en Estados Unidos.

*Declaraciones diarias para la guerra espiritual* por John Eckhardt
Publicado por Casa Creación
Una compañía de Charisma Media
600 Rinehart Road
Lake Mary, Florida 32746
www.casacreacion.com

Traducido por: Belmonte Traductores
Director de diseño: Justin Evans

Originally published in the U.S.A. under the title: *Daily Declarations for Spiritual Warfare*;
Published by Charisma House, a Charisma Media Company

Copyright © 2011, 2015 Casa Creación
Todos los derechos reservados

Previamente publicado en tamaño 5" x 7", ISBN 978-1-61638-543-9,
copyright © 2011. Todos los derechos reservados.

Visite la página web del autor: www.johneckhardtministries.com

Library of Congress Control Number: 2015952276
ISBN: 978-1-62998-879-5 (Tapa dura)

Impreso en Colombia
15 16 17 18 19 * 7 6 5 4 3 2 1

# INTRODUCCIÓN

LAS RAZONES MÁS importantes por las que se nos dio la Biblia, *la Palabra de Dios*, son para que podamos conocer los maravillosos planes que Dios tiene para nosotros, experimentemos su presencia en nuestra vida y estemos totalmente equipados para cumplir su voluntad en la tierra.

La Biblia contiene las palabras de Dios: las cosas específicas que Él sabía que necesitaríamos saber para vivir una vida que le agrade. Él quiere que oigamos su voz en nuestro espíritu a pesar de cuáles sean las circunstancias de la vida o de cuántas otras voces estén intentando captar nuestra atención. Su voz sobresale por encima del barullo y la confusión de todos los demás sonidos, si hemos aprendido a oír su voz y a reconocerle cuando Él nos habla.

La presencia de Dios en nuestra vida y sus palabras en nuestro espíritu disipan el dolor más grande, atraviesan las nubes de distracción y confusión, y se alzan sobre las amenazas y pataletas de los espíritus demoniacos que quieren cegarnos a sus malvadas e impías filosofías y nos arrancan de la promesa de Dios de una eternidad con Él.

Pero la Palabra de Dios no puede hacer ninguna de esas cosas a menos que hayamos estudiado con diligencia su Palabra escrita y hayamos aprendido a reconocer su voz de revelación hablándonos a nuestro espíritu. No puede guiarnos en el camino de la justicia ni guardarnos de la cautividad de Satanás a menos que la conozcamos. No nos enseñará sobre la guerra espiritual en nuestras batallas con Satanás y sus fuerzas demoniacas a menos que se haya convertido en nuestro manual de victoria para la guerra espiritual.

Este libro está lleno de las palabras de Dios para nosotros hoy. Está escrito con su voz, y leerlo será como sentarse a los pies de Él mientras nos habla sobre nuestras interacciones y necesidades diarias. Intenta articular los pensamientos de Dios para sus hijos. Enriquecerá su día, guiará su camino, fortalecerá su resolución y le dará estrategias defensivas contra Satanás.

Dios mismo nos habló sobre la importancia de conocer y escuchar sus Palabras cuando dijo:

> Porque mis pensamientos no son los de ustedes,
>> ni sus caminos son los míos "afirma el Señor".
> Mis caminos y mis pensamientos
>> son más altos que los de ustedes;
>> ¡más altos que los cielos sobre la tierra!
> Así como la lluvia y la nieve
>> descienden del cielo,
> y no vuelven allá sin regar antes la tierra
>> y hacerla fecundar y germinar
> para que dé semilla al que siembra
>> y pan al que come,
> así es también la palabra que sale de mi boca:

No volverá a mí vacía,
sino que hará lo que yo deseo
y cumplirá con mis propósitos

—Isaías 55:8-11, NVI

Use este libro para permitir que Dios se siente con usted para conversar cada día, y para llenar su espíritu con su consejo y guía. Enriquecerá su vida y le preparará para ser victorioso en cada circunstancia y situación que afronte. La Palabra de Dios, ya sea escrita o susurrada en silencio a su espíritu, será todo lo que necesite para vivir una vida totalmente agradable a Dios.

# SECCIÓN I

Un encuentro con
tu comandante

## LO ÚNICO QUE NECESITAS ES
## MI PALABRA Y MI PODER

EN MI PALABRA descubrirás los pensamientos que tengo acerca de ti. He deseado que tu vida esté llena de mi gran paz, no de la maldad y la confusión que encontrarás en el mundo, lo cual el enemigo intentará poner sobre ti. Mi Palabra te ayudará a ver el glorioso futuro que he planeado para ti y rodeará tu vida con la esperanza de vencer el mal de este mundo con mi fortaleza y poder. Permite que mi Espíritu Santo te llene de mi poder sobrenatural. Con mi poder no hay nada que el enemigo pueda hacer para herirte. Mi Palabra y mi poder te ayudarán a llenar toda la tierra de mi gloria.

JEREMÍAS 29:11; MATEO 10:1; SALMOS 72:19

### Declaración en oración

*Padre, tu Palabra me dice que clame a ti, y tú me responderás y me mostrarás cosas grandes y poderosas que yo no conozco. ¡Hoy clamo a ti!*

## ANHELO ENCONTRARME CONTIGO

ANHELO PASAR TIEMPO contigo cada día. Si clamas a mí, yo te responderé y te mostraré cosas grandes y poderosas que puedo hacer por ti, cosas que tú no conoces. Me deleito en las oraciones que me haces. Mis oídos están continuamente abiertos para oírte cuando clamas a mí. Tus oraciones fervientes y sentidas harán que mi tremendo poder esté disponible para ti. Aprende a orar sin cesar y te liberaré de tus enemigos. El enemigo quiere hacer que no tengas poder ni esperanza en este día, pero yo soy tu Ayudador y no pasaré por alto tu oración ni me alejaré de ti. Si vienes a encontrarte conmigo cada día, te daré el poder de mi Espíritu para vencer al enemigo.

JEREMÍAS 33:3; SANTIAGO 5:16; SALMOS 18:3; 66:20

### Declaración en oración

*Señor, te he esperado pacientemente, y tú has oído mi clamor. Me sacaste del pozo cenagoso de lodo y fango, y pusiste mis pies firmemente sobre una roca. Pusiste una nueva canción en mi boca y me diste un himno de alabanza que puedo cantarte. Que los que me rodean vean y aprendan también a poner su confianza en ti.*

## QUIERO QUE USES MIS PALABRAS
## PARA LIBERAR A LOS CAUTIVOS

SI CONFIESAS MI Palabra diariamente y pasas tiempo conmigo en oración cada día, liberaré grandemente mi poder sobre tu vida. Mi Espíritu iluminará mi Palabra y te ayudará a ver claramente mi plan para tu vida, ¡y cómo el enemigo quiere detener ese plan! Al leer mi Palabra y encontrarte conmigo en oración, tu fe te impedirá que te vuelvas perezoso y que te nubles espiritualmente, y por tu fe heredarás mis promesas. Acuérdate de mi siervo Daniel, que pudo orar fervientemente porque conocía mi Palabra con respecto a mi pueblo. Hoy, una gran parte de mi pueblo está cautivo por los deseos malvados y pecaminosos de personas que están controladas por el enemigo. Cuando ores y confieses mi Palabra, podrás liberar mis pensamientos, lo cual llevará mi Espíritu y mi vida a todos los cautivos.

ISAÍAS 33:2; HEBREOS 6:11-12; JUAN 6:63

## Declaración en oración

*Padre, tu Espíritu Santo me ha iluminado tu Palabra y me ha dado armas de guerra llenas de tu poder, las cuales uso diariamente para hacer guerra contra el enemigo y para derribar fortalezas.*

## Quiero darte las llaves de mi Reino

¿Te has desilusionado y desanimado por la maldad y la corrupción que existen a tu alrededor en este mundo pecaminoso? ¿No sabes que yo quiero darte las llaves de mi Reino en el cielo? Ni el mismo infierno podrá prevalecer contra mi Reino. Con las llaves de mi Reino, te he dado autoridad para atar y desatar. Podrás restringir, detener, obstaculizar, poner grilletes, revisar, retirar, arrestar y dar el alto a las fortalezas demoniacas en tu mundo. Puedes usar las llaves de mi Reino para atar dolencias y enfermedades, heridas, brujería, pobreza, muerte, destrucción, confusión, derrota y desánimo en tu vida. Al hacer eso te liberarás a ti mismo, y a otros, de las obras de las tinieblas, las obras de Satanás. No te olvides nunca que le he dado a mi pueblo, a ti, poder y autoridad sobre todos los demonios.

Mateo 16:19; 10:1

## Declaración en oración

*Tú has prometido, Señor, que la oración eficaz del justo es poderosa. Tú te deleitas en responderme cuando clamo a ti, y haces cosas grandes y poderosas en mi vida.*

## MI PALABRA TE DARÁ PODER PARA DERRIBAR FORTALEZAS

SI CONTINÚAS AFERRÁNDOTE a las promesas que te he dado en mi Palabra, podrás derribar las fortalezas satánicas a tu alrededor. Mi Palabra es más poderosa que las voraces llamas que causan destrucción y muerte dondequiera que van. Mi Palabra es un fuego violento que quemará las obras de la maldad. ¿Odias las falsas maneras que Satanás usa para apartar a la gente del camino de la vida hacia el camino de la muerte? ¿Quieres ver cambios en tu ciudad, región y nación? Te he dado el poder para representar a mi Reino e incluso cambiar regiones geográficas. Eres un rey en mi Reino, y tu palabra está llena de autoridad y poder contra los reinos de este mundo perverso. Permanece firme en el poder que te he dado. No sufras innecesariamente por no ejercitar tu autoridad en mí.

SALMOS 119:104; JEREMÍAS 23:29

## Declaración en oración

*Oh Dios, usaré tu Palabra como un martillo poderoso para romper todos los límites defensivos de Satanás. Tu Palabra se extenderá como un fuego incontrolado por todo el territorio enemigo, quemando todas sus obras de oscuridad.*

## MI PODER TE HARÁ VICTORIOSO

RECUERDA SIEMPRE QUE no tienes lucha contra sangre y carne. Si quieres vencer y ser victorioso sobre los principados y potestades, aprende a prepararte en mi armadura. Abróchate mi cinturón de verdad en tu cintura, y ponte mi coraza de justicia. Afirma tus pies con el apresto del evangelio de la paz. Cuando te prepares para avanzar en la batalla contra Satanás y sus fuerzas demoniacas, toma el escudo de la fe, para poder apagar todos los dardos de fuego que el maligno y todo su ejército te disparen. Ponte mi yelmo de salvación en la cabeza, y toma la espada de mi Espíritu, mi Palabra, en tus manos. Sobre todo, acude a mí continuamente con tus peticiones en cada circunstancia que afrontes. Nuestra comunión continua te hará victorioso en cada confrontación demoniaca con el enemigo.

EFESIOS 6:12-18; SALMOS 144:1-2

## Declaración en oración

*He muerto a mi naturaleza pecaminosa porque Dios me ha hecho vivir con Cristo. Debido al sacrificio de su Hijo, Dios ha perdonado todos mis pecados, los ha clavado en la cruz del calvario. Él ha desarmado a las potestades y autoridades demoniacas y me ha hecho triunfar sobre ellos por la obra de su Hijo en la cruz.*

## Haré que traspases toda oposición demoniaca

Mi poder puede fluir mediante las oraciones que me haces. Nunca olvides que mi Palabra y mi Espíritu Santo son tu fuente de poder. Permanece firme en mí y en el poder de mi fuerza. Soy un fuerte guerrero, y lucharé tus batallas por ti. Puedes confiar en mi poder y dirección. Yo seré la fortaleza de tu vida. Medita en mi Palabra, declara mi Palabra con tu boca. Yo soy la fuente de todas tus victorias y logros. Mi Palabra contiene sabiduría y estrategias para tu guerra espiritual. Al estudiar mi Palabra, haré que avances hacia la libertad y la victoria sobre toda fuerza demoniaca que salga contra ti. Cuando clames a mí, te responderé y te mostraré cosas grandes y poderosas que tú no conoces.

Salmos 144:1; Efesios 6:10; Jeremías 33:3

### Declaración en oración

*Alabo a mi Señor, ni roca. Él adiestra mis manos para la guerra y mis dedos para la batalla. Él es mi Dios amoroso y mi refugio, mi fortaleza y mi libertador, mi escudo en quien encuentro protección.*

## PUEDES CONFIAR EN MI
## PREMURA PARA AYUDARTE

ESTOY LISTO PARA ayudarte, así que no hay ninguna arma forjada contra ti que pueda prosperar. Te he establecido en mi justicia, y toda forma de opresión demoniaca está lejos de ti. No tengas miedo del despliegue de fuerzas de Satanás, porque yo estoy contigo. Yo no te he dado un espíritu de temor, sino que te he dado todo mi poder por medio de mi Espíritu Santo. Te he llenado de mi amor, y te he dado dominio propio. Permanece seguro en mí, y no temas la intimidación de Satanás. No te preocupes de sí tendrás fuerza suficiente para las batallas que debes pelear. Eres mi hijo amado, y te he bendecido con toda bendición espiritual desde mi lugar en el cielo. Te he librado del poder de las tinieblas y te he trasladado a mi Reino donde habito con mi querido Hijo.

ISAÍAS 54:17; 1 JUAN 4:4; COLOSENSES 1:13

### Declaración en oración

*Señor, tú eres mi fortaleza. Vivo bajo tu protección, y descanso en tu sombra poderosa. Cuando estoy en problemas, clamaré a ti, y tú me responderás con tu brazo de protección. Tú me honrarás y me darás larga vida con tu poder salvador.*

# Quiero mostrarte lo que tengo para ti

Permanece en mi presencia, porque quiero mostrarte las bendiciones que tengo para ti. Como te amo tanto, tienes un gran favor conmigo, y te doy favor también con los hombres. Ungiré tu cabeza con aceite y tu vida rebosará mis bendiciones. Bondad y misericordia rodearán tu vida mientras vivas. Reinarás con poder en tu vida por el gran sacrificio de mi Hijo Jesús por ti. Cada paso que des estará recubierto de mi luz divina, y la sangre de mi querido Hijo, Jesús, te ha limpiado de todo tu pecado. Ningún mal te alcanzará, y ninguna plaga llegará a tu hogar y tu familia. Permanece cubierto en mi abrigo, donde estás arraigado y cimentado en mi amor.

Deuteronomio 28:13; Salmos 23:5-6; Efesios 3:16-17

## Declaración en oración

*Padre, como eres mi pastor, nada me faltará. Me guiarás por sendas derechas.*
*Si camino por el valle de sombra de muerte, no temeré, porque tú estás*
*conmigo. Tu bondad y tu amor siempre estarán conmigo cada día de mi vida.*

# Permíteme recordarte quién eres

He visto las veces en que te has sentido solo...abandonado...
sin esperanza, y quiero recordarte quién eres realmente. Permite
que mi Espíritu Santo toque tu espíritu y te confirme quién eres
verdaderamente. Yo soy tu Padre, ¡y tú eres mi hijo! ¡Hay una herencia
increíble esperándote! Mi propio Hijo querido dio su vida para que tú
vivieras. Has sido creado de nuevo y revestido de mi propia justicia. Te
he dado vida eterna por medio de mi Hijo. Te creé para hacer buenas
obras y te di mi promesa de que todo lo puedes por medio del poder de
mi Hijo, que te fortalece. Tienes mi mente; tu vida está escondida en mí,
y como mi Hijo vive en ti, has sido lleno con la esperanza de compartir
mi gloria. Por medio de la obra de mi Hijo, todas tus necesidades serán
suplidas. ¡Tú eres mío!

Romanos 8:16-17; 2 Corintios 2:14, 17; Efesios 1:3-4

## Declaración en oración

*Padre, me diste tu Espíritu para hacerme sabio y para ayudarme a entender*
*lo que significa conocerte. Tu luz inunda mi corazón con la esperanza de*
*las gloriosas bendiciones y el maravilloso poder que tienes para mí.*

## ¿A QUÉ ESTÁS DISPUESTO A RENUNCIAR POR MÍ?

Hijo mío, ¿sabes que me deleito mucho en ti? Tu dedicación para vivir tu vida agradándome ha hecho que me goce por ti con cántico. Cuando te oigo renunciar a las cosas de este mundo que tan solo te traen destrucción y muerte, mi gozo se desborda. He oído tus oraciones y me deleito en tu obediencia a mi Palabra. Como has desechado toda inmundicia, borracheras, pleitos, lascivias, fornicación y adulterio, he llenado tu vida de mi amor. En lugar de odio, contención, celos y arranques de ira, mi gozo fluye por tu vida y mi paz te rodea. Permite que el fruto de mi Espíritu desborde tu vida para alcanzar a otros, porque mi amor te ha hecho más, mucho más que un vencedor sobre la tierra. Nada podrá jamás separarte de mí por el gran amor que te tengo.

Sofonías 3:17; Gálatas 5:16, 19-25; Romanos 8:37-39

### Declaración en oración

*Soy victorioso en todo, Padre, a causa de Cristo que me ama. Nada puede*
*separarnos del amor de Dios; ni la vida ni la muerte, ni los ángeles ni los*
*espíritus, ni lo presente ni lo futuro, y ningún poder en lo alto ni en lo bajo.*

## RECUERDA QUE YO SOY TODO
## LO QUE NECESITAS

HIJO MÍO, SIEMPRE podrás contar con el amor eterno que tengo por ti. He llenado toda la tierra con mi amor eterno. Seré un refugio para ti, una torre fuerte contra tus enemigos. Mi interminable fuente de gloriosas riquezas te fortalecerá con poder por medio de mi Espíritu en tu ser interior. Por tu fe, mi Hijo morará en tu corazón. He cavado las raíces de mi amor muy dentro de ti, y te he establecido en amor. Aférrate a mi amor, porque sobrepasa todo entendimiento y te llenará de mi presencia. Si confías en mí, te llenaré de gozo y paz, y tu vida desbordará esperanza por el poder de mi Espíritu Santo. La fe te invadirá, y mis dones de sanidad, poder milagroso, profecía, discernimiento y lenguas e interpretación son tuyos para que los tomes.

SALMOS 33:4-5; EFESIOS 3:20; 1 CORINTIOS 12:7-11

## Declaración en oración

*Soy redimido de la maldición de la ley. Soy redimido de la pobreza. Soy redimido de la enfermedad. Soy redimido de la muerte espiritual. Venzo sobre todo porque mayor es el que está en mí que el que está en el mundo.*

## POR QUIEN ERES EN MÍ, TU FAMILIA ESTÁ A SALVO

HIJO MÍO, AUNQUE los cielos y la tierra tiemblen, yo seré refugio para mi pueblo. Ten cuidado de obedecer mi Palabra, para que te vaya bien y prosperes grandemente en la tierra que fluye leche y miel, como te prometí. Establece mi Palabra en tu corazón y tu mente, átalas como un símbolo en tus manos y en tu frente. Enséñalas a tus hijos cuando te sientes en casa, o camines, o te acuestes. Establece mi Palabra en tu hogar para que tus días y los días de tus hijos sean muchos. Te seré fiel durante todas tus generaciones. Mi amor permanecerá firme para siempre, y estableceré tu linaje familiar para siempre. Vivirás para ver a los hijos de tus hijos andando en mis caminos.

DEUTERONOMIO 6:1-3; 11:18-21; SALMOS 89:1, 4; 4:7-8; 28:1-3

### Declaración en oración

*Como te respeto, Padre, y obedezco tus leyes, mis campos producirán, y estaré contento y todo irá bien. Mi cónyuge será fructífero, y así como un olivo tiene muchas aceitunas, mi hogar se llenará de hijos saludables.*

## YO ESTOY EN TI, Y TÚ ESTÁS EN MÍ

Así como mi Hijo está *en mí*, y yo estoy *en Él*, así también yo estoy *en ti*. Mientras mi Palabra habite en ti, puedes pedirme lo que desees, y será tuyo. Si guardas mi Palabra, siempre habitarás en mi amor. Te digo estas cosas para que mi gozo permanezca en ti y para que tu gozo sea cumplido. No fuiste tú quien me escogiste, sino que yo te escogí y te designé para que fueras y dieras fruto, pero recuerda siempre que mi Hijo no oró pidiendo que te quitara de este mundo malvado, sino que oró para que te guardase del mal en el mundo. Te he santificado por mi verdad y te he enviado al mundo para que el mundo me conozca y pueda amarnos a mi Hijo y a mí.

JUAN 14:20; 14:17, 25-27; 15:4-5, 7

### Declaración en oración

*Espíritu Santo, enséñame lo que es verdadero. Sigue viviendo en
mí, porque debido a que tú vives, yo también viviré. Me ayudarás y
me enseñarás todo lo que está en tu Palabra. Tengo paz, ese tipo de
paz que solo tú puedes dar. Así que no me preocuparé ni temeré.*

## MIS BENDICIONES SON PARA TI

Hoy te doy mi promesa de bendición, así como bendije a mi pueblo hace mucho tiempo. Te bendeciré y te guardaré. Haré que mi rostro resplandezca sobre ti y te daré gracia. Levantaré mi rostro sobre ti y te daré paz. Como eres mi hijo fiel y obedeces mi voz, haré que la obra de tus manos prospere. Te ayudaré a que derrotes a tus enemigos y se llenen tus graneros. Enviaré lluvias sobre tu tierra en el tiempo propicio, y tendrás dinero suficiente para prestar y no tendrás que pedir prestado. Mientras obedezcas mi Palabra, serás rico y poderoso, no pobre y débil.

Números 6:22-27; Deuteronomio 28:1-14; Salmos 37:26; 68:19

### Declaración en oración

*Padre, que tu lluvia de bendición esté sobre mi vida. Dios me ha escogido, ha perdonado mis pecados y me ha bendecido. Todos los días me llenas de beneficios, y mi semilla es bendita. Bendecirás mi final más que mi comienzo.*

## MIS BENDICIONES SON PARA TU FAMILIA Y TUS SERES QUERIDOS

TU FAMILIA Y tus seres queridos son una herencia y una recompensa que yo te doy. Mis bendiciones estarán sobre tu familia, y mi escudo de protección les rodeará. Confía en mí, y haré un lugar de refugio para tu familia. Mientras camines en integridad, tus hijos serán bendecidos después de ti. Enseña a tus hijos mis caminos, para que pueda seguir derramando mis bendiciones sobre ellos. Mi parte es bendecir a tus hijos y tu parte es enseñarles mis caminos. Habla sobre ellos continuamente, ya sea estés en casa o fuera, en la mañana o en la noche. Enséñale a tus hijos a amar mi Palabra. Háblales a tus hijos de mi gran amor por ellos. Recuérdales el amor especial que mi Hijo tiene por los niños y trae a tus hijos a mi presencia.

SALMOS 127:3; PROVERBIOS 14:26-27; MARCOS 10:13-16

### Declaración en oración

*Alabo al Señor, porque sus ángeles están siempre cerca para proteger a mi familia. El Señor llevará a cabo su Palabra en mis hijos. Nada les dañará. El Dios Todopoderoso salvará a mis hijos y ellos morarán en Él. Todos mis seres queridos serán enseñados por el Señor y su paz será grande.*

## MIS BENDICIONES SON PARA TU TIERRA

SI CONFÍAS EN mí y vives en rectitud, la tierra será tuya, y estarás a salvo. Nunca ha habido un tiempo en el que yo haya abandonado a mis amados, y sus hijos hayan tenido que mendigar pan. Si sigues actuando rectamente, vivirás y estarás seguro. ¡Yo estoy de tu lado! Si recuerdas mis enseñanzas, nunca darás un paso en falso. Te defenderé y te daré a ti y a tus seres queridos un futuro brillante. Siempre te protegeré. Puedes acudir a mí en los momentos difíciles. Porque eres mi hijo, y yo soy tu Padre, haré que las naciones de este mundo sean tu herencia, y los confines de la tierra tu posesión. Pruébame, y verás que abriré las compuertas del cielo y derramaré tantas bendiciones sobre tu vida que no podrás albergarlas.

SALMOS 2:8; 27:9-11; MALAQUÍAS 3:10-18

*Declaración de oración*

*¡Señor, he puesto mi confianza en ti! Como obedezco tu Palabra, siempre estoy bajo tu cuidado, y lo que me has dado le pertenecerá a mi familia para siempre.*

## Derramaré mi favor sobre ti

Hijo mío, recuerda que yo soy fuerte y poderoso. Esparciré a tus enemigos con mi brazo firme, y he extendido hacia ti mi mano derecha de fidelidad. Mi amor y fidelidad irán delante de mí y te bendecirán porque me has honrado como tu Dios. Te guiaré para que camines a la luz de mi presencia todo el día. Mi favor será tu fortaleza. Encomiéndame cada cosa que hagas y yo estableceré tus planes. Haré que todo funcione como es debido. Me complaceré en tu honestidad, y verás el brillo de mi rostro, porque mi favor estará sobre ti como lluvia de primavera. Cuando clames a mí, me levantaré y tendré compasión de ti y te mostraré mi favor.

Salmos 89:1-29; Proverbios 16:12-16

### Declaración en oración

*Padre, clamo a ti. Mírame con tu gran amor y favor. Alabaré tu nombre con cántico y te glorificaré con acción de gracias. Te buscaré y pondré mi esperanza en ti.*

# TE REVELARÉ CADA PASO QUE DEBAS DAR

VEN A MÍ y te enseñaré mis caminos para que puedas andar en mis sendas. Si caminas en obediencia a mí y guardas mis mandamientos, entonces gobernarás mi casa y cuidarás mis atrios, y te daré un lugar entre los que estén aquí. Como te deleitas en mí, afirmaré tus pasos. Aunque tropieces, no caerás, porque te sostendré con mi mano. Has mantenido tus pasos en mis sendas y te has guardado de los caminos de los hombres violentos. Por tanto, te mostraré las maravillas de mi gran amor y te salvaré con mi diestra. Te guardaré como a la niña de mis ojos y te cobijaré en la sombra de mis alas.

ISAÍAS 2:3; JEREMÍAS 7:23; MARCOS 4:11; SALMOS 17:6-8

## Declaración en oración

*Señor, soy bendecido porque camino según tu Palabra. Has establecido preceptos para que los obedezca, y mis caminos estarán firmes en obedecer tus caminos. Te alabaré con un corazón recto mientras obedezco tus mandamientos y tú nunca me abandonarás.*

## COMPARTIRÉ MIS PLANES SECRETOS CONTIGO

Yo soy un Dios que revela secretos y a ti te revelaré mis secretos. Te ayudaré a entender las cosas que he mantenido en secreto desde la fundación del mundo. Entenderás la revelación de mi voluntad y propósito para tu vida. Abriré tus ojos para que veas cosas maravillosas de mi Palabra. Las cosas secretas me pertenecen, pero las cosas que te revelaré te pertenecerán a ti y a tus hijos para siempre, para que sigas mi Palabra. Cuando tu alma esté debilitada por el dolor, mi Palabra te fortalecerá y consolará. Mi Palabra es eterna y permanece firme en los cielos. Mi fidelidad a ti seguirá durante todas tus generaciones. Permite que mi Palabra sea una lámpara a tus pies y una luz a tu caminar.

MATEO 13:35; SALMOS 119

### Declaración en oración

*Padre, te alabaré con un corazón recto mientras aprendo tus justas leyes.*
*He puesto tu Palabra mi corazón para no pecar contra ti. Guárdame*
*de los caminos engañosos; extiéndeme tu gracia y enséñame tu ley.*

# ILUMINARÉ TU CAMINO CON MI LUZ

ENCENDERÉ TU VELA e iluminaré tu oscuridad. Mi luz brillará sobre tu cabeza, y te daré los tesoros de la oscuridad y las riquezas ocultas en mi lugares secretos. Dejaré que entiendas las cosas profundas en mi corazón, y serás capaz de entender las parábolas que he dicho y los misterios de mi voluntad para ti. Desvelaré los misterios de mi Reino, y te hablaré con revelación. Si prestas tu oído a la sabiduría y aplicas tu corazón al entendimiento, y clamas por visión y entendimiento, entonces entenderás mi conocimiento, porque te daré sabiduría, conocimiento y entendimiento. Confía en mí con todo tu corazón y no te apoyes en tu propio entendimiento; reconóceme en todos tus caminos, y yo enderezaré tus sendas.

SALMOS 119:111-112; 1 CORINTIOS 2:10; PROVERBIOS 3:5-6

## Declaración en oración

*Padre, me arrodillo ante ti hoy y oro que tus gloriosas riquezas me fortalezcan con poder por medio de tu Espíritu Santo que habita dentro de mí. Mora en mi corazón en toda tu plenitud. Estoy arraigado y establecido en tu amor, y sé que tu amor sobrepasa todo entendimiento, y quiero ser lleno hasta la medida de tu plenitud.*

## Te pondré en lugares celestiales

Yo soy el Creador de todas las cosas y te he dado bendiciones que no se pueden medir. Te he hecho entender el misterioso plan que ha estado siempre oculto en mi mente para que puedas ser lleno con mi poder y autoridad. Porque no estás preparándote para luchar contra sangre y carne, sino que tendrás guerra contra los gobernadores de las tinieblas de este siglo, y contra las huestes espirituales de maldad en las regiones celestes. Mi poder en ti liberará a mis ángeles para que peleen contra los espíritus en los cielos que están bloqueando tus oraciones para que no sean contestadas. Te daré un cielo abierto y ataré cualquier interferencia demoniaca en los cielos por medio de mi nombre.

Efesios 1

### Declaración en oración

*Estoy sentado en lugares celestiales en Cristo, muy por encima de todo principado, poder, fortaleza y dominio. Dios me ha situado en los cielos y me ha permitido atar a los principados y potestades que actúan contra mi vida a través de su poder. Ato al príncipe de la potestad del aire y oro para que sean abiertas las compuertas de los cielos sobre mi vida.*

## LAS POTESTADES DE LOS CIELOS
## NO TE SERÁN OBSTÁCULO

Hijo mío, así como abrí los cielos para Ezequiel y le permití ver visiones de mí, así abriré los cielos sobre tu vida y dejaré que veras mi visiones. El príncipe de la potestad del aire será atado, y mis ángeles harán guerra contra cualquier espíritu en los cielos que haya sido asignado para impedir que tus oraciones lleguen a mí. Mi voz enviará granizos y carbones de fuego contra tus enemigos. Dejaré caer el rocío de mi cielos sobre ti, y descenderé para encontrarme contigo. La lluvia de mi Espíritu Santo caerá sobre ti, y los cielos serán llenos de alabanza por mis poderosas obras. Serás lleno del conocimiento de mis caminos y darás a conocer mi multiforme sabiduría a los principados y potestades en los lugares celestiales.

HAGEO 2:6-7; SALMOS 89:5; EFESIOS 3:10

## Declaración en oración

*Recibo la lluvia y las bendiciones del cielo sobre mi vida en el nombre de Jesús. Ato al príncipe de la potestad del aire y oro para que las compuertas del cielo se abran sobre mi vida. Veré visiones y mi casa se llenará de la gloria de Dios. El Señor me revelará su multiforme sabiduría, y daré a conocer su conocimiento a los cielos y la tierra.*

## TE DESPERTARÉ CON MI
## PRESENCIA CADA MAÑANA

HE ORDENADO A la mañana y he hecho que el amanecer conozca su lugar, para que alcance los confines de la tierra y sacuda de ella al malvado. Como tú eres recto, te daré dominio sobre los necios de este mundo. Se verá mi glorioso poder, porque vestirás la túnica sagrada de mi justicia y brillarás como el sol de la mañana con mi fuerza. Mi luz se abrirá paso como la mañana, y mi sanidad surgirá rápidamente. Oiré tu voz en la mañana cuando hagas tus peticiones ante mí y esperes con expectación. Yo soy tu fortaleza y refugio en tus momentos difíciles. Te dejaré satisfecho en la mañana con mi amor eterno, y podrás cantar de gozo y te alegrarás todos los días.

JOB 38:12; SALMOS 110:3; 143:1, 8

## Declaración en oración

*Mi alma te espera, Señor, más que los vigías esperan la mañana. He puesto en ti mi esperanza debido a tu amor eterno por mí. Tu amor es como la neblina de la mañana, como el rocío de la madrugada. Señor, tu ayuda está preparada como la mañana, y oro para que vengas como la lluvia, la lluvia tardía y la temprana sobre la tierra.*

## LOS MALVADOS DEL DÍA NUNCA TE ESCLAVIZARÁN

HIJO MÍO, TE visitaré cada mañana y te mostraré mi salvación en tu vida día a día. Mis juicios caerán sobre tus enemigos cada mañana. Por la gran misericordia que tengo hacia ti, tus enemigos no te esclavizarán. Mi compasión no te abandonará; es nueva cada mañana. Mi fidelidad nunca cesará, y seré tu porción para siempre. Por tanto, pon tu esperanza en mí, pues yo estaré contigo, y yo soy poderoso para salvar. Me deleitaré en ti, y te acallaré con mi amor. Me gozaré sobre ti con cántico. Quitaré de ti el dolor, y trataré con todo el que te oprima. Rescataré al cojo y juntaré a los que han sido esparcidos. Te daré honor y alabanza y restauraré tus fortunas ante tus ojos.

SALMOS 91:3-5; LAMENTACIONES 3:22-23; SOFONÍAS 3:17-20

### Declaración en oración

*Jesús, así como tú estabas en la orilla por la mañana y llamaste a tus discípulos, tú me darás a conocer tu presencia en las horas de la mañana y me llamarás para acudir a tu presencia. Dirige mis pasos hacia mi milagro, Señor, así como guiaste a los discípulos al milagro de pescar peces esa mañana. Aliméntame, como les alimentaste a ellos.*

## TE DARÉ TU DULCE DESCANSO POR LA NOCHE

No te llenes de lágrimas por la noche, hijo mío, porque he prometido ser tu fortaleza, tu lugar de seguridad. He extendido mis alas sobre ti, y te guardaré a salvo. No tienes que preocuparte por los peligros nocturnos, porque no te dañarán aunque miles caigan a tu alrededor. Recuerda cómo envié a mis ángeles para proteger a mi siervo Pablo cuando estaba encadenado en una celda. Mis ángeles llenaron su celda de luz e hicieron que sus cadenas se soltaran. Le escoltaron hasta la salida de su celda, pasaron por las puertas de la prisión y abrieron las puertas de la ciudad para que pudiera escapar. Tú también puedes contar con la protección de mis ángeles en las horas nocturnas. No temas, y escucha el sonido de mi voz, porque llenaré tu corazón con mi canto en las horas de la noche.

Salmos 91:1-7; Hechos 12:6; Salmo 42:8

## Declaración en oración

*Tú eres mi escudo, y me das victoria y gran honor. Oro a ti y me respondes desde tu santo monte. Duermo y me despierto renovado porque tú, Señor, me proteges. Descansaré en la noche porque me das sueño. Tomo autoridad sobre cada demonio que es liberado contra mi familia y contra mí en la noche. Meditaré en mi Señor en las vigilias de la noche.*

## VERÁS VISIONES Y SOÑARÁS SUEÑOS QUE VIENEN DE MÍ

Hijo mío, yo me revelo a mis siervos en visiones, y les hablo en sueños. Así como le di mi conocimiento y mi entendimiento a Daniel y sus amigos, te llenaré con mi conocimiento y entendimiento. Así como Daniel pudo entender visiones y sueños de todo tipo, así a ti, si me sirves con todo tu corazón, te daré entendimiento de sueños y visiones que pondré en ti. Cuando te dé mis visiones y sueños, presta atención a todo lo que diga, porque tú también has llegado a este momento para un propósito muy especial.

HECHOS 2:17-18; DANIEL 1:17; EZEQUIEL 40:1-4

## Declaración en oración

*Señor, no temo a la oscuridad de la noche, porque espero expectante que tus visiones y sueños me llenen de entendimiento y conocimiento para tu pueblo. Tú me despiertas cada mañana, y tocas mi oído para escuchar como lo hacen los sabios. Me muestras tu salvación en mi vida cada día. Que tus ángeles me guarden y protejan en la noche, y mostraré tu gloria cada día.*

## Mi Reino será establecido en tu vida

Venga mi Reino, que mi voluntad sea hecha, como en el cielo así también en la tierra. Mi Reino avanzará y se establecerá a través de la predicación y la enseñanza de mi Palabra, y a través de mis milagros de sanidad. Que las puertas de tu vida y de tu ciudad se abran para que entre el Rey de gloria. Estoy vestido de majestad y armado con poder; sin duda, todo el mundo está establecido, firme y seguro porque mi trono fue establecido hace mucho tiempo; desde la eternidad. No temas, pequeño, porque me ha placido darte el Reino. Que los hombres conozcan mis poderosas obras y la gloriosa majestad de mi Reino. Que los reinos de este mundo se conviertan en los reinos de mi Hijo, Jesucristo.

Mateo 4:23; Salmos 27:4; 103:19-22; 145:12

### Declaración en oración

*Que venga tu Reino, Señor, que sea hecha tu voluntad, Señor, tú reinas. Estás vestido de majestad y poder. Tu trono fue establecido desde siempre. Tú eres desde la eternidad. Recibo el Reino porque te ha placido dármelo. Permíteme hablar de la gloria de tu Reino y de tu poder.*

## Mi aumento será tuyo

Me acordaré de ti y te bendeciré. Bendeciré tu casa y a todos los que me temen, tanto pequeños como grandes igualmente. Por mi gran amor y fidelidad hacia ti, te aumentaré más y más, tanto a ti como a tus hijos. Los ídolos de plata y oro de este mundo han sido hechos por manos humanas. Tienen boca, pero no pueden hablar; tienen ojos, pero no pueden ver; tienen oídos, pero no oyen. Quienes los hacen serán como ellos, así como todos los que confían en ellos. Pero tú, siervo mío, confía solo en mí. Yo soy tu ayuda y tu escudo. Tú que antes caminabas en tinieblas has visto una gran luz. He engrandecido tu vida y aumentado tu gozo. He roto el yugo que te oprimía, la barra sobre tus hombros, y la vara de los que intentaban oprimirte.

1 Crónicas 4:10; Salmos 115:1-14; Isaías 9:1-5

### Declaración en oración

*Señor, no a nosotros sino a tu nombre sea la gloria, por tu amor y fidelidad. Te acordarás de nosotros y nos bendecirás. Bendecirás a todos los que temen tu nombre y harás que florezca, tanto yo como mis hijos. Ensalzaré tu gran nombre ahora y para siempre.*

## ENSANCHARÉ CADA PARTE DE TU VIDA

ROMPERÉ DE TU vida cualquier limitación y restricción que haya puesto sobre ti cualquier espíritu maligno. Ensancharé cada parte de tu vida y te guardaré del mal. Mi Reino y mi gobierno aumentarán en tu vida, y recibirás liberación y aumento para tu vida. Haré que crezcas abundantemente; te aumentaré tanto en sabiduría como en estatura y en fortaleza. Echarás por tierra a tus adversarios cuando mi gracia y favor aumenten en tu vida. Mi Palabra en ti y tus años de vida aumentarán. Florecerás como una palmera y crecerás como un cedro del Líbano. Echarán raíces en tu casa y crecerán. Serán árboles saludables y fructíferos durante todas tus generaciones.

ISAÍAS 9:7; 60:4; HECHOS 9:22; SALMOS 92:12

## Declaración en oración

*Expulsa a mis enemigos y extiende mis fronteras. Aumenta mi corazón
para que pueda correr conforme a tus mandamientos. Aumenta mis pasos
para que pueda recibir tus riquezas y prosperidad. Haz que aumente
mi conocimiento de Dios, y permite que aumente y abunde en amor.*

# ERES COHEREDERO CON MI HIJO, JESUCRISTO

Yo soy EL que abre el camino, e iré delante de ti; pasarás por las puertas que intentan retenerte, y saldrás. Serás una vid fructífera, plantada junto a un arroyo, y tus ramas crecerán hasta pasar por encima de cualquier muro que intente retenerte. Mis ojos estarán abiertos a tus súplicas, y te escucharé siempre que clames a mí. Alégrate, porque no desecharé a mi pueblo, ni me olvidaré de mi herencia. Si temes que tu pie resbale, mi misericordia te mantendrá erguido. Cuando estés lleno de ansiedad, mi consuelo deleitará tu alma. Seré tu defensa y la roca de tu refugio. Te he sellado con mi Espíritu Santo de la promesa, que es la garantía de tu herencia.

SALMOS 2:7-8; 94:18-19; EFESIOS 1:13-14

## Declaración en oración

*Soy coheredero con Jesucristo. Dame los impíos como herencia y los confines de la tierra como posesión mía. Permite que mi linaje vaya por la tierra, y mis palabras hasta los confines del mundo. Permíteme crecer en gracia y en el conocimiento de Jesucristo. Floreceré como una palmera y creceré como un cedro en el Líbano.*

# SECCIÓN II

Reconocer las armas
del enemigo

## YO SOY EL DIOS QUE RESPONDE CON FUEGO

CUANDO MI SIERVO Elías estuvo frente a los cuatrocientos falsos profetas del enemigo e invocó mi nombre, yo respondí a su oración con mi fuego consumidor. Cuando la gente vio mi fuego, cayeron postrados y me adoraron. En mi poder y fuerza, Elías destruyó a los falsos profetas del enemigo. Recuerda esto e invoca mi nombre cuando sientas que estás siendo dominado por el enemigo. Descenderé con mi fuego justo y destruiré a todos tus enemigos. Yo soy el Señor que reina sobre toda la tierra. Mi fuego santo va delante de mí y consume a todos los enemigos que haya cerca de ti. El rayo de mi poder ilumina el mundo, y la tierra ve y tiembla, y las montañas se derriten como cera delante de mí.

1 REYES 18: SALMOS 97:1-5

### Declaración en oración

*Padre, tú eres el Dios que responde con fuego. Libera tu fuego y quema las obras de las tinieblas. Permite que tu fuego arda en mis ojos, mi corazón, mi interior, mi boca y mis pies. Que tu fuego esté en mi lengua para predicar y profetizar. Hazme un ministro de tu fuego.*

## Purificaré tu vida con mi fuego

El día que acuda, iré como un horno que purifica la plata, y te purificaré como purifico el oro y la plata. Te redimiré de toda obra mala y te purificaré para mí, a fin de que seas mi pueblo especial, celoso de buenas obras. Acércate a mí, y yo me acercaré a ti. Humíllate ante mí, y cuando termine mi obra purificadora, te levantaré y purgaré con mi fuego santo para que seas una ofrenda de justicia ante mí. Te he probado y refinado como se refina la plata. Te he permitido pasar por el fuego y por el agua, pero te saqué para que estés plenamente realizado. He preservado tu alma entre los vivos y no permitiré que tus pies sean movidos.

Malaquías 3:2-3; Zacarías 13:9; Salmos 66:8-12

### Declaración en oración

*Señor, purifica mi vida con tu fuego. Refíname como la plata. Purga mi vida de todo pecado e imperfección como purgas el oro y la plata para que pueda convertirme en una ofrenda ante ti de justicia. Viviré mi vida negándome a la impiedad y las lujurias de este mundo, y viviré de manera sobria, justa y recta en esta presente era.*

## MI FUEGO CONSUMIRÁ LAS OBRAS
## DE BRUJERÍA Y OCULTISMO

No te apartes de mí para servir a otros dioses, porque si apartas a tus hijos de mí para servir a otros dioses, mi ira arderá contra ti y te destruiré rápidamente. Rompe los altares de brujería y quema cualquier ídolo de ocultismo en el fuego. Porque tú eres pueblo santo para mí, y yo te escogí de entre todas las naciones de la faz de la tierra para ser mi pueblo, mi más preciada posesión. No pongas a prueba mis promesas para ti y apártate de la brujería y los ídolos, porque mandaré un fuego que consuma tu maldad como hice con los hijos de Israel.

Hechos 19:18-20; Deuteronomio 7:3-6; Salmos 106:16-23

## Declaración en oración

*Señor, libera tu fuego y quema los ídolos de esta tierra. Que las obras de brujería y ocultismo ardan en tu fuego. Que tu llama se encienda contra los espíritus malvados, y que los demonios sean expuestos y expulsados con tu fuego.*

## DESTRUIRÉ LAS OBRAS DE LUJURIA Y PERVERSIÓN

Hijo mío, no te dejes engañar; todo el que practica el pecado es del diablo. Él ha pecado desde el principio, pero mi Hijo vino al mundo a destruir todo lo que él ha hecho. Si alguien ama al mundo, mi amor no está en él, porque todo lo que hay en el mundo, la lujuria de la carne, la lujuria de los ojos y el orgullo de la vida, no viene de mí, sino del mundo. El mundo pasará, y también sus deseos. Cuando preguntes por qué perece la tierra y arde como un desierto a fin de que nadie pueda pasar, responderé: Porque han olvidado mi ley, la cual puse delante de ustedes, y no han obedecido a mi voz, ni han caminado conforme a ella. Por tanto, yo esparciré a los que hacen las obras de lujuria y perversión y enviaré una espada tras ellos hasta que los haya consumido.

GÉNESIS 19:12-13; 1 JUAN 2:16; JEREMÍAS 9:12-16

### Declaración en oración

*Que los espíritus de lujuria y perversión sean destruidos con tu fuego. Recorre la tierra y quema toda maldad y perversión de ella. El mundo pasa, y sus deseos, pero el que hace la voluntad de Dios permanece para siempre.*

## Reprenderé a tus enemigos con llamas de fuego

Que se regocije tu corazón, porque he prometido que mis siervos fieles florecerán como la hierba, y extenderé mi mano para dar bendiciones a mis siervos. Pero mostraré mi furia a mis enemigos y a quienes oprimen a mis siervos. No tengas temor a tus enemigos, porque reprenderé a tus enemigos con llamas de fuego. Sé valiente ante tus enemigos y diles: "Así dice el Señor omnipotente: En medio de ti voy a prender un fuego que devorará todos tus árboles, tanto los secos como los verdes. Este incendio no se podrá apagar, y quemará toda la superficie, de norte a sur. Todos los mortales verán que yo, el Señor, lo he encendido, y no podrá apagarse".

Isaías 66:14-16; Ezequiel 20:47-48, nvi

### Declaración en oración

*Que tu llama venga y consuma a todos mis enemigos, Señor; a todos los que quieren oprimir y traer cautiverio a tus seguidores. Que tu fuego santo les queme hasta que no quede nada de su maldad. Que no puedan librarse del poder de tus llamas.*

# MI ESPADA SALDRÁ CONTRA LAS POTESTADES DEL INFIERNO

QUE MIS SIERVOS fieles se regocijen en mi protección, porque me deleito en mi pueblo, y corono su fidelidad con victoria. Honraré tus alabanzas cuando lleguen hasta mí. He puesto mi espada de dos filos en tus manos para que puedas infligir mi venganza sobre las naciones y el castigo sobre los pueblos, para atar a sus reyes con grilletes, a sus nobles con ataduras de hierro, para ejecutar la sentencia escrita contra ellos. Ve ahora que no hay otro dios fuera de mí. Yo doy muerte y produzco vida. Yo hiero y yo sanaré, y nadie puede librarse de mi mano. Como vivo para siempre, cuando afile mi espada resplandeciente y mi mano la agarre en juicio, ejerceré venganza sobre mis adversarios y pagaré a los que me odian.

SALMOS 45:3-4; 149:6-9; ISAÍAS 27:1

## Declaración en oración

*Suelto la espada del Señor contra las potestades del infierno en el nombre de Jesús. Envía tus ángeles con espadas ardientes para luchar mis batallas en los cielos. Que tus enemigos caigan bajo la espada. Véngate de mis adversarios y levántate victorioso sobre todos los demonios guerreros de Satanás.*

## MIS FLECHAS DE LUZ DESTRUIRÁN
## EL REINO DE LAS TINIEBLAS

HE PROMETIDO QUE enviaré mis flechas y dispersaré al enemigo. No temas al reino de las tinieblas, porque yo te protegeré. Con mi amor eterno no serás conmovido. Cuando el enemigo aparezca ante ti para luchar, lo consumiré como en un horno de fuego. Mi fuego lo consumirá, y aunque maquine lo malo contra ti y piense hacerte mal, no tendrá éxito. Mis flechas saldrán como rayos, y lo destruiré. Mis afiladas flechas atravesarán su corazón. Yo soy un juez justo, y mostraré mi ira contra el reino de las tinieblas cada día. Afilaré mi espada y tensaré mi arco. He preparado mis armas mortales y tengo listas mis flechas encendidas.

SALMOS 18:13-15; 21:9-12; 7:11-13

## Declaración en oración

*Suelto la flecha de la liberación del Señor en mi vida. Ordena y libera tus flechas contra mis perseguidores. Envía tus flechas y dispersa al enemigo. Que tu flecha salga como un rayo contra el enemigo. Rompe sus huesos, y atraviésales con tus flechas.*

## ROMPERÉ TODA MALDICIÓN
## GENERACIONAL EN TU VIDA

HIJO MÍO, TE bendeciré y engrandeceré tu nombre, y serás una bendición. Bendeciré a los que te bendigan, y a cualquiera que te maldiga maldeciré. Te he redimido de la maldición de la ley. Romperé todo juramento, voto y pacto que tus antepasados hayan hecho con el diablo. Romperé toda maldición que los agentes de Satanás hayan declarado contra tu vida o las vidas de tus generaciones. Mi poder y autoridad han roto cualquier derecho legal que los espíritus generacionales de maldad pudieran tener para operar en tu vida. A través de mi Hijo Jesús tienes mi autoridad para ordenar a todo espíritu hereditario de lujuria, rechazo, temor, enfermedad, dolencia, irá, enojo, confusión, fracaso y pobreza que salga de tu vida.

2 CRÓNICAS 34:24; MATEO 4:23; 9:35; 10:1

## Declaración en oración

*Soy redimido de la maldición de la ley. Rompo toda maldición generacional de orgullo, lujuria, perversión, rebelión, brujería, idolatría, pobreza, rechazo, temor, confusión, adicción, muerte y destrucción en el nombre de Jesús. Rompo toda maldición pronunciada y palabras negativas que se hayan declarado sobre mi vida.*

## ROMPERÉ LAS MALDICIONES DE ENFERMEDAD Y DOLENCIA

Si no me obedeces y no sigues cuidadosamente mis palabras, mandaré sobre ti una plaga de enfermedad, fiebre e inflamación hasta que seas destruido; pero si me sirves, al Señor tu Dios, mi bendición estará sobre tu comida y tu agua. He sacado tu vida del pozo, y te he coronado de amor y compasión. Satisfago todos tus deseos con cosas buenas, para que tu juventud se renueve como la de las águilas. Mi Hijo precioso ha destruido la maldición de la Ley y te ha redimido y sanado por su sacrificio. Él llevó tu dolor y soportó tu sufrimiento. Por su llaga eres sanado, y Él le ha dado a mi pueblo la autoridad de echar fuera demonios y curar enfermedades. Por tanto, ve y proclama mi Reino en la tierra y sana a los enfermos.

DEUTERONOMIO 7:15; SALMOS 103:1-5; LUCAS 9:1-2

## Declaración en oración

*Padre, yo soy tu hijo, y tú eres mi Dios. Descanso en tu justicia y en la plenitud y vida que me has dado mediante el sacrificio de tu Hijo Jesús. Tu Hijo Jesús llevó todos mis pecados y enfermedades sobre sí mismo, y nos ha dado a mis seres queridos y a mí el privilegio de caminar en plenitud: espíritu, alma y cuerpo.*

## ATO LA REBELIÓN GENERACIONAL
## CONTRA MI ESPÍRITU SANTO

Hijo mío, no me desobedezcas ni escondas rebelión contra mí en tu corazón como hicieron los hijos de Israel y el rey Saúl. En mi amor y misericordia los redimí, y les levanté y los llevé. No contristes a mi Espíritu Santo, sino mantén como un patrón la sana enseñanza, la fe y el amor en Cristo Jesús. Guarda el buen depósito que te fue encomendado; guárdalo con la ayuda del Espíritu Santo que vive en ti. Acudiré a ti y ataré la rebelión generacional contra mi Espíritu Santo que comenzó con mis hijos de Israel. Yo soy el Dios de esperanza, y te llenaré con todo gozo y paz si confías en mí, para que seas lleno de esperanza por el poder de mi Espíritu.

Isaías 63:10; Hechos 7:51; 2 Timoteo 1:13; Romanos 15:13

### Declaración en oración

*Te alabo, Padre, porque has liberado mi espíritu del espíritu de
rebelión contra tu Espíritu que comenzó con tus hijos en el desierto.
Guardaré el buen depósito de la nueva vida que me has dado
con la ayuda de tu Espíritu Santo que ahora vive en mí.*

# ROMPO LA MALDICIÓN DE MUERTE PROCLAMADA CONTRA EE. UU.

Así como entregué la Tierra Prometida a mi pueblo de Israel, así entregué a EE. UU. a tus descendientes por su fidelidad y su deseo de adorarme. Pero así como puse una maldición sobre la tierra de Israel cuando mis hijos me desobedecieron y no vivieron según el pacto que hice con ellos, así una maldición de muerte recaerá sobre tu tierra por desobedecerme. Si se vuelven a mí, se humillan y abandonan sus malos caminos, entonces perdonaré sus pecados y sanaré su tierra. Los que ponen su esperanza en mí heredarán la tierra y vivirán en paz. Ustedes son mis ovejas, y yo soy su Dios, y cuidaré de ustedes.

2 Crónicas 7:14; Salmos 37:3, 9; Ezequiel 34:25-31

## Declaración en oración

*Padre, nos humillamos y oramos para que perdones nuestros malos caminos. Perdona nuestros pecados y sana nuestra tierra. Dios nuestro, ¡tú nos salvas y tus temerosas obras responden nuestras oraciones que piden justicia!*

## PACTOS IMPÍOS HECHOS POR TUS ANTEPASADOS SON ROTOS

Si violas mi pacto, para ir a servir a otros dioses y postrarte ante ellos, mi ira se encenderá contra ti, y perecerás rápidamente de la buena tierra que yo te he dado. Pero si no sigues a otros dioses por tu propio bien, entonces te dejaré vivir en este lugar, en la tierra que les di a tus antepasados para siempre. He puesto un fundamento seguro, y si confías en mi preciosa piedra angular y haces de mi justicia tu plomada, entonces anularé todo pacto impío que tus antepasados hicieran con ídolos, demonios, falsas religiones u organizaciones paganas en el nombre de mi Hijo Jesús. Te tomaré de la mano y te guardaré y te estableceré como un pacto para el pueblo y una luz para los incrédulos.

Éxodo 23:31-33; Mateo 5:33; Isaías 42:6

### Declaración en oración

*Rompo y anulo todo pacto impío, juramento y promesas que haya hecho con mis labios en el nombre de Jesús. Rompo y anulo todo pacto con la muerte y el infierno que hayan hecho mis antepasados en el nombre de Jesús. Ordeno a todos los demonios que reclaman cualquier derecho legal sobre mi vida a través de pactos que se vayan en el nombre de Jesús.*

## LA SANGRE DE MI HIJO TE HA SITUADO EN UNA RELACIÓN DE PACTO CONMIGO

POR MEDIO DE la preciosa sangre de mi Hijo Jesús has entrado en una nueva relación de pacto conmigo. Su sangre te ha dado la confianza para entrar directamente a mi presencia. Ven y acércate a mí con un corazón sincero y con la completa seguridad que te ha dado tu fe en mi Hijo. Su sangre te ha limpiado de una conciencia culpable y te ha lavado con agua pura. Aférrate firmemente a la esperanza que has profesado en Cristo, porque yo soy fiel. Estimúlense los unos a los otros para vivir en santidad y amor. Yo soy luz, y en mí no hay oscuridad. Por tanto, camina en mi luz; ten comunión con los que también caminan en mi luz y que han sido purificados por la sangre de mi Hijo.

HEBREOS 9:24-28; 10:19-24; 1 JUAN 1:9-12

### Declaración en oración

*Vengo delante de ti lavado en la sangre de tu Hijo y vestido de su justicia.*
*Me has hecho pasar de muerte a vida y has roto todas las cadenas de*
*maldad que me habían atado en pecado. Me has liberado del pecado y*
*por voluntad propia me he convertido en un esclavo de tu justicia.*

DECLARACIONES DIARIAS PARA LA GUERRA ESPIRITUAL

## HE ESTABLECIDO UN PACTO DE AMOR CONTIGO

AUNQUE LAS MONTAÑAS sean sacudidas y las colinas desaparezcan, mi eterno amor por ti no será conmovido ni mi pacto de paz será quitado. Te escogí y puse mi afecto sobre ti porque te amo. Por tanto, conoce bien que yo soy el Señor tu Dios. Yo soy un Dios fiel, y guardaré mi pacto de amor hasta mil generaciones de aquellos que me aman y guardan mis mandamientos. Te amaré y te bendeciré. Bendeciré el fruto de tu vientre, las cosechas de tu tierra, las cabezas de tus ganados y las ovejas de tus rebaños en la tierra que te he dado. Serás bendecido más que cualquier otro pueblo, y te libraré de toda enfermedad. Nadie podrá levantarse contra ti, porque le destruirás.

DEUTERONOMIO 7:12-24

### Declaración en oración

*Estoy convencido de que ni la muerte ni la vida, ni ángeles ni demonios, ni lo presente ni lo por venir, ni ninguna potestad, ni lo alto ni lo profundo, ni ninguna otra cosa creada, podrá separarnos del amor de Dios que es en Cristo Jesús nuestro Señor.*

## Prepárate para enfrentarte al enemigo

Hijo mío, ¡prepárate para la batalla! Como buen soldado de mi Hijo, Cristo Jesús, debes soportar tu parte de sufrimiento. Tus enemigos son mis enemigos, y así como yo aborrezco a los que se rebelan y rehúsan obedecerme, así también debes tú aborrecer a mis enemigos. Sepárate de Satanás y de cualquiera que se enrede en los asuntos de esta vida. Recuerda el poder que tienes disponible a través de mi Hijo. Hay poder en la sangre de mi Hijo. Su sangre te limpia de todo pecado. No des lugar al diablo, sino asegúrate de actuar en justicia. Mi justicia te dará confianza y valentía. Mis siervos justos son tan valientes como un león. Enfréntate sin temor al enemigo y mi protección será tu cobertura.

Proverbios 28:1; 18:37; 2 Timoteo 2:3, 14

### Declaración en oración

*Padre, me has sentado con Cristo en lugares celestiales, por encima de todo principado y potestad. Me has equipado para hacer frente al enemigo y me has prometido que tendré la victoria por medio de ti. Estoy listo para usar con valentía tus armas de guerra para destruir totalmente al enemigo y todas las obras de las tinieblas. No volveré atrás hasta que todos sean destruidos.*

# ENTIENDE MI PODER Y AUTORIDAD

Yo USO A personas corrientes para lograr mis propósitos. Tu capacidad para vencer en la guerra espiritual proviene de mi poder y autoridad. No bases tu fe en cómo te sientes; basa tu fe en mi Palabra. Te he dado el derecho legal a usar el nombre de mi Hijo Jesús. Su nombre está por encima de cualquier otro nombre. El enemigo ha reconocido la autoridad en su nombre. Serás capaz de echar fuera demonios en su nombre. Puedes atar las obras de las tinieblas en su nombre. Por medio de su nombre, y en el poder que recibirás de mi Espíritu Santo, podrás hacer mucho más abundantemente según el poder que opera a través de ti. No temas; prepárate para hacer frente al enemigo.

EFESIOS 6:10-12; LUCAS 10:19; HECHOS 1:8

## Declaración en oración

*Padre, mediante tu poder y autoridad confrontaré a los poderes de las tinieblas. En el nombre de tu Hijo derrotaré a Satanás y a todos sus guerreros demoniacos. Me has dado la capacidad de soportar y aguantar dificultades, adversidad y estrés. Seré persistente en mi trato con el enemigo, y debido a quien soy en ti, tendré la victoria.*

## HARÉ QUE HABITES SEGURO

HE ENVIADO MIS ángeles para rodearte y hacer que habites seguro. Te librarán de todo peligro y te rodearán con mi protección. Te sostendré, y estarás a salvo. Mis ojos están sobre mis siervos justos, y mis oídos están atentos a tu clamor. Te libraré de todos tus problemas. El nombre de mi Hijo es una torre fuerte para ti, y puedes correr a ella y estarás a salvo. No temas, porque te guiaré de forma segura dondequiera que vayas. Puedes tumbarte y dormir, porque te he hecho morar en seguridad. Yo soy tu Dios, y te guardaré y te protegeré siempre del malvado que se pavonea en su maldad.

SALMOS 34:7-22; 78:52; 12:5

### Declaración en oración

*Tú me responderás, Señor, cuando clame a ti, y me darás alivio en mi angustia. Tendrás misericordia de mí y escucharás mi oración. Me darás paz en mi familia, en mi tierra, y nadie conseguirá que tenga miedo. Caminarás conmigo y serás mi Dios, y yo seré tu siervo fiel.*

## La humildad y la sumisión a mí te protegerán

He escuchado el deseo del humilde, y preparé tu corazón y haré que mi oído escuche. Soy grande y poderoso, y levantaré al humilde, pero derribaré al malvado. El camino del recto evita el mal, y los que guardan su camino preservan su vida. El orgullo va delante de la destrucción y un espíritu altivo precede a la caída. Pero es mucho mejor ser humilde en espíritu, porque yo enseñaré al humilde el camino que debe seguir. Prosperaré y bendeciré al que confíe solo en mí. Los más jóvenes, sométanse a sus ancianos, y vístanse de humildad los unos hacia los otros, porque yo me opondré al orgulloso, pero mostraré favor al humilde. Humíllate bajo mi poderosa mano y yo te levantaré cuando sea tiempo.

Isaías 57:15; Salmos 10:17-18; 147:5-6; 1 Pedro 5:5-6

### Declaración en oración

*Padre, en humildad y sumisión vengo delante de ti. He preparado mi corazón para hacer tu voluntad y he fortalecido mi espíritu para seguir tus caminos. Cúbreme con tu protección, porque me he sometido a ti, a tu Palabra y a tu Espíritu Santo.*

## TÚ ERES LA NIÑA DE MIS OJOS

He probado tu corazón, y sé que no tienes planes de hacer mal y tu boca no ha cometido transgresión contra mí. Te has guardado de los caminos del violento siguiendo mis mandamientos. Tus pasos han seguido mis pasos y tus pies no han tropezado. Cuando clames a mí te responderé, mi oído estará atento y escuchará tu oración. Te mostraré las maravillas de mi gran amor y te salvaré con mi diestra. Porque eres la niña de mis ojos, haré frente a tus enemigos y los derribaré. Mi espada poderosa te rescatará de los malos. Te reivindicaré, y verás mi rostro cuando despiertes y estarás satisfecho viendo mi semejanza y protección.

Salmo 17

### Declaración en oración

*Señor, tú me encontraste en tierra desértica, en un desierto ardiente, y me rodeaste, me enseñaste y me guardaste como a la niña de tus ojos. Has prometido extender tu mano contra los que se atrevan a tocar con problemas a la niña de tus ojos. Harás que mis enemigos caigan a manos de tus siervos, y debido a esto, todos sabrán que yo soy tu herencia y que has escogido habitar donde yo estoy.*

## SERÉ TU DEFENSA Y REFUGIO

Te he dado refugio en la sombra de mis alas y te guardaré a salvo hasta que haya pasado el desastre. Mi gloria será una carpa de protección para ti, será cobijo y sombra al calor del día, y un lugar donde refugiarte de la tormenta y de la lluvia. Yo soy tu protección del viento y tu refugio en la tormenta. Seré como las corrientes de agua en el desierto y la sombra de una gran roca en la tierra sedienta. He puesto mis palabras en tu boca y te he cubierto con la sombra de mi mano. Alegría y gozo te alcanzarán, y el dolor y el lamento huirán. Yo soy el que te consuela.

Salmo 91; Isaías 4:6; 32:1-2; 51:11-16

## Declaración en oración

*Confiaré en la cobertura de tus alas y en la sombra de tus alas confiaré.
Sé mi defensa y refugio en tiempos difíciles. Cantaré de tu poder. En
las mañanas cantaré de tu amor, porque eres mi fortaleza. Eres mi
fuerza. Te cantaré alabanzas, porque puedo confiar en ti.*

## SERÉ PARA TI UN ESCUDO EN LA BATALLA

CONTENDERÉ CON LOS que contienden contigo, y lucharé contra los que luchen contra ti. Toma mi escudo y mi armadura, porque me levantaré para acudir a tu ayuda. Blandiré mi lanza y jabalina contra los que te persiguen, porque yo soy tu salvación. La desgracia llegará sobre los que buscan tu vida y serán avergonzados. Yo me encargaré de los que planean tu ruina, y serán como la paja al viento, porque mi ángel poderoso los expulsará. El camino que tomen tus enemigos será oscuro y resbaladizo. Porque ellos cavaron un pozo para ti, yo haré que la ruina los alcance por sorpresa. La red que escondieron para atraparte será el lazo de ellos, y caerán en un pozo de ruina.

SALMOS 35:110; 119:114-117

## Declaración en oración

*Señor, tú eres escudo para mí y un lugar donde esconderme de mis enemigos. Me rodearás con tu escudo de protección y abatirás a mis enemigos. No tendré temor de diez mil que salieren contra mí, porque tú eres mi escudo. Eres una torre fuerte frente a todos mis enemigos. Extiende tu protección sobre mí, y me regocijaré y alabaré tu nombre.*

## EXTENDERÉ MI BRAZO PARA LIBRARTE

No HAY OTRO como yo entre todos los seres celestiales. Yo soy poderoso, y mi fidelidad te rodea. Aplastaré y dispersaré a tus enemigos con mi brazo fuerte. Yo soy el Señor y te sacaré de debajo del yugo de tus opresores. Te liberaré y te redimiré con mi brazo extendido y con actos poderosos de juicio. Extenderé mi diestra y la tierra se tragará a tus enemigos. Con mi amor eterno te guiaré a mi santa morada. El terror y el temor caerán sobre tus enemigos, y por el poder de mi brazo se quedarán quietos como una piedra hasta que hayas pasado sin sufrir daño alguno.

Isaías 52:10; Salmos 89:6-13; Éxodo 15:12-16

### Declaración en oración

*Nadie tiene un brazo como el tuyo, Señor, lleno de poder y fuerza. Tu mano es fuerte, y tu diestra está en alto. Extenderás tu brazo y me librarás, y apartarás de mí toda atadura. Que el temor y el terror caigan sobre el enemigo por la grandeza de tu brazo hasta que yo pase. Extiende tu favor hacia mí y que tu diestra me lleve hasta mi posesión.*

## EL PODER DE MIS MANOS SE LIBERARÁ EN TU VIDA

Liberaré mi poder y mi fuerza contra el enemigo con mi diestra. Te mostraré el camino de la vida. En mi presencia hay plenitud de gozo, y a mi diestra hay delicias para siempre. No temas, sino sígueme de cerca, porque mi diestra te sostiene. Mi gloria cubre los cielos y mi alabanza ha llenado la tierra. Como el amanecer, los rayos salen de mis manos, donde está escondido mi poder. Le he mostrado mi pueblo el poder de mis obras. Las obras de mis manos son fieles y justas, y todos mis preceptos son fiables. Han sido establecidos eternamente y ejecutados en fidelidad y rectitud.

1 Crónicas 29:11-12; Salmos 16:11; 116:6-8

## Declaración en oración

*Señor, que el poder de tus manos sea liberado en mi vida. Has realizados obras poderosas con tus manos. Pusiste tus manos sobre los enfermos, y sanaron. Alzaste tus manos y bendijiste a tu pueblo. Con tus manos me has dado el poder y la autoridad para derrotar a mis enemigos. Soy librado del poder de Satanás, para ti, oh Señor, y soy fuerte en tu poder y tu fuerza.*

## MI PODER Y MI FUERZA DISPERSARÁN AL ENEMIGO

MI PODER y mi fuerza te librarán de tus enemigos. Seré una fortaleza para ti contra personas brutales que te ataquen y quieran matarte. No temas cuando estén listos para atacar. Yo soy el Señor Dios Todopoderoso y seré tu protección. ¿Por qué tienes miedo cuando planean sus ataques nocturnos con maldiciones y confianza en que nadie puede oírles? ¿No te he dicho acaso que mi gran poder les hará temblar y caer? ¿No lo sabes? ¿No lo has oído? Yo soy tu Dios eterno, Creador de la tierra, y nunca me canso ni desfallezco. Yo doy fuerza al cansado, de modo que serás fuerte como un águila que se remonta sobre las alas.

SALMOS 59:1-12; ISAÍAS 40:10-11, 28-31

## Declaración de oración

*Padre, tú me has dado el mismo gran poder que utilizaste para derrotar a
mis enemigos. Tu poder resucitó a tu Hijo de la muerte, y yo tengo acceso
a ese poder para vencer a todos mis enemigos y vivir victoriosamente
por medio de ti. Tu glorioso poder me dará paciencia y fortaleza
para ser victorioso sobre las malvadas intenciones de Satanás.*

## SEÑALES, PRODIGIOS Y MILAGROS
## LIBERADOS A TRAVÉS DE MI ESPÍRITU

En estos últimos tiempos derramaré mi Espíritu sobre toda carne. Mi Espíritu Santo dará sueños y visiones a tus hijos e hijas. Todos mis siervos profetizarán, y te mostraré señales y prodigios en el cielo y en la tierra. Muchos invocarán mi nombre y serán salvos. Tengo muchos tipos distintos de dones para mis siervos, pero mi Espíritu Santo es el que los distribuye. A algunos Él da un mensaje de sabiduría, a otros un mensaje de conocimiento, y a otros una gran fe. Algunos recibirán dones de sanidad, poderes milagrosos y profecía de mi Espíritu. Otros podrán usar un gran discernimiento o tendrán mis dones de hablar en lenguas e interpretar dichas lenguas. Todos mis dones son obra de mi Espíritu Santo. Busca fervientemente que mi Espíritu te dé dones.

Daniel 4:2-3; Hechos 2:17-21; 1 Corintios 12:1-11

## Declaración en oración

*Padre, lléname con tu Espíritu Santo, y que sea hallado digno de ser lleno del poder para hacer señales, prodigios y milagros en tu nombre. Tu poder confundirá y derrotará todos los poderes de las tinieblas y hará que muchos deseen tu salvación. Tu poder es asombroso y poderoso para vencer todas las obras del diablo.*

## VENCERÁS AL DIABLO CON LA
## SANGRE DE MI HIJO

COMO LA SANGRE de un cordero, puesta sobre los dinteles en Egipto por mi pueblo escogido, estableció un pacto de sangre conmigo y les protegió de la destrucción que causé sobre los que les esclavizaban, así también he establecido un pacto de sangre contigo. A través de la sangre de mi querido Hijo Jesús, que te cubre, te he redimido de la maldición del pecado y te he adoptado como mi propio hijo. Te he equipado con todo lo bueno para que hagas mi voluntad y obraré en ti para que hagas lo que me agrada. A través de la sangre de Cristo puedes acudir confiado a mi presencia. En su sangre te he dado redención, perdón de pecados y te he redimido del poder del mal.

ÉXODO 12; HEBREOS 13:20-21; APOCALIPSIS 12:10-11

## Declaración en oración

*Tengo redención eterna a través del poder de la sangre de Cristo. He sido resucitado a una nueva vida en Cristo para servir al Dios vivo. Venzo al diablo a través de la sangre de Jesús. Por medio de Él soy perfeccionado y tengo confianza para entrar en la presencia de Dios.*

## La sangre de mi hijo te dará paz

Mi gracia, misericordia y paz son tuyas a través de la gran obra de mi Hijo Jesús y el sacrificio de su sangre en la cruz. Ven a mí y te enseñaré a temer mi nombre. Apártate del mal y haz el bien; busca la paz y síguela. Recuerda la promesa de mi Hijo de darte al Espíritu Santo para enseñarte todas las cosas y recordarte todo lo que Él te había enseñado. Mi Hijo te ha dado paz, y es tuya a través de su Espíritu Santo. No es el tipo de paz que el mundo da, así que no dejes que tu corazón desmaye y se llene de temor. Permite que tu mente sea controlada por mi Espíritu, porque entonces tendrás vida y paz.

Colosenses 1:17, 10; Salmos 34:11-14; 37:37; Juan 14:25-26

## Declaración en oración

*A través de tu preciosa sangre, Jesús, me has reconciliado contigo y me has llenado de vida y paz. Ya no me gobierna el malévolo control de Satanás, sino que a través de la sangre de Jesús he sido presentado santo ante ti. A través de la sangre de Cristo, equípame para agradarte, y para hacer tu voluntad en mi vida cotidiana.*

## La sangre de mi Hijo rompe el poder del pecado y de la iniquidad

Yo soy luz y en mi no hay tinieblas. No puedes caminar en tinieblas y tener comunión conmigo, pero la sangre de mi Hijo Jesús te ha purificado de todo pecado y te ha hecho apto para caminar en mi luz y para tener comunión conmigo. Confía en el sacrificio de sangre de mi Hijo, porque si confiesa tus pecados, yo seré fiel y justo para perdonar todos tus pecados y limpiarte de toda maldad. No temas lo que el acusador de mis siervos te pueda hacer, porque has recibido el poder para triunfar sobre él por medio de la sangre del Cordero y por la palabra de tu testimonio. Aférrate a tu testimonio sobre poder en la sangre de mi Hijo, Jesús.

HEBREOS 10:19-22; 1 JUAN 1:5-7; APOCALIPSIS 12:10-12

### Declaración en oración

*Tengo valentía para entrar en tu presencia por medio de la sangre de tu Hijo. He recibido liberación por medio de tu sangre, y eso me da victoria. Reprendo a Satanás, el acusador de los hermanos, a través de la sangre de Jesús. Ordeno a mis acusadores que se vayan, y reprendo y echo fuera a todo espíritu de calumnia y acusación.*

# SECCIÓN III

Aprender a pelear
con autoridad

## INSTRUIRÉ TUS MANOS PARA HACER GUERRA

CUANDO MI PUEBLO en Israel se arrepintió de sus malos caminos y clamaron a mí, yo levanté a Otoniel, el hermano menor de Caleb, para que fuera su libertador. Con mi poder, venció a sus enemigos y trajo la paz al pueblo. Así como levanté a Otoniel, te levantaré a ti para que hagas guerra contra tus enemigos. Instruiré tus manos para pelear y tus dedos para la batalla. Estaré contigo como un fuerte guerrero para que tus perseguidores tropiecen y no prevalezcan. Verás mi venganza contra tus enemigos, porque he dedicado a ti mi causa. He puesto mis armas de guerra en tus manos y yo mismo lucharé contigo. Yo soy el Señor Todopoderoso y estoy juntando un ejército para la guerra.

SALMO 144:1; JUECES 3:9-11; ISAÍAS 13:4

### Declaración en oración

*Tú eres el Señor Todopoderoso y estás reuniendo un ejército para la batalla. Has preparado a tu pueblo para luchar contigo contra la maldad que hay sobre la tierra. Me has llenado de poder para luchar contigo y para declarar el regreso de la justicia a tu pueblo.*

## Con mis armas destruirás fortalezas

Ustedes son mis fuertes guerreros. Viven en la tierra, pero no pelearán las batallas con las armas de este mundo; en cambio, usen mi poder, el cual puede destruir cualquier fortaleza del enemigo. Has sido entrenado para la guerra y equipado con mis armas para poder destruir los malos deseos de este mundo y todo conocimiento mundano que impide que la gente me obedezca. En mi fuerza derribarás todo los muros del enemigo y convertirás en ruinas todas sus fortalezas. Tomarás su espada y pondrás fin a su esplendor y echarás al suelo su trono. Eliminaremos naciones y demoleremos sus fortalezas. Sus calles quedarán desiertas, y nadie pasará por su tierra.

2 Corintios 10:3-5; Salmos 89:40, 43-44

### Declaración en oración

*Líbrame de mi enemigo, de los que son demasiado fuertes para mí. Yo soy tu hacha y arma de guerra. Soy tu ungido y me das una gran liberación. Yo soy tu guerrero de los últimos tiempos. Úsame como tu arma contra el enemigo.*

## TE LIBRARÉ DE TUS ENEMIGOS

ME MOSTRARÉ FIEL a los fieles e intachable a los intachables. Salvaré al humilde, pero echaré por tierra a los de ojos altivos. Mantendré tu lámpara encendida y cambiaré tus tinieblas en luz. Con mi ayuda, puedes avanzar contra una tropa y escalar el muro de protección de tu enemigo. Yo soy el Dios que te arma con fortaleza y asegura tu camino. Yo hago tus pies como los de un ciervo y pongo un camino ancho para tus pies. Perseguirás a tus enemigos y los vencerás. Los aplastarás bajo tus pies, y no podrán levantarse. Yo soy el Dios que te venga y que somete naciones bajo tus pies.

SALMO 18

## Declaración en oración

*¡El Señor vive! ¡Gloria sea a mi Roca! ¡Exaltado sea el Dios de mi salvación!*
*Él es el Dios que me venga, que somete naciones bajo mis pies. Él me ha*
*exaltado sobre mis enemigos y me ha rescatado de hombres violentos. Él*
*da su rey grandes victorias y muestra su amor eterno a su ungido.*

## Perseguirás a tus enemigos y les superarás

Hijo mío precioso, no tienes por qué sentir terror y pavor cuando tus enemigos tramen contra ti y te persigan. En cambio, confía en mí, porque yo soy tu Dios, y tus tiempos están en mis manos. En el abrigo de mi presencia estás oculto ante tus enemigos y ante los planes de los malvados. No tengas miedo de tus enemigos, porque yo los he entregado en tus manos. Ninguno podrá hacerte frente, pero no te detengas; persigue a tus enemigos. Atácales por la retaguardia, porque yo, el Señor tu Dios, los he entregado en tus manos. Quitaré a tus enemigos de tu tierra como quitaría a bestias salvajes y la espada no pasará por tu país.

Salmos 31:14-15, 20; Josué 10:8, 19; Levítico 26:-8

## Declaración en oración

*Confío en ti, Señor. Celebro y grito porque tú eres bueno. Tú viste todos mi sufrimientos y cuidaste de mí. Me guardaste de las manos de mis enemigos y me liberaste. Te alabaré, Señor, por mostrarme tu gran bondad cuando era como una ciudad que está siendo atacada. Respondiste a mi oración cuando pedí tu ayuda.*

## Destruirás todos los demonios animalistas

No TEMAS CUANDO el enemigo te persiga disfrazado con las características animalistas de bestias salvajes y víboras peligrosas. Si luchas en mi poder y mi fuerza, pisarás al león y a la cobra, y derrotarás al gran león y a la serpiente. Los jabalíes del bosque no podrán asolarte, ni los insectos del campo podrán buscar en ti alimento. Te protegeré del acecho de la bestia en la oscuridad, cuando los leones rujan a sus presas y busquen su alimento. Aunque el leopardo esté acostado esperando cerca de tu casa para hacer pedazos a los que salgan, no te hará daño, porque mi poder en ti es mayor que el poder del enemigo.

SALMOS 91:13; 104:2-21; JEREMÍAS 5:6; LUCAS 10:19

### Declaración en oración

*Piso serpientes y escorpiones y todo poder del enemigo, y nada me dañará. Aplasto a los malvados; serán como cenizas bajo mis pies. Reprendo a todo espíritu que se arrastra por el bosque. En el nombre de Jesús, cierro la puerta a cada rata demoniaca que intente venir a mi vida.*

## Derrotarás a los enemigos de tus finanzas

He prometido que defenderé a mi pueblo y les guardaré de todo mal. Golpearé a tus enemigos con gran pánico, y alzarán sus manos entre ellos para atacarse. La riqueza de todos los enemigos que te rodean se recogerá, grandes cantidades de plata y oro y posesiones materiales, y se le entregarán a mi pueblo. Bendito es el hombre que me teme y se deleita en mis mandamientos. Tus hijos serán poderosos en la tierra, y tus generaciones serán benditas. Hónrame con la riqueza que te doy y tus graneros se llenarán hasta desbordarse. Mi bendición sobre ti trae riqueza, y no añadiré problema alguno.

Zacarías 14:13-14; Salmos 112:2-3; Juan 10:10

### Declaración en oración

*En el nombre de Jesús ato y echo fuera todo ladrón que intentara robar mis finanzas. El Señor reconstruirá las finanzas de su pueblo y les dará los tesoros de las naciones. No pondré mi esperanza en mi riqueza, sino que pondré mi esperanza en Dios, que me ha provisto abundantemente de todo para mi disfrute. Acumularé mis tesoros en el cielo y me aferraré de la vida eterna.*

## NINGÚN ENEMIGO PODRÁ ROBAR TU GOZO

CÓMO AMAS MI nombre y te regocijas en mí, te refugiarás en mí y te alegrarás. Haré que cantes de gozo mientras extiendo mi protección sobre ti. Bendeciré a mi siervo justo y te rodearé con mi favor. Te daré a conocer el camino de la vida y te llenaré de gozo en mi presencia y con delicias eternas a mi diestra. Seré tu fortaleza y tu escudo. Seré tu pastor y te llevaré siempre. Cambiaré tu lamento en danza y quitaré tus harapos y te vestiré con mi gozo.

SALMOS 5:11-12; 16:11; 126:5-6

## Declaración en oración

*En el nombre de Jesús ato y echo fuera cualquier espíritu que intente robar mi gozo. Gritaré a Dios con gritos de júbilo. Qué asombroso es el Señor Todopoderoso, el gran Rey sobre toda la tierra. Tú me has devuelto el gozo de mi salvación y me has llenado con tu espíritu; por tanto enseñaré alegremente a los transgresores tus caminos y declararé tu alabanza.*

## ECHARÁS FUERA TODO ESPÍRITU INMUNDO

No CEDAS CUANDO alguien te diga que consultes médiums y espiritistas que susurran. ¿Acaso no debería mi pueblo en cambio consultarme a mí, que soy su Dios? ¿Por qué consultar a los muertos por los vivos? Consulta mis instrucciones y pon atención a este aviso: si alguien no habla según mi Palabra, no tiene la luz del amanecer. Te he dado el poder sobre los espíritus inmundos, poder para echarlos fuera y para sanar todo tipo de enfermedad y dolencia. He aquí que te doy autoridad para pisar serpientes y escorpiones y sobre todo poder del enemigo, nada te dañará. No obstante, no te goces por esto, porque los espíritus se sometan a ti, sino porque tu nombre está escrito en el cielo.

ISAÍAS 8:19-20; MATEO 10:1; LUCAS 10:19-20

## Declaración en oración

*En el nombre de Jesús ato y echo fuera todo espíritu inmundo que*
*intente actuar en mi vida. Ato y reprendo a los diablos en las alturas*
*en el nombre de Jesús. Que todo espíritu que se esconde de mí sea*
*expuesto en el nombre de Jesús. Así como Jesús echó fuera los espíritus*
*con una palabra, así me ha dado la autoridad para hacer lo mismo.*

## Ordenarás al enemigo que se aparte de tus hijos

Nunca dudes de mi poder sobre el enemigo que quiere poner a tus hijos en una fortaleza de maldad. Puedo librar a tus hijos de la mano del enemigo; aunque tus hijos y tus hijas sean apresados, pon tu esperanza en mí, y no serás defraudado. Te he dado las llaves de mi Reino. Todo lo que ates en la tierra será atado en el cielo; todo lo que desates en la tierra será desatado en el cielo. Tus hijos son heredad mía, y el fruto de tu vientre es tu recompensa por tu fidelidad. Por tanto, vallaré su camino con espinos y haré un muro, para que el enemigo no pueda encontrar sus senderos.

Isaías 49:22-25; Mateo 16:19; Marcos 10:14-16

## Declaración en oración

*Ordeno a todos los diablos que se aparten de mis hijos en el nombre de Jesús. Mis hijos son herencia del Señor, y han sido redimidos de toda maldición. Los hijos que el Señor me ha dado son como señales y maravillas acerca de Dios. Él ha establecido su pacto entre mi simiente y yo en todas sus generaciones, para ser su Dios y el de su simiente.*

## Ningún espíritu demoniaco robará tu destino

Yo FRUSTRARÉ LOS planes de las naciones y desbarataré los propósitos de los pueblos, pero mis planes permanecerán siempre firmes, y los propósitos de mi corazón se cumplirán durante todas las generaciones. Yo sé los planes que tengo para ti, planes para que prosperes y no para dañarte, planes para darte esperanza y un futuro. Sé fuerte y muy valiente. No te apartes de mi Palabra ni a derecha ni a izquierda, para que tengas éxito dondequiera que vayas. Así serás próspero y todo te saldrá bien. Yo he determinado tu destino; ¿quién puede desbaratar mis planes para ti? He extendido mi mano para indicarte cómo debes andar, así que ¿quién podrá retirarla?

SALMOS 33:10-11; 16:3; JEREMÍAS 29:11; ISAÍAS 14:27

### Declaración en oración

*Ato y reprendo a todo espíritu que haya sido asignado para abortar
mi destino. Dios me dará la fuerza para cumplir mi destino. Haré la
voluntad de Dios de todo corazón, sirviendo al Señor, y no al hombre.
El mundo y sus deseos pasarán, pero yo viviré eternamente porque
hago la voluntad de Dios. Él me enseñará todos sus caminos.*

## MAYOR SOY YO, QUE ESTOY EN TI, QUE EL QUE ESTÁ EN EL MUNDO

Yo soy la vid; ustedes son los pámpanos. Si permanecen en mí y yo en ustedes, llevarán mucho fruto; separados de mí nada pueden hacer. Si permanecen en mí y mis palabras permanecen en ustedes, pidan lo que quieran y les será hecho. Ya no serán controlados por la naturaleza pecaminosa, sino por mi Espíritu que vive en ustedes. Te he levantado para poder mostrar mi poder en ti y para que mi nombre sea proclamado en toda la tierra. Guarda mis palabras. Átalas a tus dedos; escríbelas en las tablas de tu corazón, porque mi poder está obrando en tu interior, y puedes hacer mucho más de lo que pidas o imagines.

JUAN 15:5-7; ROMANOS 8:9; 9:17; 1 JUAN 4:4-6

## Declaración en oración

*Mayor es el que está en mí que el que está en el mundo. El Espíritu de Dios mora en mí y me ha dado vida. Puedo hacer mucho más de lo que puedo pedir o imaginar, según el poder que actúa dentro de mí. Dios seguirá llenándome con el conocimiento de su voluntad por medio de la sabiduría y el entendimiento que da el Espíritu, para que viva una vida digna del Señor y le agrade en todos mis caminos.*

## ATARÁS Y EXPONDRÁS A TODOS
## LOS DEMONIOS DE TEMOR

Oye mi palabra para ti en este día: No desmayes ni tengas miedo cuando afrontes una batalla espiritual con Satanás y su ejército. No te aterrorices ni des lugar al pánico ante ellos, porque yo soy el Señor tu Dios, y soy el que va contigo para luchar por ti contra tus enemigos y para darte la victoria. Se fuerte y valiente. No temas, porque yo iré contigo. Nunca te dejaré ni te desampararé. Yo soy tu luz y tu salvación, ¿de quién temerás? Yo soy la fortaleza de tu vida, ¿de quién te atemorizarás?

DEUTERONOMIO 20:3-4; SALMO 27:1-3; ROMANOS 8:15

## Declaración en oración

*Ato y echo fuera a todos demonios de temor y timidez en el nombre de Jesús. Ato
y echo fuera todo espíritu que intente arruinar mi vida de cualquier manera. No
temeré al enemigo ni a sus ataques demoniacos que intenten llenar mi vida de
temor. Dios me ha puesto a salvo en sus brazos de cobijo y nadie me atemorizará.*

## DESTRUIRÁS AL ESPÍRITU DE BRUJERÍA

No temas cuando los brujos y los hechiceros intenten oponerse y obstaculizar la obra que yo te he dado que hagas. En vez de llenarte de temor, te he dado el poder para destruir al espíritu de brujería como lo hizo Pablo. Haz lo que Pablo hizo: mirar al hechicero a la cara y decir: "¡Hijo del diablo y enemigo de toda justicia, lleno de todo tipo de engaño y de fraude! ¿Nunca dejarás de torcer los caminos rectos del Señor? Ahora la mano del Señor está contra ti; vas a quedarte ciego y por algún tiempo no podrás ver la luz del sol". Cuando te pongas firme frente al hechicero, destruirás el espíritu en su interior, y los que oigan tus palabras se sorprenderán de lo que ocurrirá y prestarán atención a tus enseñanzas sobre mi Palabra.

Deuteronomio 18:10-12; Hechos 13:8-11, nvi; Miqueas 5:11-15

### Declaración en oración

*Señor, no me dejes actuar con un espíritu erróneo o que el espíritu de brujería me ate. Ato a todos los poderes malignos de brujería y destruyo esos espíritus para que no obren entre mis seres queridos. Gracias a tu poder que actúa en mí, los brujos y hechiceros confesarán sus malas obras y quemarán sus herramientas de brujería públicamente y acudirán a ti.*

## LIMPIARÉ TU VIDA DE FALTAS SECRETAS

HIJO MÍO, sé consciente del peligro de intentar ocultarme tus faltas o actos, porque yo veo lo secretos ocultos de tu corazón. Nada se puede ocultar de la luz de mi presencia. Antes estabas en tinieblas, pero ahora eres luz en mí. Vive como hijo de luz (porque mi luz consiste de toda bondad, justicia y verdad) y descubre lo que me agrada. No tengas nada que ver con las obras vanas de las tinieblas, sino exponlas. Todo lo que expone mi luz se hace visible, porque la luz es lo que hace todo visible. Ten mucho cuidado con tu forma de vivir, no como necio sino como sabio, aprovechando al máximo cada oportunidad, porque los días son malos.

SALMO 19:12-13; JEREMÍAS 23:24; EFESIOS 5:8-16

### Declaración en oración

*Señor, limpia mi vida de faltas secretas. Renuncio a los caminos secretos y vergonzosos. No usaré el engaño, ni distorsionaré la Palabra de Dios. Lo único que esconderé en mi corazón es la Palabra de Dios, para no pecar contra ti.*

## Te enseñaré a hacer mi voluntad

Siempre te guiaré; satisfaré tus necesidades en una tierra abrasada por el sol y te fortaleceré. Serás como un jardín bien regado, como una fuente cuyas aguas nunca se agotan. Levantarás los fundamentos de antaño y serás llamado reparador de portillos y restaurador de calzadas para habitar. Te enseñaré la manera en que debes actuar; te aconsejaré con mis ojos de amor sobre ti. No deseches tu confianza en mi voluntad, porque tendrá una gran recompensa. Sigue con perseverancia, porque cuando hayas hecho mi voluntad, recibirás lo que te he prometido.

Isaías 58:11-12; Salmos 31:1-4; 32:8; 1 Juan 2:17

### Declaración en oración

*Guíame y dirígeme por amor de tu nombre. Guíame a toda verdad. Guíame en una camino recto a causa de mis enemigos. Endereza tu camino ante mis ojos, y endereza los caminos torcidos y que los caminos escarpados sean llanos ante mí. Ayúdame a estar firme en toda tu voluntad, maduro y totalmente seguro. Enséñame a hacer tu voluntad, porque tú eres mi Dios; que tu Espíritu me guíe sobre la tierra.*

## Te cubriré en la túnica de justicia

Eres mi hijo amado. Te he vestido con mis vestiduras de salvación y te he arropado con una túnica de justicia. Mi Espíritu Santo te ha vestido con poder de lo alto, y estás vestido de mi Hijo, Cristo. Te he dado belleza en lugar de cenizas, mi óleo de alegría en lugar de tristeza y mi manto de alabanza en lugar de espíritu angustiado. Mi justicia es una coraza de protección para ti, y he calzado tus pies con el evangelio de mi paz. Te he hecho mi embajador, para que puedas hablar con osadía para explicar los misterios de mi evangelio.

Isaías 61:10; Ezequiel 16:8-13; Gálatas 3:27; Efesios 6:14

### Declaración en oración

*Estoy vestido con el manto de salvación. Mi Dios me ha cubierto con una túnica de justicia y me ha dado el manto de alabanza en lugar de un espíritu angustiado. Me ha preparado para la batalla preparándome con la armadura de defensa. Su justicia es mi coraza fuerte e impenetrable, y su justicia me protege como una armadura.*

## Arrancarás cualquier raíz de maldad en tu vida

Presta atención para caminar en bondad y para guardar los caminos de la justicia, porque mis hijos rectos e intachables morarán en mi tierra, pero los malvados serán cortados de la tierra, y los infieles serán arrancados de ella. En este día te he dado mi autoridad y poder sobre las naciones y sobre los reinos, para arrancar y tirar, para destruir y asolar, para construir y plantar. Mi hacha está lista sobre la raíz de los árboles, y todo árbol que no produce fruto será cortado y echado al fuego, pero si sus raíces son santas, también lo serán sus ramas. Por haberles injertado en el olivo original, que es mi Hijo, ahora comparten los nutrientes de la savia de la raíz del olivo. Pero recuerden esto: ustedes no sustentan a la raíz; mi Hijo Jesús es la raíz que les sustenta a ustedes.

Jeremías 1:10; Romanos 11:17-19; Hebreos 12:15

### Declaración en oración

*Yo pongo el hacha sobre la raíz de todo árbol malo en mi vida. Que toda raíz principal generacional mala sea cortada y echada de mi árbol genealógico en el nombre de Jesús. Que las raíces de los malvados se pudran. Que toda raíz de amargura sea cortada de mi vida. Que tu fuego santo consuma toda raíz mala en el nombre de Jesús.*

## Derrotarás a los espíritus de orgullo y rebeldía

No PERMITAS QUE tu corazón se llene de orgullo, porque desataré mi juicio sobre el orgulloso. Si te aferras a tu orgullo, haré que seas pequeño entre las naciones; serás muy menospreciado. El orgullo de tu corazón te ha engañado; tú, que te dices: "¿Quién puede tirarme al suelo?". Aunque vueles como las águilas y hagas tu nido entre las estrellas, desde allí te haré descender. Pero mis siervos humildes derrotarán al espíritu de orgullo, y yo seré su libertador.

PROVERBIOS 15:25; 16:18; SALMOS 17:11; ISAÍAS 1:20

### Declaración en oración

*Señor, vísteme de humildad. Que todos los espíritus arraigados en orgullo o rebeldía salgan en el nombre de Jesús. Temer al Señor es odiar el mal y, por tanto, yo odio el orgullo y la arrogancia, el mal comportamiento y la lengua perversa. Andaré en camino de rectitud, en la senda de la justicia. Me cubriré de humildad hacia otros porque Dios se opone a los soberbios pero da gracia a los humildes.*

## Ordenarás a las montañas que se aparten

Si tienes fe en que mi poder obra en tu vida, podrás ordenar a cualquier montaña que se alce contra mí o contra mi poder en ti que sea echada al mar. Permanece firme en tu fe, porque muchos dirán en su corazón que quieren ascender al cielo. Intentarán establecer su trono sobre las cumbres de las nubes para poder ser como el Altísimo, pero con mi poder obrando en ti, les harás descender hasta las profundidades del abismo. En los últimos tiempos el monte de mi santo templo será establecido como el principal entre los montes; se levantará sobre las demás colinas, y todas las naciones acudirán a él. Muchas personas acudirán y dirán: "Vamos, subamos al monte del Señor. Él nos enseñará sus caminos, para que andemos en sus sendas".

Salmos 65; Mateo 21:21-22

## Declaración en oración

*Hablo a cada montaña en mi vida y le ordeno que sea arrancada y echada al mar. Hablo a cada montaña financiera para que sea arrancada de mi vida en el nombre de Jesús. Que toda montaña mala oiga la voz del Señor y sea arrancada. Que las montañas tiemblen ante la presencia de Dios. Señor, tú estás contra cada montaña destructora. Haz pedazos las montañas malas de mi vida, Señor.*

## ATARÁS AL ENEMIGO Y LE DESPOJARÁS DE SU PODER

Cuando mi Hijo envió a setenta y dos de sus siervos de dos en dos para llevar las buenas nuevas del evangelio, ellos regresaron gozosamente sorprendidos de que los demonios se les sometieron cuando usaron el nombre de Él. Así que no te sorprendas de que te haya dado poder para atar al enemigo y para despojarle de su poder. Él ya ha sido despojado de su poder en el cielo, y le vi caer como un rayo del cielo. Te envío a abrir los ojos de los que están espiritualmente ciegos, para que les lleves de las tinieblas a la luz, y del poder de Satanás a mí. Después perdonaré sus pecados y les daré una herencia de justicia.

Éxodo 15:6-7; Lucas 10:17-19; Hechos 26:18

## Declaración en oración

*Satanás, el Señor te reprenda. Por medio de su poder aplastaré a Satanás bajo mis pies. Ato y reprendo todo espíritu de Satanás que quiera obstaculizar en el nombre de Jesús. No temeré a Satanás ni a sus demonios cuando luchen contra mí, porque Dios mismo está conmigo y me rescatará. Por el poder de Cristo obrando en mí, he vencido a Satanás y le he despojado de su poder sobre mí.*

## Despojarás a los que intenten despojarte

Cuando los egipcios esclavizaron a mi pueblo, les oprimieron e hicieron que sus vidas fueran amargas por el duro trabajo. Incluso pidieron la muerte de los primogénitos de mi pueblo, robándoles despiadadamente y asolando sus vidas con dolor y necesidad. Pero he aquí he creado al despojador para que cause estragos sobre los que ataquen a mi pueblo. Así como capacité a mi pueblo para tomar la plata y el oro de los egipcios cuando les liberé de su cautiverio en Egipto, así te he dado el poder para despojar a los que intenten despojarte. Ningún arma forjada contra ti prosperará, porque esta es la herencia de mis siervos. A través de mi Hijo has recibido la autoridad para triunfar sobre los poderes y autoridades que amenacen con oprimirte y esclavizarte.

Isaías 54:16-17; Éxodo 12:35-36; Colosenses 2:13-15

### Declaración en oración

*Expulsa al príncipe de las tinieblas despojado. Ato al enemigo, le despojo de su armadura y reparto su botín. Señor, has despojado a los principados y potestades. Despojo al enemigo y recupero sus bienes en el nombre de Jesús. El enemigo no me despojará, sino que será despojado. Que las fortalezas de las tinieblas sean despojadas en el nombre de Jesús.*

## Aplastarás a Satanás bajo tus pies

Hijo mío, no temas a Satanás y sus ángeles demoniacos, porque ya le he maldecido y despojado de su poder por su engaño en el huerto. Te he dado la victoria sobre todos sus impotentes ataques contra ti. Si me obedeces por completo y sigues cuidadosamente todos mis mandamientos, te pondré por encima de todas las naciones de la tierra; muy por encima de todo principado, y potestad, y poder, y dominio, y todo nombre que se nombra. Abriré los cielos, el granero de mi abundancia, para enviar lluvia sobre tu tierra a tiempo y para bendecir toda obra de tus manos.

Deuteronomio 28:13; Romanos 16:19-20; Malaquías 4:3

### Declaración en oración

*Señor, retira el asiento de Satanás de mi comunidad, ciudad y nación. El Sol de justicia se ha levantado con sanidad en sus alas, y en su poder aplastaré a los malvados, y ellos serán cenizas bajo las plantas de mis pies. Has aumentado mi camino, para que mis pies no resbalen; mis enemigos han caído bajo mis pies.*

## SERÁS SOBRIO Y VIGILANTE
## CONTRA TU ADVERSARIO

Hijo mío, recuerda que no vives en tinieblas, sino que te he hecho consciente de las maquinaciones del diablo. Permanece despierto y vigilante, porque no debería sorprenderte nada de lo que el enemigo intente hacer. Como perteneces al día, ponte fe y amor como coraza, y viste el yelmo de la salvación cuando intentes hacer guerra contra Satanás. Con tu mente alerta y sobria, pon tu esperanza en la gracia que se te revelará cuando mi Hijo regrese para llevarte a tu casa en el cielo. Sé santo en todo lo que hagas, y vive tu tiempo aquí como un peregrino. Purifícate con mi santa Palabra. Resiste al diablo y permanece firme en tu fe.

1 Tesalonicenses 5:4; 1 Pedro 1:13-15; 5:8

## Declaración en oración

Soy sobrio y vigilante contra mi adversario, el diablo. Estoy preparado para ser victorioso sobre sus malvados ataques, me he armado con la armadura de fe y amor y el yelmo de la salvación. Gracias a la salvación de Cristo, puedo ver las malvadas tácticas y estrategias de Satanás antes de que puedan dañarme a mí o a mi familia. Quizá me hará sufrir, pero nunca podrá vencerme o sacarme de la protección de Dios, mi Padre.

## El enemigo huirá ante tu reprensión

Así como reprendí a Satanás y defendí a mi siervo Josué, así también te defenderé a ti, hijo mío, y haré que las acusaciones del enemigo no te hagan daño. Te he dado el poder para hablar al enemigo con reprensión, y le verás huir delante de ti. He prometido que los que reprendan a los malvados obtendrán deleite y una buena bendición caerá sobre ellos. Sigue mis mandamientos y aprende a hacer el bien; busca la justicia, reprende al opresor, defiende al huérfano y ruega por la viuda. Yo reprenderé al devorador en tu vida, para que no destruya el fruto de tu tierra, ni la vid deje de dar fruto en tu campo.

Zacarías 3:1-2; Proverbios 24:25; Malaquías 3:11

### Declaración en oración

*Satanás, el Señor te reprenda. Que el enemigo huya a tu reprensión,
oh Señor. Como el Señor me ha fortalecido, reprenderé a Satanás
y haré que deje de atacarme a mí y a mi familia. Le hablaré a
la tormenta de mi vida y diré: "¡Calla! ¡Enmudece!".*

## REPRENDERÁS A TODOS LOS VIENTOS
## Y LAS TORMENTAS DEL ENEMIGO

Hijo mío, no tengas miedo del enemigo, porque él no impedirá que yo haga las cosas que he planeado y he prometido desde antes de crear el mundo. He destruido la fortaleza de tus enemigos y dejaré en ruinas los lugares donde habitan. Seré un lugar de seguridad para el pobre y el necesitado en tiempos de dificultad. Cuando los enemigos feroces te golpean como una lluvia torrencial, yo soy tu abrigo. Impediré que tus enemigos canten cantos de victoria. Yo soy un Dios poderoso, y a la vez paciente, y verás mi mano obrar en las tormentas y torbellinos que el enemigo traiga tu vida. Permanece en mi fuerza, y en mi poder haz frente al enemigo y reprende a los vientos y las tormentas que intente arrojarte. Yo soy tu protector y tu fortaleza, y en mi poder conseguir la victoria.

MARCOS 4:37-39; ISAÍAS 25:1-5; NAHÚM 1:2-5

## Declaración en oración

*Dios es mi lugar seguro en tiempos difíciles. Él es mi cobijo cuando las feroces tormentas demoniacas se agolpan sobre mi alma. A su voz, la tormenta cesará, y Satanás no tendrá poder para hacerme daño. En el poder de mi Dios, reprenderé a Satanás y alejaré los torbellinos antes de que puedan derrotarme.*

## No se establecerá ninguna
## doctrina del diablo en tu vida

Hijo mío, hasta que yo regrese, dedícate a la predicación, enseñanza y lectura de mi Palabra. No descuides el don que te he dado, y sé diligente en todos los asuntos espirituales. Vigila tu vida y tu doctrina con cuidado; persevera en ellas, porque si haces estas cosas, ninguna doctrina del diablo se establecerá en tu vida. Mi Palabra es inspirada por Dios y te enseñará, te guardará del error, te corregirá y te entrenará en toda justicia, para que puedas ser mi siervo, totalmente equipado para toda buena obra. No temas al diablo, porque pronto aplastaré a Satanás bajo tus pies.

Efesios 4:14-16; 2 Timoteo 3:16-17; Romanos 16:17-20

## Declaración en oración

*Padre, gracias por advertirme de que tengas cuidado con las falsas doctrinas del diablo. Gracias a tu justicia, he sido entrenado en justicia, y Satanás no puede engañar mi mente. En tu poder rechazaré todo falso viento de doctrina, los trucos malvados de hombres y demonios, y la astucia de las engañosas maquinaciones de Satanás para destruir mi alma.*

## CAMINARÁS EN MI ESPÍRITU DE EXCELENCIA

CONOCERÁS QUE YO, el Señor, soy tu Salvador y tu Redentor, el Poderoso de Jacob. El sol ya no será tu luz de día, ni la luna te dará su resplandor, sino que yo seré tu luz eterna y tu gloria. Aunque te sientas perseguido por todas partes, no serás desamparado. Cuando estés en apuros, no me olvidaré de ti. Aunque estés derribado, no serás destruido. Por la fe sabrás que al igual que resucité a mi Hijo Jesús, también te resucitaré con Jesús y te llevaré ante mi trono en el cielo. Por tanto, no desfallezcas, porque tu leve aflicción, la cual es momentánea, está actuando a tu favor para tener una victoria eterna. No mires las cosas que se ven, sino las cosas que no se ven.

ISAÍAS 60:1.15-16; 2 CORINTIOS 4:7-18

## Declaración en oración

*Por el Espíritu de Dios obrando dentro de mí, puedo caminar en la excelencia de Dios. Cuando las circunstancias difíciles y perplejas lleguen a mi vida, no desfalleceré. No miraré las cosas tal y como se ven, sino que intentaré ver el poder invisible de Dios. Pondré mis ojos en el trono de mi Padre en el cielo, y al caminar en su excelencia, su Espíritu me capacitará para irradiar su gloria.*

## EXPONDRÁS FALSOS MINISTERIOS EN MI NOMBRE

TEN CUIDADO CON los falsos profetas. Se acercan a ti disfrazados de ovejas, pero por dentro son lobos feroces. Por sus frutos los conocerás. Evalúalos cuidadosamente según mi Palabra, y en mi poder saca a la luz a los que sean falsos y a los que prediquen palabras engañosas a mi pueblo. Mis verdaderos siervos han entrado conmigo en un pacto de vida y paz, y me temen y respetan mi nombre. La verdadera instrucción está en sus bocas, y no habrá falsedad alguna en sus labios. Caminarán conmigo en paz y rectitud y apartarán a muchos del pecado. Presta atención a mis palabras, y sírveme en pureza de corazón.

MATEO 7:15-23; MALAQUÍAS 2:5-6; 2 PEDRO 2:1-3

## Declaración en oración

*Que todos los falsos ministerios que se han arraigado en mi ciudad sean arrancados. Que cualquier persona malvada plantada en mi Iglesia sea arrancada en el nombre de Jesús. Te serviré en pureza de corazón y honraré tu nombre. Átame en un pacto de vida y paz contigo, oh Dios. Que no se halle falsedad en mis labios. Mi deseo más sincero es que me halles digno de predicar tu Palabra y así apartar a muchos de su pecado.*

## Te daré osadía para predicar el evangelio

Hijo mío, he oído el clamor de tu corazón y visto tu fidelidad hacia mí. Por tanto, he respondido tu clamor y te he dado osadía para predicar mi Palabra. Te envío a proclamar mi evangelio, a sanar a los enfermos, resucitar a los muertos, limpiar a los leprosos, echar fuera demonios. Por gracia has recibido, por gracia da. Yo te envío como una oveja en medio de lobos; por tanto, sé astuto como la serpiente y manso como las palomas. Ve por todo el mundo y predica el evangelio a toda criatura. En mi nombre echarás fuera demonios, hablarás nuevas lenguas, pondrás tu mano sobre los enfermos y sanarán. Yo he hecho que mi luz resplandezca en tu corazón para darte la luz del conocimiento de mi gloria.

2 Corintios 3:4-5; Mateo 10:16; 2 Corintios 4:6

### Declaración en oración

*Porque he sido vestido en la justicia de Dios, tengo la confianza y valentía de predicar su Palabra. Seré tan valiente como un león y daré a conocer el misterio del evangelio de Dios. Predicaré y enseñaré con demostración del Espíritu y de poder. Que el fuego de Dios esté en mi lengua para predicar y profetizar.*

## Te guiaré continuamente

Yo SERÉ TU refugio, y te protegeré de la adversidad. Te instruiré y te enseñaré en mis caminos; te daré consejo poniendo mis ojos sobre ti. Siempre te guiaré y te daré cosas buenas para que comas cuando estés en el desierto. Haré que tengas salud, y serás como jardín bien regado o como un río que nunca se seca. Haré un camino en el desierto y una senda recta que puedas seguirla. Yo puedo rellenar todos los valles que afrontes y hacer descender toda colina y monte que parezcan impedirte el paso. Nivelaré el terreno áspero y desigual para que puedas ver que mi gloria rodea tu camino.

Salmo 32:7-8; Isaías 58:11; Isaías 40:1-4

## Declaración en oración

*Padre, guíame continuamente con tus ojos. Guíame con la destreza de tus manos. Guíame por un camino llano por causa de mis enemigos. Endereza los lugares torcidos y los lugares ásperos delante de mí. Envía tu luz y tu verdad, y que ellas me guíen. Enséñame a hacer tu voluntad, y guíame a la tierra de rectitud.*

## CONVERTIRÉ LO SINUOSO EN RECTO Y LAS TINIEBLAS EN LUZ

HIJO MÍO, TE he tomado de tu mano y te guiaré. Aférrate firmemente a mi Palabra, porque es el mensaje que da vida. Anima a mi pueblo y dales consuelo. Te escogí y te envié para llevar luz y mi promesa de esperanza a las naciones. Le darás vista a los ciegos, liberarás a los prisioneros de sus cárceles. Yo guiaré a los ciegos por caminos que nunca habían conocido, les guiaré por caminos que nunca habían transitado. Su camino es oscuro y sinuoso, pero les daré mi luz para que no tropiecen.

SALMOS 43:3-4; ISAÍAS 40:1-4; 42:16-17

### Declaración en oración

*Guíame, y endereza mi camino ante mis ojos. Convierte la oscuridad en luz ante mí y endereza las cosas torcidas. Enséñame a iluminar el camino para los ciegos y a dar esperanza a las naciones. Dame el tesoro de la oscuridad y tus riquezas, que están guardadas en lugares secretos. Fortaléceme para que los hombres sepan que no hay otro Dios como tú. Tú viniste a revelar la luz verdadera que da luz a todo hombre que viene a este mundo.*

# SECCIÓN IV

## Confrontar las tácticas
del enemigo

## Prepárate para confrontar las tácticas del enemigo

Hijo mío, no ignores las tácticas del diablo, ya que es un estratega y pone trampas y lazos para cazar a mis hijos. Pero te daré el poder para vencer sus tácticas. Fija tus ojos en mí, porque yo soy tu Señor Soberano. No te dejes engañar por las mentiras de Satanás. Él es un asesino desde el principio, y no dice la verdad, porque es mentiroso y padre de mentiras. Has de saber que en estos tiempos hay algunos que abandonarán la fe y seguirán espíritus inmundos y cosas que enseñan los demonios. Sigue de cerca mi Palabra, porque todo lo que he creado es bueno, y debes recibirlo con acción de gracias.

Efesios 6:10-12; Salmos 140:8-10; 1 Timoteo 4:1-4

### Declaración en oración

*Señor, levántate en mí y sean esparcidos tus enemigos. Haz que mis malvados enemigos huyan delante de ti. Como la cera se derrite ante el fuego, que las malvadas tácticas de Satanás perezcan ante ti. Tú me has dado tu escudo de victoria, y tu diestra me sostiene. Perseguí a mis enemigos y les alcancé. No me detuve hasta que fueron destruidos. Tú eres el Dios que me venga y me salva de mis enemigos.*

## SATANÁS ES UN MENTIROSO
## Y PADRE DE MENTIRAS

No PERMITAS QUE el enemigo organice estrategias contra ti. Vence y destruye sus estrategias con la oración. La principal táctica del enemigo es el engaño. Él es un mentiroso y padre de mentiras. Mi Palabra sacará a la luz sus tácticas. Yo soy luz, y mi Palabra es luz. La luz deja en evidencia al enemigo y rompe la oscuridad. Pon atención a las huestes de engaño y a los espíritus mentirosos que trabajan bajo la autoridad de Satanás. Clama a mi nombre, y le arrebataré su poder a esos espíritus engañadores y haré que tus ojos sean abiertos. Ora para que tus enemigos sean esparcidos, confundidos, expuestos y destruidos.

JUAN 8:44-47; 1 TIMOTEO 4:1; SALMOS 68:1

## Declaración en oración

*El Señor me ha rescatado de todos mis enemigos y de la mentira y los espíritus engañadores que pertenecen al diablo. Dios ha destruido a mis enemigos. El Señor me guiará por la tierra y preservará mi vida. En su justicia me ha sacado de los problemas. Con su amor eterno ha silenciado a mis enemigos y ha destruido a mis perseguidores. En su poder contenderé con los poderes de las nieblas asignados contra el Reino de Dios.*

## CUIDADO CON EL EJÉRCITO MENTIROSO DE SATANÁS Y LOS ESPÍRITUS ENGAÑADORES

SOMÉTETE A MÍ, y resiste al diablo, y huirá de ti. Ten dominio propio y está alerta, porque tu enemigo el diablo anda rondando como león rugiente buscando a quien devorar. Resístele y permanece firme en la fe. Recuerda que no tienes lucha contra sangre y carne o enemigos naturales. Satanás se disfraza de ángel de luz y hará que tus enemigos intenten destruir mi luz en tu vida. Repréndele en mi poder y autoridad, y ordénale que se mantenga alejado de ti.

SANTIAGO 4:7; 1 PEDRO 5:8; 2 CORINTIOS 11:14; MATEO 4:10

### Declaración en oración

*¡Apártate de mí, Satanás! Porque adoraré al Señor mi Dios y le serviré sólo a Él. ¡Quítate de en medio, Satanás! Me eres tropiezo; no tienes tu mente en las cosas de Dios, sino las cosas de los hombres. Mi Señor me ha dado la autoridad para hollar serpientes y escorpiones y para vencer todos los poderes del enemigo, y nada me dañará.*

## APRENDE LAS ORACIONES DE GUERRA
## ESPIRITUAL DEL REY DAVID

Yo SOY TU roca, tu fortaleza y tu libertador. Refúgiate en mí, y seré tu escudo y tu fortaleza. Cuando clames a mí, te salvaré de tus enemigos. Descenderé desde las alturas y te tomaré. Se sacaré de las aguas profundas y te rescataré de los poderosos enemigos y de los adversarios que son demasiado fuertes para ti. Seré tu apoyo y te llevaré a un lugar espacioso porque me deleito en ti.

SALMO 18

### Declaración en oración

*¡El Señor vive! ¡Gloria sea a mi Roca! ¡Exaltado sea Dios mi Salvador!*
*Él es el Dios que me venga, que somete a las naciones debajo de mí,*
*que me libra de mis enemigos. Por tanto, te alabaré, Señor, y cantaré*
*alabanzas a tu nombre. Tú eres mi roca, mi fortaleza y mi libertador.*

## TUS VICTORIAS SOBRE SATANÁS
## PRODUCIRÁN PAZ

Hijo mío, te daré descanso de todos tus enemigos. Daré paz y quietud para todos mis hijos. Cuando tus caminos me agradan, hago que incluso tus enemigos estén en paz contigo. Te daré fuerza, y te bendeciré con paz. Tu salvación vendrá de mí, y seré tu fuerza en los momentos difíciles. Te ayudaré y te libraré, y te salvaré porque confías en mí. No te olvides de mi ley, y que tu corazón guarde mis mandamientos, porque largura de días, larga vida y paz te serán añadidos. Confía en mí y no te apoyes en tu propia prudencia; reconóceme en todos tus caminos y yo enderezaré tus veredas.

PROVERBIOS 17:7; SALMOS 29:11; 37:35-40

## Declaración en oración

*Padre, confío en ti con todo mi corazón, y te reconozco en todos mis caminos. No me alejaré de ti ni me haré sabio en mi propia opinión. Temeré tu nombre y me apartaré del mal, porque haciéndolo encontraré salud para mi carne y fuerza para mis huesos. Tu bondad no me abandonará, ni quitarás de mi vida tu pacto de paz. Grande será la paz de mis hijos y nietos.*

## ERES REDIMIDO DE LA MALDICIÓN
## POR EL PODER DE MI HIJO

TÚ ERES MI fuerte guerrero, y te he dado mi armadura para que obtengas la victoria sobre el enemigo. Usa mi escudo de la fe, porque con él podrás apagar todos los dardos de fuego que Satanás intente usar contra ti. Sé fuerte y valiente, porque el enemigo desea destruirte. Cuando Leviatán se pare frente a ti con chispas de fuego saliendo de su boca y humo de su nariz como una olla hirviendo o un fuego en el bosque, tendrás poder para derrotarle por completo. Podrás apagar cualquier rayo ardiente que use para intentar causar destrucción sobre ti. En el nombre de mi Hijo Jesús, podrás reprender cualquier tizón enviado contra tu vida.

EFESIOS 6:13, 16; JOB 41:20-21; ISAÍAS 7:4

## Declaración en oración

*En tu poder, Señor, apago con el escudo de la fe todo dardo de fuego que el enemigo envíe contra mí. En el nombre de Jesús apago los dardos de celos, envidia, enojo, amargura e ira enviados contra mi vida. Ato y echo fuera toda serpiente ardiente enviada contra mí, y el enemigo no me quemará.*

## LOS MALVADOS SERÁN DESTRUÍDOS CON EL FUEGO DE DIOS

Yo VENGARÉ EL ataque del enemigo contra mis siervos justos con el fuego de mi venganza. Haré que lluevan carbones de fuego y azufre contra los malos. Cuando camines por el fuego del enemigo, no te quemarás, y la llama de cada ataque del enemigo no te quemará. Encenderé mi fuego en ti, y devorará toda sequedad que llegue a tu vida. Todos tus enemigos verán que yo lo he encendido, y no se apagará. Mi fuego consumidor irá delante de ti, y la llama de mi justicia arderá detrás de ti.

SALMOS 140:10; ISAÍAS 43:2; EZEQUIEL 20:47-48; JOEL 2:3

### Declaración en oración

*No temeré a las llamas del enemigo ni correré cuando el enemigo ataque. Mi Señor hará llover el fuego de su venganza sobre ellos. Pondrá su santa llama de justicia dentro de mi corazón, y devorará toda sequedad y lugar vacío dentro de mí. Irá delante y detrás de mí, y nunca se apagará.*

## LA LLAMA DEL ENEMIGO NO ARDERÁ EN TI

CUANDO PASES POR el fuego, no te quemarás, ni la llama te abrasará, porque yo soy el Señor tu Dios. No temas las malvadas amenazas de los malos, porque como las llamas consumen la paja, así mi llama santa quemará su raíz de corrupción, y sus brotes subirán como el polvo. Así como las llamas del horno no pudieron quemar a mis siervos Sadrac, Mesac y Abed-nego, tampoco el fuego de los malos te quemará a ti, porque yo estaré contigo en medio del fuego. El fuego no tendrá poder para quemar tu cuerpo y ni un cabello de tu cabeza ni tus ropas serán consumidas por las llamas del enemigo.

ISAÍAS 43:2; 5:24; DANIEL 3

### Declaración en oración

*No tendré temor de las llamas abrasadoras de los malvados, porque el Señor mi Dios me protegerá para que no me queme. En el nombre de Jesús venceré todo fuego de maldad que se envíe contra mi vida. El enemigo no podrá quemar mi cosecha, y en el nombre de Jesús apago toda antorcha que el enemigo quiera usar contra mi vida.*

## ERES REDIMIDO DE LA MALDICIÓN
## POR LA SANGRE DE JESÚS

ERES SIMIENTE DE Abraham, y te he redimido de la maldición por la sangre de mi Hijo Jesús. Te he dado bendición en vez de maldición, y vida en lugar de muerte. Romperé y te libraré de toda maldición generacional e iniquidades que llegaron como resultado de los pecados de tus antepasados. He roto toda maldición de brujería, hechicería y adivinación contra ti por el poder de mi Hijo. Romperé y reprenderé toda maldición de dolencia y enfermedad en el nombre de mi Hijo. Has sido redimido; has sido liberado.

GÁLATAS 3:13-14; DEUTERONOMIO 11:26

## Declaración en oración

*Escojo bendecir en vez de maldecir, y vida en vez de muerte. La sangre de Jesucristo me ha redimido de la maldición. Ya no temeré la maldición del enemigo, porque he sido liberado por el poder de Jesucristo.*

## Rompe la maldición de
## brujería y hechicería

Hijo mío, con amor eterno te he amado, y porque te amo, he cambiado las maldiciones de brujería y hechicería del enemigo en una bendición para ti. Te ayudaré según mi misericordia, para que sepas que fue por mi mano que he bendecido lo que el enemigo ha maldecido en tu vida. Estaré a tu diestra y te salvaré de los que te condenan. Serás una bendición para todos aquellos entre los que fuiste maldecido. Me he propuesto hacerte bien a ti y a tu casa. No temas, sino habla la verdad a tu prójimo, y ofrece verdad, justicia y paz a todos los que te encuentres.

Salmos 109:28-31; Zacarías 8:13-16

## Declaración en oración

*Padre, en tu nombre, rompo y me libero de toda maldición y palabras negativas que otros hayan declarado contra mí, y les bendigo. Ninguna maldición de brujería o hechicería tendrá efecto alguno sobre mi vida, porque tú has roto la maldición y la has cambiado en una bendición para mi vida a través de tu precioso Hijo Jesús.*

## SÉ LIBERADO DE LA MALDICIÓN DE DOLENCIA Y ENFERMEDAD

No TEMAS HABER sido afectado por una maldición de dolencia y enfermedad, porque así como mi Hijo iba sanando toda clase de enfermedad y dolencia, así yo he roto la maldición de dolencia y enfermedad sobre tu vida. Te he dado poder sobre los espíritus inmundos, para echarlos fuera y para sanar todo tipo de enfermedad y toda clase de dolencia. Te he dado mi promesa de traer salud y sanidad sobre ti, y para sanarte y revelarte abundancia de paz y verdad. Buscaré lo que se había perdido, y volveré a traer lo que se había apartado, y arreglaré lo que se había roto y fortaleceré lo que se había enfermado.

MATEO 4:23; 10:1; JEREMÍAS 33:6; EZEQUIEL 34:16

### Declaración en oración

*Padre, tú eres mi Gran Doctor, y has prometido sanar mi cuerpo quebrantado y fortalecerme cuando estoy enfermo. Me has liberado de la maldición de muerte y destrucción, y me has liberado de toda maldición de enfermedad y dolencia en el nombre de tu Hijo Jesús. Has bendecido mi vida y me has llenado con la bendición de buena salud.*

## TE HE DADO PODER PARA LIBERARTE DE LA MALDICIÓN DE LUJURIA Y PERVERSIÓN

Hijo mío, te he dado el don de mi Espíritu Santo, que es poderoso y fuerte y que te salvará de la maldición de lujuria y perversión que ha afectado a las generaciones con las que moras. Confía en que mi Espíritu Santo te dará el poder para liberarte de los espíritus de lujuria y perversión. Guarda tu corazón con toda diligencia, porque de él manan los asuntos de la vida. Que los labios perversos estén lejos de ti y que tus ojos miren hacia adelante. Medita en la senda de tus pies y que todos tus caminos sean establecidos. No te apartes ni a derecha ni a izquierda, y mantén tu pie lejos del mal.

FILIPENSES 2:15; PROVERBIOS 4:23-27

### Declaración en oración

*Espíritu Santo, lléname con el poder para liberarme de toda lujuria y perversión. Ya no viviré bajo la maldición de un corazón perverso, y me entrego hoy a ti para guardar mis labios de hablar perversión y para que mis ojos te miren directamente a ti. Que todos mis caminos sean establecidos en justicia, y sigue dándome la fortaleza para apartar mis pies de toda maldad.*

## TE HE LIBRADO DE LAS CONSPIRACIONES SATÁNICAS Y DEMONIACAS

HIJO MÍO, ACUÉRDATE de mi gran bondad, la cual tengo para los que me temen. Si sigues confiando en mí, mi bondad será tuya en presencia de los hijos de los hombres. Te ocultaré en el lugar secreto de mi presencia. Serás librado de cualquier conspiración malévola y demoniaca que el enemigo haya tramado contra ti. Te he ocultado de sus planes secretos y de la rebeldía de los hacedores de iniquidad que afilan sus lenguas como espadas, y doblan sus arcos para lanzar flechas de palabras amargas contra los inocentes. He preservado tu vida del temor a los planes secretos del enemigo.

SALMOS 31:19-20; 64:2-4

## Declaración en oración

*Oye mi voz, Dios mío, en mi meditación; preserva mi vida del temor al enemigo. Ocúltame de los planes secretos de los malvados, y de la rebelión de los hacedores de iniquidad. Aunque hablen secretamente de trampas de mentira para mí y crean que han llevado a cabo una buena maquinación, tú harás que tropiecen con sus propias lenguas, y todos los que les vean huirán de ellos. Declararé tus maravillosas obras.*

## QUE SEA EXPUESTA TODA
## ESTRATEGIA DEL INFIERNO

No TEMAS LAS estrategias del infierno que el enemigo planea contra ti,
porque a la luz de mi justicia serán todas expuestas. No habrá esperanza
de éxito para el hombre malo, y la lámpara de los malos se apagará.
Aunque el maligno maquine contra mis siervos y haga rechinar contra
ellos sus malvados dientes, me río de él porque su día llega y su propia
espada atravesará su malvado corazón, y romperé su brazo para que no
lleve destrucción sobre ti. Yo seré tu fortaleza en el día malo, porque
conozco a los que ponen su confianza en mí.

SALMOS 37:12-15; NAHÚM 1:7

### Declaración en oración

*Padre, a la luz de tu justicia, toda estrategia del infierno ha sido expuesta
y sacada a la luz. Soy librado de toda trampa satánica y maquinación
hecha contra mí. Que las redes que han escondido les atrapen a ellos, y que
caigan en la destrucción que han planeado para mí. Ocúltame del consejo
secreto de los malos, y divide y esparce a los que se juntan contra mí.*

## ROMPE Y DIVIDE TODA
## CONFEDERACIÓN DEMONIACA

No CALLARÉ CUANDO los que me odian hayan levantado sus cabezas y decidido consejos astutos contra mi pueblo. Se han reunido para hablar contra mis hijos y organizar una confederación para cortarte para que no seas recordado. Trataré con ellos como traté con los enemigos de los israelitas, y serán rechazados en la tierra. Serán como el torbellino de polvo y la paja que sopla el viento. Haré que sean confundidos y desfallezcan para siempre, y les avergonzaré para que perezcan, porque mi nombre es el Señor, y soy el Altísimo sobre toda la tierra.

SALMO 83

### Declaración en oración

*Padre, rompo y divido cada confederación demoniaca contra mi vida en el nombre de Jesús, y libero confusión en toda confederación demoniaca dirigida contra mi vida, familia e iglesia. Persígueles con tu tempestad, y haz que teman tu terrible tormenta. Que sean confundidos y atribulados para siempre. Que sean confundidos y se ataquen entre sí hasta que perezcan.*

## ATA AL PRÍNCIPE DE LA POTESTAD DEL AIRE

Te he dado el poder para atar los poderes del príncipe de la potestad del aire, el espíritu que ahora opera en los que no obedecen a mi Palabra. Por mi misericordia y el gran amor que te tengo, te he hecho vivir con mi Hijo, Cristo, y te he salvado con mi gracia. Te he hecho sentarte en los lugares celestiales en Cristo Jesús, por encima de los poderes del príncipe del aire. En el nombre de Jesús, te doy el poder para atar los poderes de las tinieblas que controlan las ondas y liberan suciedad, violencia y brujería a través de los medios de comunicación. Mi fuego santo quemará todos los lugares altos que el enemigo ha establecido.

Efesios 2:1-7; 6:12; Números 33:52

### Declaración en oración

*Señor, tú creaste los lugares altos para tu gloria. Que el enemigo no
controle esos lugares. En tu nombre ato la maldad espiritual en los
lugares altos, y arranco los lugares altos del enemigo. Que los lugares
altos de brujería sean destruidos en el nombre de Jesús, y que sean
limpiados por tu unción para convertirse en torres de justicia.*

## ATA LOS PODERES DE LAS TINIEBLAS QUE CONTROLAN LAS ONDAS DEL AIRE

HIJO MÍO, DESEO que hagas lo correcto ante mí y que camines en las sendas de justicia. Busca mi rostro, y así como mi siervo Josías, limpia tu vida y tu casa de los poderes de las tinieblas que se levantan como altares de maldad en esta generación presente. Rompe la maldad de los medios de comunicación que ha corrompido los ojos de esta generación. Toma autoridad sobre los poderes del enemigo que están inundando las ondas y liberando suciedad y violencia sobre esta tierra. Busca mi justicia, y llena los ojos y los oídos de esta generación con las maravillas y milagros de mi gran amor y poder.

2 Crónicas 34; Efesios 2:2; Levítico 26:30

### Declaración en oración

*Señor, toma autoridad sobre el príncipe de los medios de comunicación en el nombre de Jesús. Que los lugares altos de brujería sean destruidos, y que los ojos y oídos de esta generación se vuelvan a tu justicia. Haz de mí un faro de luz en este mundo malvado, y levanta un estándar de justicia en esta tierra.*

## DEJA QUE MI FUEGO SANTO
## QUEME LOS LUGARES ALTOS

SI LLEGAS A ser como mi siervo Josías, que tenía un corazón tierno delante de mí y se humilló ante mí cuando le hablé de la desolación y maldición que vendrían sobre los que permitían que la maldad habitase en los lugares altos, entonces yo te daré paz y te protegeré de la calamidad que vendrá sobre los malvados. Haz pacto conmigo para guardar los mandamientos y defender la justicia. Ordena a tu pueblo que queme los ídolos de maldad que se levantan en esta tierra. Haz todo lo que esté en tu mano para que los malignos líderes de maldad en tu nación caigan de sus lugares altos, y expulsa a los que consultan con médiums y espiritistas y que llevan a mi pueblo a la perversión. Haré que mi fuego santo consuma su maldad y devolveré la justicia a mi pueblo.

2 REYES 22:19-20; 23:19-24

## Declaración en oración

*Señor, que tu fuego santo queme todos los lugares altos de maldad en nuestra tierra. Límpianos de los poderes de las tinieblas que invaden nuestro espacio aéreo y llevan perversión a los corazones de tu pueblo. Haz de mí un tizón de tu justicia, y permíteme ser un catalizador para que nuestra tierra regrese a tus caminos.*

## Mi verdad quitará todo falso ministerio en los lugares altos

HIJO MÍO, APRENDE que en estos tiempos hay falsos maestros entre ustedes que introducirán secretamente herejías destructivas, aún negando al Señor que les salvó, y harán que muchos rechacen mis enseñanzas y mi camino de verdad. Su juicio ha estado envanecido durante mucho tiempo, y como se han enfriado a la verdad, traerán sobre ellos, y sobre otros, mi repentina destrucción. No escuches sus mentiras y rechaza sus enseñanzas. Levántate como mi siervo Josías, y defiende mi verdad, guiando a los que te conocen a apartarse del mal y hacer lo recto ante mis ojos, sin apartarse ni a derecha ni a izquierda.

2 PEDRO 2:1-3; 2 REYES 22:1-2

### Declaración en oración

*Señor, quita todo ministerio falso y dios extraño de los lugares altos. Que hombres justos llenos de tu sabiduría se sienten en los lugares altos de gobierno de mi ciudad y nación. Que los cimientos espirituales que se pusieron en mi ciudad, comunidad y nación sean restaurados. Úsame para caminar en el espíritu de Josías y llevar a mi pueblo a la justicia.*

## TOMA POSESIÓN DE LA PUERTA DEL ENEMIGO

COMO MI SIERVO Abraham estuvo dispuesto a servirme de todo corazón, incluso hasta llegar a sacrificar a su propio hijo, establecí mi pacto con él y con sus descendientes para la eternidad, y prometí que sus descendientes poseerían la puerta de sus enemigos. Esta promesa es para ti y tus descendientes. Sírveme con todo tu corazón, y yo plantaré tu simiente en todas las naciones de la tierra, y tú y tus descendientes poseerán las puertas de sus enemigos. Usarás el ariete de mi santidad para destruir las puertas del enemigo y para derrocar los reinos de las tinieblas. Las puertas del infierno no tendrán poder para prevalecer contra mis siervos, y te daré las llaves de los reinos de la tierra.

GÉNESIS 22:14-18; EZEQUIEL 21:22; MATEO 16:18

### Declaración en oración

*Por medio de tu Hijo, Jesús, permíteme poseer la puerta del enemigo.
Libero arietes contra las puertas del infierno, y ellas no prevalecerán
contra mí. Ábreme las puertas de justicia para que pueda entrar, y que
las puertas de mi vida y mi ciudad se abran ante el Rey de gloria.*

## MI ESPÍRITU SANTO RESTAURARÁ LAS PUERTAS CAÍDAS DE TU VIDA

ELEVA TUS ALABANZAS a mí, porque he fortalecido los barrotes de tus puertas y he establecido la paz en tus fronteras. Por medio de mi Espíritu he enderezado los lugares torcidos y he roto los barrotes de hierro del enemigo en tu vida. He abierto las puertas dobles de tus entradas para que no se vuelvan a cerrar contra mí. Te daré los tesoros de la oscuridad y las riquezas ocultas de los lugares secretos, para que sepas que yo, el Señor, que te llamo por tu nombre, soy tu Dios. Estableceré las puertas de alabanza en tu vida y abriré las puertas de justicia para que entres.

SALMOS 147:13; ISAÍAS 45:1-4; SALMOS 118:19

### Declaración en oración

*Espíritu Santo, establece las puertas de alabanza en mi vida. Repara las puertas rotas de mi vida, y ábrelas ante mí para que entre y reciba los tesoros de las riquezas ocultas de tus lugares secretos. Que todas las puertas de mi vida y mi ciudad sean reparadas por tu mano, y rompe las puertas de bronce y hierro que el enemigo ha usado para intentar mantenerme cautivo. Abre las puertas dobles de tu justicia en mi vida para que no se vuelvan a cerrar.*

## QUE LA PUERTA ORIENTAL DE LA GLORIA DE DIOS SEA REPARADA

TE GUIARÉ CONTINUAMENTE y satisfaré tu alma y fortaleceré tus huesos. Levantarás los cimientos de muchas generaciones, y serás llamado reparador de portillos, restaurador de calzadas para habitar. Así como mi siervo Nehemías reparó la puerta oriental de mi casa en Jerusalén, así será reparada la puerta oriental en tu vida y abierta para que mi gloria llene tu vida. Mi Espíritu Santo restaurará todas las puertas de tu vida, y vendré y moraré contigo en tu templo en la plenitud de mi gloria.

ISAÍAS 45:1-3; EZEQUIEL 11:1; NEHEMÍAS 1-6

### Declaración en oración

*Señor, que las puertas de mi vida y mi ciudad sean reparadas por medio de tu Espíritu Santo. Que la puerta de la fuente por la que fluye tu Espíritu Santo sea reparada en mi vida. Que la puerta de las Ovejas de lo apostólico y la puerta del Pescado del evangelismo sean restauradas. Que la puerta Vieja del mover de tu Espíritu sea reparada y activada en estos tiempos. Que la puerta del Muladar de la liberación sea restaurada, y que muchos caminen hacia su liberación. Que la puerta de las Aguas en mi vida me permita predicar y enseñar de tu gran misericordia, amor y salvación.*

## QUE EL FUEGO DE DIOS QUEME
### CUALQUIER ÍDOLO

PERMITE QUE MI fuego santo arda y destruya cualquier ídolo en tu vida y nación. A través de mi poder haré que los hombres abandonen sus ídolos y se vuelvan a mí. Renuncia a toda idolatría en tu línea de sangre, y rompe toda maldición de idolatría en el nombre de mi Hijo, Jesús. Permanece en mi justicia y únete a mis siervos para abolir todo falso ídolo en EE. UU. y en las demás naciones. Limpiaré la tierra de la polución de los ídolos y haré que Babilonia, la madre de las rameras y de las abominaciones de la tierra, caiga en el nombre de mi Hijo. Cumple mi mandamiento de no tener otros dioses delante de mí en tu vida.

ISAÍAS 31:7; 2 REYES 21:21; APOCALIPSIS 17:5; ÉXODO 20:3

### Declaración en oración

*Oh Señor, que todos los hombres derriben sus ídolos y se vuelvan a ti. Me mantendré alejado de los ídolos y renunciaré a toda idolatría y maldición en mi vida a través del nombre de Jesús. Limpia esta tierra de la polución de maldad e idolatría, y permíteme unirme a tus siervos para abolir los ídolos en EE. UU. y en las naciones.*

## ABOLIRÉ LOS ÍDOLOS EN EE. UU. Y EN LAS NACIONES

Si mi pueblo que invoca mi nombre se humillase, y orase y buscase mi rostro, y se volviese de sus malos caminos, entonces yo oiré desde los cielos y perdonaré sus pecados y sanaré su tierra. Aceleraré el día en que sólo yo sea exaltado en tu tierra, y todo lo orgulloso y altivo será rebajado. La altivez del hombre será rebajada, y sólo yo seré exaltado en ese día. Aboliré por completo cualquier falso ídolo, para que pueda verse la gloria de mi majestad. Mi enojo se encenderá contra los ídolos que hablan falsedad y los adivinadores que ven mentiras y dicen falsos sueños. Acarrearé vergüenza sobre toda idolatría y fortaleceré a mis siervos fieles.

2 Crónicas 7:14; Isaías 2:11-18; Zacarías 10:5-6

### Declaración en oración

*Señor, que nuestra nación se humille y ore, y busque tu rostro y se vuelva de sus malos caminos. Perdona nuestros pecados y sana nuestra tierra. Rocía esta tierra con agua limpia, y límpianos de toda inmundicia e ídolos. Que todos los dioses falsos y los ídolos desaparezcan de la tierra en el nombre de Jesús. Que EE. UU. renuncie a su inmundicia y vuelva a entrar en un pacto contigo para no poner otros dioses delante de ti, Señor.*

## No permitas que nada ocupe mi lugar en tu corazón

Yo soy el Señor tu Dios, que te sacó de la esclavitud del pecado y te liberó para servirme. No adores a ningún otro Dios. No te hagas ídolos de ninguna cosa en el cielo, o en la tierra, o en el mar bajo la tierra. No te postres para adorar a los ídolos. Yo soy el Señor tu Dios, y demando todo tu amor. Si me rechazas, castigaré a tus familias hasta tres o cuatro generaciones, pero si me amas y obedeces mis leyes, seré bueno con tus familiares hasta mil generaciones. Búscame, y me encontrarás si me buscas con todo tu corazón y con toda tu alma. Nunca te abandonaré ni me olvidaré del pacto que hice con tus padres. Me amarás con todo tu corazón y con toda tu alma, con toda tu mente y con todas tus fuerzas.

Deuteronomio 5:4-6; Mateo 12:30

### Declaración en oración

*Señor, eres temible. Tú eres el único Dios, y te adoraré y obedeceré en los caminos que demandas. Confiaré completamente en ti con todo mi corazón y no me apoyaré en mi propio entendimiento. Te reconoceré en todos mis caminos y permitiré que me dirijas en los caminos que tome. Así caminaré seguro en todos mis caminos y mi pie no tropezará.*

## Expulsa a los espíritus de opresión

Mɪ ʜɪᴊᴏ Jᴇsús iba haciendo el bien y sanando a todos los oprimidos por el diablo. En su nombre te he dado el poder para reprender y expulsar a todo espíritu que te oprima. Con ese poder despojarás a cualquier espíritu opresor de su poder. Seré tu refugio del opresor y te libraré del malvado que te rodea. Te he establecido en justicia, y te guardaré de la opresión. No permitiré que el enemigo te quite tu herencia mediante la opresión. Hijo mío, tú eres mi templo, mi morada, y acamparé en mi templo para guardarlo contra las fuerzas merodeadoras. Nunca más un opresor invadirá a mi pueblo, porque ahora yo lo estoy vigilando.

Hᴇᴄʜᴏs 10:38; Isᴀíᴀs 54:14; Zᴀᴄᴀʀíᴀs 9:8

### Declaración en oración

*Señor, tú eres refugio ante el opresor. Líbrame de los malvados que me oprimen y de los enemigos mortales que me rodean. Reprendo y expulso a todo espíritu de opresión, lamento y cualquier cosa que intente aplastarme en el nombre de Jesús. Estoy cimentado en la justicia, y lejos de la opresión.*

## SERÉ TU REFUGIO ANTE EL OPRESOR

Hijo mío, nunca olvides que soy tu refugio ante los que intentan oprimirte, ya sea desde el exterior o por un espíritu maligno desde el interior. Seré tu refugio en tiempos de dificultad. Nunca te abandonaré cuando me busques ni te juzgaré por causa de tu rectitud. Yo soy el Señor tu Dios, y estaré contigo. Soy poderoso para salvar. Me deleito en ti, y te acallaré con mi amor. Me gozaré sobre ti con cántico, y quitaré de ti el lamento y trataré con todos los que te oprimieron. Te daré honor y alabanza entre todos los pueblos de la tierra y restauraré tu fortuna ante tus propios ojos.

SALMOS 9:8-10; SOFONÍAS 3:17-20

### Declaración en oración

*Padre, tú has prometido defender la causa de los débiles y los huérfanos y mantener a los derechos de los pobre y los oprimidos. Rescatarás a los débiles y necesitados y me librarás de la mano del perverso que intenta oprimirme. Tú defiendes la causa de los oprimidos y me has liberado de la opresión.*

# ECHA FUERA LOS ESPÍRITUS DE AFLICCIÓN Y LAMENTO

Hijo mío, te guardaré en perfecta paz si tu mente permanece en mí. Confía en mí y búscame. He oído el suspirar de tu espíritu, y conozco cuándo jadea tu corazón y fallan tus fuerzas. Pon tu esperanza en mí, porque echaré los espíritus de aflicción y lamento de tu vida. No te conformes a las preocupaciones y problemas de este mundo, sino sé transformado por la renovación de tu mente, para que gustes mi voluntad para ti, la cual es agradable y perfecta. Renueva el espíritu de tu mente vistiéndote del nuevo hombre de verdadera justicia y santidad. Fija tu mente en las cosas de arriba, no en las cosas de esta tierra. Pon tu esperanza totalmente en la gracia de mi Hijo, Jesucristo.

SALMOS 38:9-10; ROMANOS 12:2; EFESIOS 4:23; 1 PEDRO 1:13

## Declaración en oración

*Padre, en tu poder despojaré de su poder a todo espíritu maligno que me oprima. Reprenderé y echaré fuera todo espíritu de pobreza. En el nombre de Jesús, reprendo a todo espíritu de locura y confusión que intente oprimir mi mente. Por tu poder reprendo y echo fuera todo espíritu de aflicción y lamento que intente aplastarme. El enemigo no tomará mi herencia por medio de la opresión.*

## NO PERMITIRÉ QUE LOS
## ORGULLOSOS TE OPRIMAN

No TE DEJARÉ en mano de tus opresores y no dejaré que los orgullosos te opriman. Te bendeciré porque has puesto en mí tu confianza y no respetas a los orgullosos, ni a los que se vuelven a las mentiras. Medita en mis preceptos; no temas a los opresores, porque los avergonzaré y te haré revivir conforme a mi bondad. Destruiré la casa del orgulloso, pero escucho cada oración del justo. Resistiré a los orgullosos, pero te daré mi gracia si permaneces humilde. He aquí, te he liberado de la opresión del malvado. Multiplicaré tu vida y no serás reducido. Te glorificaré con mi justicia, y tus hijos serán establecidos, pero castigaré a todo aquel que quiera oprimirte.

SALMOS 119:122; 40:4; 119:88; 1 PEDRO 5:5; JEREMÍAS 30:19-20

### Declaración en oración

*Como he puesto mi confianza en ti, Señor, y me he humillado y he
resistido las malas intenciones de los orgullosos, has bendecido mi vida
y me has liberado de la atadura de la opresión. Por tu bondad hacia
mí, trataré de llevar tu consuelo y ánimo a otros haciéndome su siervo
y desarrollando la misma actitud que tenía tu Hijo Cristo Jesús.*

## EJECUTA JUICIO CONTRA MIS OPRESORES

Hijo mío, oye mis palabras, porque yo soy el Señor tu Dios. Ejecutaré juicio en la mañana y libraré a los que han sido despojados por mano del opresor. Les castigaré según el fruto de sus obras y les juzgaré según mi justicia. Te sostendré en misericordia, y en la multitud de las ansiedades dentro de ti, mi consuelo deleitará tu alma. Buscaré lo que se había perdido y haré volver al que se había extraviado. Arreglaré lo que se ha roto y fortaleceré lo que está enfermo. Haré un pacto de paz contigo y haré que desciendan lluvias de bendiciones en tu estación. Sabrás que yo soy el Señor que ha roto tu yugo y te ha librado de la mano de los que te oprimían.

JEREMÍAS 21:12; EZEQUIEL 34:16, 25-27

### Declaración en oración

*Padre, como soy tu oveja, me librarás de todo lugar donde mis opresores me esparcieron. Me alimentarás con buenos pastos y me refugiarás en las altas montañas de tu gracia. Ya no seré presa de los malvados, sino que moraré a salvo, y nadie me hará temer, porque tú eres mi Señor, y has roto el yugo de opresión y me has librado de mis opresores.*

# SECCIÓN V

Reconocer a los guerreros
demoniacos

# Yo he derrotado al príncipe de este mundo

Hijo mío, con la muerte y resurrección de mi Hijo, Jesús, Él te ha hecho vivir junto con Él, y ha clavado tus pecados a su cruz. Ha desarmado a los principados y potestades y los ha exhibido públicamente, triunfando sobre ellos. Por tanto, no olvides que ya no caminas según este mundo sino por la gracia de mi Hijo; has sido salvado por la fe, y Él ha derrotado a todos los poderes del príncipe de este mundo para que no tenga ningún efecto sobre tu vida. Por tanto, levántate en fe y poder, y cuando el príncipe de este mundo intente acosarte, dile: "Siéntate, porque tu reino se derrumbará, y serás tomado prisionero por el poder de mi gran Dios en mí".

Colosenses 2:15; Efesios 2:2; Jeremías 13:18

## Declaración en oración

*Jesús, tú has echado al príncipe de este mundo y le has derrotado. Has saqueado a los principados y has hecho un espectáculo público de ellos. Por tu gran poder en mí, ato al poder del aire en tu nombre, ato los principados y poderes en mi región en el nombre de Jesús, y ordeno a los principados que caigan. El poder de Dios obrando en mí ha hecho que las demandas del príncipe de este mundo no tengan efecto sobre mi vida.*

## HE LIBERADO A MIS ÁNGELES GUERREROS CONTRA LOS PRÍNCIPES DEMONIACOS

CUANDO TE VEAS acosado por los príncipes demoniacos que han salido para derrotarte y causar destrucción en tu vida, recuerda el testimonio de mi siervo Daniel, y mi poderoso ángel guerrero que salió a luchar contra el príncipe de Persia. Mis ángeles guerreros están listos para luchar por ti contra los príncipes demoniacos en tu vida. Recuerda las palabras del ángel a Daniel, porque se aplican también a tu vida: "Muy amado, no temas; la paz sea contigo; esfuérzate y aliéntate". Deja que el poder de mis ángeles guerreros, y las palabras de consuelo que te hablarán, te toquen con fuerza, porque están listos para salir en tu defensa.

DANIEL 10:18-21

## Declaración en oración

*Señor, suelta a tus ángeles guerreros contra los príncipes demoniacos que intentan acosarme y hacerme daño. Toca mi vida y fortaléceme con tu poder. Que tus ángeles peleen la batalla en mi lugar, porque en su poder los príncipes demoniacos de este mundo caerán derrotados y me soltarán.*

# En mi poder reprenderás y atarás al príncipe de las tinieblas

Amado, medita en mis estatutos, porque serán tu deleite y consuelo cuando los príncipes demoniacos se sienten y hablen contra ti. Cuando te persigan sin una causa, que tu corazón se goce en mi Palabra como alguien que encuentra un gran tesoro, porque mi Palabra te traerá paz y mis justos juicios te impedirán tropezar. Mi Espíritu Santo te ha dado el poder para reprender y atar al príncipe de las tinieblas. No tienes lucha contra sangre ni carne, sino contra principados, contra potestades contra los gobernadores de las tinieblas de este mundo, contra huestes espirituales de maldad en las regiones celestes. Yo estoy contigo y mi poder te dará la victoria.

Salmos 119:23-24, 161-165; Mateo 12:28; Efesios 6:12

## Declaración en oración

Padre, en el poder de tu Espíritu ataré al príncipe de la potestad del aire. Ordeno a los principados de las tinieblas que caigan en el nombre de Jesús. Reprendo y ato a todo príncipe demoniaco que hable contra mí y me persiga. Me gozaré en tu Palabra y en tu promesa de gran paz y justo juicio. Echo fuera a Belcebú y a todos sus príncipes demoniacos, y me levanto victorioso en tu poder.

## MATARÉ AL DRAGÓN QUE ESTÁ EN EL MAR

HE DIVIDIDO EL mar con mi fortaleza y he matado al dragón que
está en el mar. He roto la cabeza de Leviatán en pedazos, y le he dado
como carne para los que habitan en las profundidades. He sacado
a Leviatán con un gancho y he atrapado su lengua con la línea de mi
juicio. Aunque no hay nadie tan fiero para atreverse a sacar a Leviatán
de las profundidades, él no puede ocultarse de mi poder. Mi fidelidad te
rodeará. Yo gobierno la ira del mar, y cuando sus olas se levanten, yo les
tranquilizaré. No temas al dragón demoniaco de los mares; su poder no
tiene efecto sobre ti porque le he buscado y destruido.

ISAÍAS 27:1; SALMOS 74:14; JOB 41:1-2, 10

### Declaración en oración

*Señor, rompe las cabezas de los dragones de las aguas. Rompe las cabezas
de Leviatán en pedazos, y rompe la fuerza de su cuello. Señor, tú
gobiernas el mar y todo lo que hay en él con tu poder, y no permitirás
que las aguas malignas de la oscuridad inunden mi vida.*

## YO GOBIERNO EL MAR Y LAS
## AGUAS CON MI FUERZA

Yo GOBIERNO EL MAR y las aguas con mi fuerza, y soy más poderoso que
el ruido de muchas aguas o las poderosas olas del mar. El mar es mío,
porque yo lo hice, así como formé la tierra seca. Cuando te adentres en el
mar en un barco y hagas negocios en las grandes aguas, verás mis obras
y mis maravillas en las profundidades. Soy yo el que ordena y levanta los
vientos tormentosos y el que alza las olas del mar. Yo hago que lleguen
hasta el cielo y desciendan hasta las profundidades. Yo calmaré el mar
para que sus olas estén tranquilas y te lleven al refugio que tú deseas.
Abriré un camino en el mar y una senda entre las aguas poderosas.

SALMOS 93:4; 107:23-30; ISAÍAS 43:16

## Declaración en oración

*Señor, tú gobiernas el mar y las aguas con tu gran poder, y no dejarás que las*
*aguas malvadas inunden mi vida. Tu poder me protegerá, y ninguna ola se*
*levantará contra mí, ni seré arrastrado a las profundidades del mar. Así como*
*secaste el mar y las aguas profundas para abrir camino para los israelitas, así*
*también harás un camino a través del mar para que crucen los redimidos.*

## YO HE ROTO EL PODER DE LEVIATÁN EN TU VIDA

Hıjo mío, he roto el poder demoniaco de la serpiente del mar en tu vida. He hecho que todos sus pequeños demonios se peguen a sus escamas mientras le sacaba del medio del mar y le echaba al desierto para dejarle al aire libre y que sirviera de comida para las bestias del campo y los pájaros del cielo. Los ríos y las aguas me pertenecen, y desolaré totalmente los lugares donde ha habitado su poder maligno. Yo soy el que ordena a los mares y los ríos que se sequen, y he roto el poder de los malvados del mar para que no lleven destrucción a tu vida.

EZEQUIEL 29:3-5; ISAÍAS 44:27

### Declaración en oración

*Padre, en el nombre de Jesús ato a todo monstruo marino que quiera atacar mi vida o región. Tú has levantado un vigía contra Leviatán, y no dejarás que los poderes demoniacos del mar me opriman. Le has despojado de su poder y le has quitado su armadura. Has desolado sus lugares de dominio y le has arrojado a él y a sus espíritus demoniacos al desierto para servir como alimento a las bestias y a las aves que allí moran.*

## EN EL NOMBRE DE MI HIJO SECARÁS LOS MARES DE PODER DEMONIACO

No TEMAS AL mar o a los espíritus demoniacos que habitan en él, porque yo soy el que ordena que el mar y sus ríos se sequen. Convertiré los ríos en desierto y las fuentes de agua en tierra seca. Haré que la tierra seca produzca fuentes de agua y haré un lugar donde tú mores. Yo he hecho brotar agua en el desierto y corrientes en tierra estéril. La tierra agrietada se convertirá en charcos y la tierra sedienta en fuentes de agua. Mi camino de santidad estará allí, y caminarás en mi senda, porque eres mi hijo redimido. El gozo eterno estará sobre tu cabeza, y te alegrarás cuando veas que desaparecen tus lamentos y suspiros.

SALMOS 107:35-37; ISAÍAS 35:6-10

### Declaración en oración

*Padre, tú has secado los ríos y los mares que el enemigo trajo a mi vida para causar destrucción. Has abierto las aguas de las profundidades y has destruido las amenazas del enemigo contra mí. Has establecido tu camino de santidad y has puesto mis pies sobre él. Allí me encontrarás, y caminaré contigo con gozo y alegría como tu hijo rescatado.*

# He soltado a los sabuesos del cielo contra Jezabel

Hijo mío, no temas a los poderes malignos del espíritu de Jezabel, porque he soltado a los sabuesos del cielo contra ella. Así como levanté a mi fiel siervo Jehú para llevar destrucción a la malvada reina Jezabel, así te he dado el poder para destruir el poder de los espíritus de Jezabel de tu vida. Debido a mi poder que obra en ti, reprenderás y atarás a los espíritus de brujería, lujuria, seducción, intimidación, idolatría y prostitución, que están conectados a este espíritu maligno. Levántate en el espíritu de Jehú, y usa mi poder para derrotar a los malvados espíritus de Jezabel en tu vida y en las vidas de tus seres queridos.

1 Reyes 21:23; 2 Reyes 9:30-37

## Declaración en oración

*Padre, tomo autoridad sobre los espíritus de brujería que obran a través del malvado espíritu de Jezabel, y les reprendo de mi vida. No temeré que los malvados planes del espíritu de Jezabel atrapen a los miembros de mi familia o a mí con la atadura de brujería en ninguna de sus formas. Mayor es el poder de mi Dios dentro de mí que las malvadas intenciones y estratagemas del diablo y sus espíritus de Jezabel.*

## Reprenderás a todos los poderes de Jezabel en tu vida

Hijo mío, ponte a salvo bajo el control y el poder de mi Espíritu Santo para que no te sorprendan o intimiden las asechanzas del espíritu de Jezabel en tu mundo hoy. Permite que mi presencia cale tu espíritu y te sensibilice a todas las entradas por las que el diablo y Jezabel podrían entrar en tu vida. Deshazte de los dioses de Jezabel que se adentran inadvertidos en tu hogar. No permitas que los adivinos y los falsos profetas de este mundo te engañen, ni escuches las mentiras que te dicen sobre tus pensamientos y sueños. Permite que el poder de mi Espíritu Santo llene tu vida con mi poder, el cual es suficientemente poderoso para destruir los espíritus de Jezabel en tu vida.

1 Samuel 28:9; Jeremías 29:8; Daniel 5:11

### Declaración en oración

*Padre, libero tribulación contra el reino de Jezabel, y reprendo y derribo sus fortalezas, y en el nombre de Jesús y el poder del Espíritu Santo destruyo su brujería. Ya no se le permitirá hacer conjuros o influenciar en mi familia o en mí para practicar la brujería. Mayor es el poder de tu Espíritu Santo en mí que el malvado poder de Jezabel sobre mí.*

## MI PODER FRUSTRARÁ EL PLAN DE JEZABEL DE CORROMPER LA IGLESIA

RECUERDA MI ADVERTENCIA a la iglesia de Tiatira, y no permitas que ni tú ni tu familia se vuelvan como ella, porque conozco tus obras, amor, servicio, fe y paciencia, pero si permites que el malvado plan de Jezabel te corrompa a ti o a mi iglesia en estos días, entonces yo también te diré: Por haber permitido que el espíritu de Jezabel enseñe y seduzca a mis hijos a cometer inmoralidad sexual o a adorar ídolos, y no te arrepentiste, entonces permitiré que la enfermedad y la tribulación entren en tu vida. Pero si te aferras a lo que te he mandado, y vences las maldades de Jezabel hasta que yo regrese a buscarte, entonces te daré poder sobre la maldad en este mundo.

APOCALIPSIS 2:18-29

### Declaración en oración

*Padre, reprendo a todo espíritu de falsa enseñanza, falsa profecía, idolatría y perversión conectado con Jezabel. Frustro el plan de Jezabel contra los ministros de Dios. Te amaré de todo corazón, te serviré con todas las obras de mi mano, viviré fielmente según las instrucciones de tu Palabra para mí, y me aferraré a ti hasta que regreses.*

# En mi poder atarás y echarás fuera todo espíritu del desierto

Por ser mi hijo y haberme consagrado tu vida, te he dado el poder de atar y echar fuera a los espíritus del desierto que han tomado autoridad en las tierras espiritualmente desérticas en los corazones de aquellos que viven en desobediencia a mí. Los espíritus desérticos ya no harán sus moradas en tu vida ni poseerán las regiones oscuras de tu corazón para criar a sus jóvenes. Te he dado autoridad y poder para echar fuera a estos malvados espíritus desérticos. El desierto espiritual que una vez te poseyó se irá, y te daré las bendiciones de mi propia habitación dentro de tu espíritu.

Isaías 34:11-15

## Declaración en oración

*Hablo a todo espíritu desértico en mi vida o ministerio en el nombre de Jesús. Ato y echo fuera cualquier espíritu desértico enviado contra mi vida. Ato y echo fuera todo espíritu del búho del desierto, del zorro del desierto, del dragón del desierto, de la hiena del desierto y del buitre del desierto en el nombre de Jesús. No moraré en el desierto, sino en tierra fructífera.*

## NO HABITARÁS EN EL DESIERTO

COMO SAQUÉ A mis hijos de Israel de la tierra estéril en la que vagaron durante cuarenta años, así no permitiré que mores más en un desierto espiritual. Por haber escuchado mis palabras y haberme honrado con tu vida, no te abandonaré en el desierto, sino que te guiaré por el camino y te mostraré la luz para llevarte a la tierra que te he prometido. Te sostendré al salir del desierto y no te faltará nada. Cambiaré tu desierto en una corriente de agua viva y haré que mis fuentes de agua surjan de tu tierra seca. Estableceré mi morada contigo y te bendeciré, te daré una buena cosecha y te multiplicaré grandemente.

NEHEMÍAS 9:19-21; SALMOS 107:35-38

### Declaración en oración

*Señor, libera tu agua viva en mis lugares secos y crea arroyos en el desierto de mi corazón. Que tus ríos fluyan en mis lugares desiertos. No moraré en el desierto, sino que me guiarás a una tierra fructífera. Mi desierto florecerá como una rosa y dará fruto abundante.*

## MIS RÍOS DE BENDICIÓN FLUIRÁN EN TUS LUGARES DESIERTOS

HIJO MÍO, HARÉ que mis ríos de bendición fluyan en tus lugares desiertos y hagan que tu vida sea un lugar de ríos profundos y anchos arroyos donde no haya barcos enemigos. Haré que los ríos fluyan en los picos de las montañas y envíen sus aguas para llenar los valles. La tierra seca y estéril fluirá con fuentes y se convertirá en un lago de bendición. Te guiaré y haré que camines por los ríos de agua derecho y sin tropezar. He aquí, mi Hijo te llamará diciendo: "Si estás sediento, ven a mí y bebe, porque de mi amor por ti fluirán ríos de agua viva". Si bebes del agua viva de mi Hijo, nunca volverás a tener sed. Las aguas vivas en ti se convertirán en una fuente de agua que salte para vida eterna.

ISAÍAS 33:21; 41:18; JEREMÍAS 31:9; JUAN 7:38; 4:13-14

### Declaración en oración

*Padre, tú has cambiado mis lugares desérticos en una corriente de agua viva y has hecho que tus fuentes de agua broten de mi tierra seca. Sigue abriendo ríos en los lugares altos y fuentes en medio del valle. Haz de mis lugares desérticos una fuente de agua viva. Beberé profundamente de las aguas vivas para no volver a tener sed.*

## MI PODER HARÁ QUE TU DESIERTO
## VUELVA A FLORECER

MI PODER LLENARÁ tu desierto con todo tipo de árboles: cedros, acacias, mirtos, olivos y cipreses. Los abetos y los pinos darán nueva vida, y todo el mundo lo verá y sabrá que yo soy el Dios que te he redimido del desierto. Haré que seas próspero y que crezcas como un huerto con muchas aguas. Dondequiera que esa agua fluya, saldrá vida y agua fresca para los lugares muertos de tu vida. El fruto de mi Espíritu se manifestará: mi amor, gozo, paz, paciencia, benignidad, bondad, fe, mansedumbre y templanza. Atraerá a muchos a mí por la bendición de mi nueva vida en tu corazón.

ISAÍAS 41:19; JEREMÍAS 31:12; GÁLATAS 5:22-23

### Declaración en oración

*Padre, planta en mi vida y en los lugares desérticos los árboles de la nueva vida en ti. Tú me has redimido del desierto y harás que tu fruto espiritual crezca en mi vida. Llena mi vida con el fruto de tu Espíritu, para que todos lo que me conozcan vean el fruto de amor, gozo, paz, paciencia, benignidad, bondad, fe, mansedumbre y templanza en todo lo que yo haga. Haz de mí una bendición para otros a través de estos ríos de bendición y nueva vida que me has dado.*

# HE QUITADO LA DESOLACIÓN
## DE TU LÍNEA DE SANGRE

TÚ ERES MI amado, y ya no serás llamado más el *Desolado*, ni se le llamará a tu vida lugar de *desolación*, sino que serás llamado mi deleite, porque yo mismo he hecho un pacto contigo para siempre. Como un novio se regocija con su novia, así me regocijaré yo contigo. Como hice con mis hijos en el desierto, así partiré las rocas en tu desierto y te daré agua para beber, tan abundante como los mares. Haré brotar arroyos de mi agua viva de los rincones pedregosos de tus lugares desiertos y haré que fluya agua como ríos para ti y tu generación. Te sacaré de la desolación, y mi Hijo te pastoreará y te guiará con manos entrenadas, como mi siervo David cuidaba de sus ovejas.

ISAÍAS 62:4-5, NVI; SALMOS 78:15-16, 70-72

## Declaración en oración

*Ni la desolación ni la sequedad me harán morar más en un desierto*
*espiritual, porque Dios ha hecho que todos mis lugares desiertos*
*sean como el Edén y mis lugares secos como el jardín del Señor. Que*
*toda desolación en mi vida o en mi línea de sangre se levanten en el*
*nombre de Jesús. Avívame y repararé toda desolación en mi vida.*

## El caballo y el jinete satánico
## son arrojados al mar

Cántame, hijo mío, como mi hija Miriam cantó. Exalta mi nombre, porque el caballo y el jinete satánicos en tu vida se han hundido en el mar. Yo seré tu fortaleza y tu defensa. Me he convertido en tu salvación. Yo soy un guerrero, y hundiré en el mar al ejército demoniaco que ha salido contra ti, como ya lo hice con los carros del Faraón y su ejército. Arrojaré al caballo y al jinete y romperé los carros del enemigo en pedazos. Alzaré mi espada poderosa contra el enemigo y contra sus caballos y carros, y se convertirán en alfeñiques que se hunden en el mar.

Éxodo 15:1-2; Jeremías 51:21; 50:37

### Declaración en oración

*Que el caballo y el jinete del enemigo se hundan en el mar. Rompe en pedazos el caballo y el jinete. Rompe en pedazos el carro y su conductor. Libero la espada del Señor sobre los caballos y los carros del ejército enemigo. Serán destruidos en el mar como la poderosa espada de mi Dios destruyó a los caballos y los carros del Faraón para vengar al pueblo de Dios.*

## DERRIBARÁS LOS CARROS DEL ENEMIGO
## Y HARÁS CAER SUS CABALLOS

Así como HABLÉ a mi siervo Zorobabel con respecto a la restauración de mi casa por la destrucción del enemigo, así también te hablaré a ti. Sé fuerte, porque yo estoy contigo. No teman, porque voy a sacudir los cielos y la tierra, y he puesto mi poder dentro de ustedes. Vencerán y sacudirán el poder del enemigo. Derribarás los carros del enemigo y a quienes los dirigen. Sus caballos y sus jinetes caerán, todos por el poder de mi espada. Haré que seas mi anillo grabado, porque te he escogido. Serás una roca inconmovible, e infundirás en todos tus guerreros enemigos pánico y locura. Cegaré los caballos del enemigo, y pondré vigía sobre ti.

HAGEO 2:4-5, 21-23; ZACARÍAS 12:4

### Declaración en oración

*Derribo los carros del enemigo y a quienes los conducen. Que los caballos teman como las langostas. Azota a los caballos con asombro y a los jinetes con locura y ceguera. Que los jinetes demoniacos del ejército del enemigo caigan bajo sus propios caballos, y que no puedan levantarse. Que los carros y los jinetes se quemen con tu fuego.*

## HE QUITADO LA FUERTA DE LOS JINETES DEMONIACOS

He aquí, no temas la fuerza de los jinetes demoniacos que llegan a atacarte porque yo he quitado su fuerza en el nombre de mi Hijo Jesús. Tendrás mi poder para dejar indefensos a los jinetes demoniacos que te ataquen. Te he dado mi poder para atar y reprender todo caballo negro que venga contra ti con escarnio y pobreza. Atarás y reprenderás a los caballos rojos que intenten meterte en conflictos y guerras con otros. Destruirás el poder del caballo pálido que viene a ti con el espíritu de la muerte. A través del poder en el nombre de mi Hijo saldrás victorioso sobre los ataques de Satanás y sus jinetes demoniacos.

2 Samuel 8:2-4; Job 39:19; Apocalipsis 6:4-5, 8

### Declaración en oración

*Por el poder de Jesucristo, destruyo la fuerza de cualquier jinete demoniaco de mi vida. En el nombre de Jesús, ato y reprendo a los caballos negros que vengan contra mí con el espíritu de carencia y pobreza. En el nombre de Jesús ato y reprendo los caballos rojos que vengan contra mí con el espíritu de conflicto y guerra. En el nombre de Jesús ato y reprendo a todo caballo pálido que venga contra mí con el espíritu de muerte.*

## YO SOY EL DIOS DE LOS VALLES

Hijo mío, no temas a los valles que parecen demasiado grandes para conquistar, porque yo soy el Dios de los valles. Recuerda a mi siervo Gedeón, que se enfrentó al ejército de los madianitas que salieron contra él en el valle. No intentes ir contra el enemigo en tus experiencias del valle en tu propia fuerza. Así como la fuerza de los madianitas era demasiado grande para Gedeón, así el poder del enemigo es demasiado grande para ti si luchas en tu propia fuerza. No temas al enemigo. Derrotarás a tus enemigos como lo hizo Gedeón: obedeciendo mi Palabra y siguiendo mis instrucciones. Toma tus antorchas y tu trompeta y declara que la victoria es tuya por "la espada del Señor". Derrotaré a tus enemigos del valle en mi poder y haré que huyan despavoridos.

JUECES 7

### Declaración en oración

*Señor, tú eres el Dios de los valles. Echa fuera todo espíritu del valle con el poder de tu espada. Alzaré tu poder con mi antorcha y mi trompeta, y declararé: "¡La victoria es mía por el poder de la espada del Señor!".*

## BENDECIRÉ TODOS TUS VALLES

Hijo mío, cuando pases por el valle de temor y dificultad, alza tus ojos hacia mí, porque bendeciré todos tus valles. Me reuniré contigo en el valle y te hablaré tiernamente. Te devolveré tus viñas y haré que tus experiencias en el valle sean una puerta de esperanza. Una fuente de agua viva fluirá de mi trono y regará tu valle y dará nueva vida. El desierto se regocijará y florecerá como la rosa. Fortaleceré tus manos débiles y afirmaré tus rodillas endebles. Restauraré tu fuerza e iré y te salvaré. Saldrán aguas en el desierto y arroyos en el desierto. La tierra agrietada se convertirá en manantial, y la tierra sedienta en ríos de agua viva.

Oseas 2:14-15; Joel 3:18; Isaías 35:1-7

### Declaración en oración

*Que todos mis valles sean bendecidos en el nombre de Jesús. Abre una puerta de esperanza en todos mis valles. Que las aguas fluyan a cada valle en mi vida. Como mi Dios me ha rescatado, restaurado mi esperanza y ha resucitado mi valle con nueva vida, me gozaré y pondré mis pies en su camino de santidad. Acudiré ante Él con canción y gozo eterno. El lamento y los suspiros huirán, porque mi Señor me ha llenado de gozo y alegría.*

# Mi río de bendición fluye a cada valle

Hijo mío, mi río de bendición está comenzando a fluir a todos tus valles. Alza tus ojos a mí, no decaigas en tu valle y pierdas la esperanza, porque he prometido enviar mi agua viva para que sea una fuente de bendición para ti. De las montañas goteará el vino nuevo de mi Espíritu, y una fuente de agua viva fluirá desde mi trono para regar todos tus valles. Todo valle se llenará, y toda montaña y colina se rebajarán. Los lugares sinuosos se enderezarán, y se alisarán los caminos bacheados. Verás la salvación de tu Dios, y te levantarás esperanzado. Aunque andes por el valle de sombra de muerte, no temerás mal alguno, porque yo estoy contigo. Mi vara y mi cayado te alentarán, y prepararé una mesa de mi bendición en presencia de todos tus enemigos.

Joel 3:18; Lucas 3:5; Salmos 23:4-5

## Declaración en oración

*Señor, alabo tu nombre por el río de tu bendición que está comenzando a fluir en mi vida, llenando todos mis valles. Me levantaré esperanzado, porque puedo ver la salvación de mi Señor fluyendo a mi vida. Ya no temeré la oscuridad ni la incertidumbre del valle, porque aunque tenga que pasar por el valle de muerte, tú estarás conmigo con tu consuelo y bendición.*

## BENDICIONES DE MI BONDAD

Te vindicaré, porque has caminado en mi integridad y has confiado en mí. No te dejaré resbalar. Te he examinado y probado. He probado tu mente y tu corazón. Mi bondad está delante de ti, y no te sentarás con los malvados. Te redimiré y tendré misericordia de ti. Tu pie pisará sobre lugares planos, y te bendeciré en mi congregación. Pondré tus pies sobre una roca y estableceré tus pasos. Pondré una nueva canción en tu boca, alabanzas a mí, y muchos lo verán y temerán y confiarán en mí.

SALMOS 26:1-1, 11-12; 40:3

### Declaración en oración

*Esperaré pacientemente en ti, Señor, porque inclinarás tu oído a mi clamor.*
*Muchas son las maravillosas obras que has hecho. Tus pensamientos hacia*
*mí no se pueden contar en orden; si declarase y hablase de ellos no se podrían*
*contar. Me deleito en hacer tu voluntad, oh mi Dios, y tu ley está en mi corazón.*

## PEDID, Y SE OS DARÁ

"PEDID, Y SE os dará; buscad, y hallaréis; llamad, y se os abrirá. Porque todo aquel que pide, recibe; y el que busca, halla; y al que llama, se le abrirá. ¿Qué hombre hay de vosotros, que si su hijo le pide pan, le dará una piedra? ¿O si le pide un pescado, le dará una serpiente? Pues si vosotros, siendo malos, sabéis dar buenas dádivas a vuestros hijos, ¿cuánto más vuestro Padre que está en los cielos dará buenas cosas a los que le pidan?" Si dos de vosotros se pusieren de acuerdo con relación a cualquier cosa que pidiereis, os será hecho desde mi trono en el cielo.

MATEO 7:7-11

### Declaración en oración

*Padre, daré para tu obra, y recibiré: medida buena, apretada,*
*remecida y rebosando. Porque con la misma medida que*
*use, se me volverá a medir. Si permanezco en ti y tus obras*
*permanecen en mí, pediré lo que deseo y me será hecho.*

## HAY PREPARADA UNA GRAN BONDAD EN EL CIELO PARA TI

HE ALMACENADO MI gran bondad para ti. Mi bondad estará continuamente en tu vida. No retendré ninguna cosa buena de ti. Te daré lo que es bueno y te bendeciré. Te mostraré el camino de la vida. En mi presencia hay plenitud de gozo, y a mi diestra hay delicias para siempre. Te daré vida y largura de días.

SALMOS 31:19; 52:1; 85:12; 16:11; 21:4

*Declaración en oración*

*Señor, contigo está la fuente de vida, y en tu luz veré la luz. Tus palabras serán vida a mi alma y gracia a mi espíritu. Has redimido mi vida de la destrucción y me has coronado con tu amor. Que tu bendición llene mi vida y venga sobre mi familia.*

## EXPERIMENTARÁS UN GRAN AVANCE

Hijo mío, te he ungido para que avances. Yo soy el Señor, el que te ayuda a avanzar, e iré delante de ti. Te he reconciliado conmigo mismo a través de mi Hijo y te he dado el ministerio de la reconciliación. Tu luz saldrá como la mañana y tu sanidad surgirá rápidamente. Me adorarás y cantarás alabanzas a mi nombre. El fin de todas las cosas está cercano; por tanto, avanza en tus oraciones y sé aún más sobrio y vigilante en cuanto a mí.

Isaías 61:1; Miqueas 2:13; 2 Corintios 5:12; Isaías 58:8; 1 Pedro 4:7

### Declaración en oración

*Señor, por medio de ti experimentaré avances en cada área de mi vida. Permíteme avanzar en mis finanzas y en todas mis relaciones. Hazme avanzar en mi salud con sanidad. Hazme avanzar a nuevos niveles en mi alabanza y adoración a ti. Experimentaré una vida de oración más profunda y siempre estaré sobrio y vigilante para que actúes en mi vida.*

## ENTIENDE LA BENDICIÓN DE LA OBEDIENCIA

ME AMARÁS con todo tu corazón, con toda tu alma, con toda tu fuerza y con toda tu mente. Derriba argumentos y toda cosa altiva que se exalta en contra del conocimiento de mí, llevando cautivo todo pensamiento a la obediencia a mis caminos. No obedezcas a la injusticia, sino obedece mi verdad, y así mi indignación y mi ira estarán lejos de ti. Recibirás mi bendición por obedeces mis mandamientos.

LUCAS 10:27; 2 CORINTIOS 10:5; ROMANOS 2:8

### Declaración en oración

*Dios, te obedeceré y confiaré en ti con mi vida. Te amaré guardando tu Palabra en mi corazón para no pecar contra ti y arriesgarme a perder tu favor y bendición, porque son vida y aliento para mí. Oro para que tengas confianza en mi obediencia, sabiendo que haré incluso más de lo que dices.*

## Obedéceme a mí en vez de a los hombres

Obedéceme a mí y no a los hombres. No dejes que el pecado reine en tu cuerpo mortal, ni le obedezcas en sus lascivias. Si obedeces mi voz y guardas mi pacto, seré un especial tesoro para ti. Acude a mí cuando estés angustiado; acude a mí y obedece mi voz. No te desampararé ni te destruiré, ni me olvidaré del pacto que les juré a tus padres.

Hechos 5:29; Romanos 6:12; Deuteronomio 4:30-31

### Declaración en oración

*Obedeceré fervientemente tus mandamientos de amarte y servirte con todo mi corazón y mi alma. Guardaré y obedeceré todas tus palabras, para que me vaya bien a mí y a mis hijos después de mí. Iré en pos de ti y te temeré. Guardaré tus mandamientos y obedeceré tu voz. Te serviré y me aferraré a ti.*

## Entiende la bendición del liderazgo

Yo CONTROLO EL curso de los acontecimientos mundiales. Yo quito y pongo reyes. Doy sabiduría al sabio y conocimiento al erudito. Debes someterte a las autoridades gobernantes, porque han sido puestos por mí. Ora, intercede y da gracias por todos los hombres, todos los reyes y todos aquellos en puestos de autoridad. No seas como los soñadores, que rechazan la autoridad y dicen cosas malas de los mandatarios.

DANIEL 2:21; ROMANOS 13:1; 1 TIMOTEO 2:1-2; JUDAS 8

### Declaración en oración

*El poder y la fuerza están en tus manos, Señor. La gente se hace grande y fuerte a tu discreción. Obedeceré y me someteré a los que ejercen gobierno sobre mí. Oraré, intercederé, y daré gracias por todos los hombres y por todos los que están en autoridad.*

## Experimenta la bendición de shalom

El que ame su vida y quiera ver buenos días, refrene su lengua del mal y sus labios de hablar engaño. Que se aparte del mal y haga el bien; que busque la paz y la siga. La sabiduría que viene de lo alto es primeramente pura, luego pacífica, amable, dispuesta a ceder, accesible, llena de misericordia y buenos frutos, sin parcialidad sin hipocresía. Sigue la paz con todos los hombres.

1 Pedro 3:10-11; Santiago 3:17; Hebreos 12:14

### Declaración en oración

*Padre, benditos (que disfrutan de una felicidad envidiable, espiritualmente próspero, con gozo y satisfacción en tu favor y salvación, independientemente de sus condiciones externas) son los que buscan y mantienen la paz, porque serán llamados hijos de Dios. Viviré en paz, caminaré en paz y buscaré la paz.*

## CONOCE LAS BENDICIONES DE LA REDENCIÓN

CRISTO ES TU redención y eres la recompensa del Señor. Eres redimido de la destrucción, y te he coronado de bondad y tiernas misericordias. Te he redimido de la pestilencia y de toda maldición de fracaso y frustración. No temas, porque tu Redentor te ayudará. Tu Redentor te enseña a obtener beneficio y te guía en el camino en que debes andar. He apartado tus transgresiones y te daré bondad y misericordias eternas.

ISAÍAS 35:10; SALMOS 103:4; DEUTERONOMIO
28:20-21; ISAÍAS 48:17; 54:8

### Declaración en oración

*Mi Redentor me ha redimido de todas mis angustias. Me gozaré y cantaré, porque el Señor me ha redimido. He obtenido gozo y alegría; el lamento y el dolor han huido de mi vida, porque soy redimido. Soy santo, porque he sido redimido. Soy justificado gratuitamente por tu gracia y por la redención que es en Cristo Jesús.*

## Quitaré la violencia de tu tierra

Te rescataré de los malhechores y te protegeré de los violentos que maquinan cosas malas en sus corazones e incitan a la guerra cada día. Quitaré de tu tierra a aquellos cuyas obras son malas y cuyos corazones están llenos de actos de violencia. Persiguen planes malvados y los actos de violencia marcan sus caminos. No conocen la paz, y no hay justicia en sus caminos. Nadie que camine con ellos conocerá la paz, pero si mi pueblo que invoca mi nombre se humilla, y ora, y busca mi rostro y se aparta de sus malos caminos, entonces yo oiré desde los cielos, y perdonaré sus pecados y sanaré su tierra.

Salmos 140:1-2; Isaías 59:6-8; 2 Crónicas 7:14

### Declaración en oración

*Padre, líbrame de hombres violentos y sedientos de sangre. En el nombre de Jesús, ato todo temor y pánico producido por el terrorismo. Anulo los actos de violencia de las manos de los malvados. Que las asambleas de los violentos sean expuestas y cortadas. Que la violencia se acabe en mis fronteras. Llama a tu pueblo a humillarse y clamar a ti, y ven y perdona nuestros pecados y sana nuestra tierra.*

# SECCIÓN VI

Experimentar liberación

## RESPONDERÉ AL CLAMOR DE MI PUEBLO

Yo soy un Dios que amo liberar a mi pueblo. Liberé a los hijos de Israel una y otra vez. Liberé a mi siervo David cuando él me buscó para obtener su salvación. Igualmente responderé tu clamor cuando me invoques. Levanta tus ojos a mí y te libraré de todos tus temores. Te sacaré de todos los problemas si me bendices en todo tiempo y tu alabanza a mí está de continuo en tu boca. Mi liberación es una señal de mi gran amor y misericordia por ti. Mi amor nunca te dejará y te mostraré mi misericordia para siempre. Estaré cerca de ti cuando tu corazón esté roto y te liberaré de todas tus aflicciones. Si pones tu confianza en mí, nunca serás condenado.

Salmos 34:1-6, 19-22

### Declaración en oración

*Bendeciré al Señor en todo tiempo; su alabanza estará de continuo en mi boca, mi alma se gloriará en el Señor; los humildes lo oirán y se alegrarán. Oh, alaben al Señor conmigo y exaltemos juntos su nombre. Porque yo busqué al Señor, y Él me oyó y me libró de todos mis temores.*

## DESÁTATE DE LA OSCURIDAD

Yo TE HE dado el poder para soltarte de cualquier control en la oscuridad. Mi poder y autoridad en tu vida te capacitarán para librarte a ti mismo del control del enemigo. Sigue las instrucciones de mi Palabra, y despierta, ¡despierta! Vístete de tu fortaleza y tus hermosas vestiduras de salvación, y sacúdete el polvo del poder del enemigo. Desátate de los lazos que el enemigo ha puesto alrededor de tu cuello y ya no seas cautivo del malvado control del enemigo. Yo te mostraré mi fidelidad a ti y mantendré encendida tu lámpara. Convertiré tus tinieblas en luz. Sabe que con mi ayuda puedes avanzar contra una tropa de los demonios del enemigo, porque yo te he armado de fortaleza para que seas victorioso.

ISAÍAS 52:1-2; SALMOS 18:25, 28-29

### Declaración en oración

*El Señor me ha recompensado conforme a su justicia en mí y conforme a la limpieza de mis manos ante sus ojos. Él mismo se ha mostrado fiel a mí. Él mantendrá encendida mi lámpara y convertirá mis tinieblas en luz. Él es mi escudo y me arma con su fuerza. Él me ha dado su escudo de victoria y su diestra me sostiene.*

## CONFIESA LA PALABRA SOBRE TU VIDA

HIJO MÍO, ASUME la responsabilidad espiritual de tu vida. No dependas de ninguna otra persona para tu bienestar espiritual. Confiesa mi Palabra sobre tu vida, y derrota al enemigo de tu vida con tus oraciones a mí. Anímate a ti mismo para ofrecer tus oraciones a mí, porque esa es tu clave para la victoria. Sigue el ejemplo de mi siervo Pablo. Cuando el enemigo le ató con cadenas y le metió en la cárcel, él fue alentado a proclamar mi Palabra con más valentía y audacia que antes. Cuando el enemigo intente desalentarte y derrotarte, proclámale con valentía mi Palabra, porque muchos oirán tu testimonio y serán atraídos a mí. Permite que mi Palabra se extienda dondequiera que tú vayas, porque yo te he hecho una luz para llevar salvación a los confines de la tierra.

FILIPENSES 1:14; HECHOS 13:46-47

### Declaración en oración

*Padre, experimentaré liberación del poder de Satanás cuando confiese con valentía tu Palabra sobre mi vida. Mi boca hablará palabras de sabiduría, y la proclamación de mi corazón dará entendimiento. Toca mis labios con tu Espíritu como hiciste con Isaías y Daniel en tiempos de antaño, y yo hablaré la verdad de tu Palabra continuamente. Cuán dulces son tus palabras, más dulces que la miel a mi boca. Tu Palabra es lámpara a mis pies y luz a mi camino.*

## LOS BENEFICIOS DE LA LIBERACIÓN

MI LIBERACIÓN TE causará libertad y gozo. Debido a mi liberación, verás mis poderosos milagros y experimentarás mi victoria sobrenatural en tu vida. Alábame con todo tu corazón, y no te olvides de todos mis beneficios que llegan a ti con mi liberación. Yo perdonaré todos tus pecados y sanaré todas tus enfermedades. He redimido tu vida del pozo y te he coronado de amor y compasión. Yo soy compasivo y misericordioso contigo, lento para la ira y grande en amor. Como la altura de los cielos sobre la tierra, así es mi amor para aquellos que me temen. Yo estaré con quienes me aman desde la eternidad hasta la eternidad, y daré mi justicia a los hijos de tus hijos si ellos guardan mis pactos y se acuerdan de obedecer mis preceptos.

SALMOS 103:2-8, 17-18

### Declaración en oración

*Padre, que tu gloria permanezca para siempre, y te regocijes en las obras de mis manos. Nunca me olvidaré de todos los beneficios de tu liberación para mí. Confiaré en ti, porque tú eres mi Dios. En tu mano están mis tiempos. Cuán grande es tu bondad, la cual has amontonado para quienes te temen. Tú me ocultarás bajo la sombra de tu presencia y me guardarás seguro en tu lugar de morada.*

## PRACTICA LA GUERRA ESPIRITUAL EN ORACIÓN

HIJO MÍO, TE estoy llamando a la guerra espiritual contra Satanás y sus demonios de destrucción. No te niegues a vestirte de mi armadura y abrir tu boca para liberación. ¡Acude a mí con un corazón listo para la guerra! Yo he adiestrado tus manos para la guerra y tus dedos para la batalla. No haces la guerra como el mundo la hace, porque las armas con las que luchas no son las armas del mundo, porque yo te he dado mi poder divino para derribar fortalezas. Tú derribarás argumentos y toda pretensión que se levante a sí misma contra el conocimiento de mí. Llevarás cautivo todo pensamiento para hacerlo obediente a mí. Proclama con tu boca: "¡Prepárense para la guerra! ¡Que se levanten los guerreros!". Diga el débil: "¡Fuerte soy!". Ármate para la batalla.

SALMOS 144:1; JOEL 3:9-10

### Declaración en oración

*El Señor es mi luz y mi salvación, ¿de quién temeré? El Señor es la fortaleza de mi vida, ¿de quién he de atemorizarme? Aunque un ejército me rodee, mi corazón no tendrá miedo. Aunque se levante guerra contra mí, incluso entonces estaré confiado. Oh Señor, el Dios que venga, muestra tu luz. Yo me levantaré a causa de ti contra el malvado y te defenderé contra quienes hacen el mal. Tú te has convertido en mi fortaleza y en la roca en quien me refugio.*

## SÉ PACIENTE EN LA FE POR TU VICTORIA

Yo HE PROMETIDO echar fuera a tu enemigo y a quienes te oprimen
poco a poco. Tú no podrías destruirlos a todos de una vez, porque
serían demasiado numerosos para ti. Pero yo los entregaré a ti y les
derrotaré hasta que sean destruidos. Por tanto, sé paciente en la espera
y la oración por tu victoria. No te canses de orar por otros, y no te
desalientes mientras esperas tu propia liberación total. Cuando tus
enemigos caigan y experimentes mi libertad, sigue mi Palabra y crece
en tu liberación a medida que aprendes a poseer tu tierra. No te vuelvas
perezoso en tu vida espiritual, sino imita a quienes mediante la fe y la
paciencia heredaron lo que se les había prometido.

DEUTERONOMIO 7:21-23; HEBREOS 6:12

### Declaración en oración

*Hazme como Caleb y Abraham, que guardaron las promesas que tú habías dado
y esperaron pacientemente lo que tú habías prometido. Fortaléceme conforme a
tu gloriosa fuerza para que pueda tener gran aguante y paciencia. Lléname del
conocimiento de tu voluntad mediante toda sabiduría y entendimiento espiritual
para que pueda vivir una vida digna de ti y te agrade en todos mis caminos,
dando fruto en toda buena obra y creciendo en tu conocimiento cada día.*

## TE HE DADO LOS BENEFICIOS
## DE ATAR Y DESATAR

La autoridad que les di a mis discípulos es la misma autoridad que te he dado a ti. Podrás echar fuera espíritus malos y sanar enfermedades. Mi autoridad contiene las llaves de mi Reino, y todo lo que ates en la tierra será atado en el cielo. Todo lo que desates en la tierra será desatado en el cielo. Este poder para atar es llevado a cabo por mi autoridad. Eres libre de la maldición del pecado y te has convertido en un esclavo de mí. Debido a eso, has recibido mi regalo de la vida eterna y se te ha otorgado el poder para vivir una vida de santidad.

MATEO 10:1; 16:19; 18:18; ROMANOS 6:22

### Declaración en oración

*Padre, he sido liberado de la ley del pecado y de la muerte mediante el don de la vida eterna de tu Hijo Jesús. Ato las obras de las tinieblas y las echo de mi vida. Me desato a mí mismo de cualquier maldición de pecado que esté presente por medio de herencia, genética, espíritus familiares, maldiciones pronunciadas y otra influencia destructora. Tu poder y autoridad me han desatado de todas esas cadenas, y me he convertido en tu esclavo y he decidido vivir una vida de santidad.*

## Ejercita tu autoridad legal en mí

Hijo mío, no seas intimidado por el enemigo cuando él intente decirte que le perteneces y no puedes ser libre. Mi poder que obra en tu vida te ha dado autoridad legal para atar su influencia en tu vida y desatarte de su tenaza de muerte. Mi Hijo Jesús fue el mediador de un nuevo pacto por ti, y su muerte pagó el rescate para liberarte del pecado. Por tanto, vive como alguien libre, pero no uses tu libertad como cobertura para el mal; vive como siervo mío, unido a mí por el nuevo y mejor pacto mediante la muerte de mi Hijo. Por medio del nuevo pacto, yo pondré mis leyes en tu mente y las escribiré en tu corazón. Yo seré tu Dios, y tú serás mi hijo. Camina en tu autoridad legal y no tengas temor al diablo y sus obras de oscuridad.

Hebreos 9:15; 1 Pedro 2:15; Hebreos 8:10

### Declaración en oración

*He sido hecho libre de la ley del pecado y de la muerte y del diablo y sus obras de oscuridad. Permanezco en la justicia de Cristo, y vivo mediante el poder y la autoridad del nuevo pacto que Dios ha establecido con su pueblo. Caminaré en mi autoridad legal en una vida de obediencia y servicio a Dios, y nunca más tendré temor de lo que el enemigo pudiera hacerme. ¡Soy verdaderamente libre!*

## TÚ ROMPERÁS MALDICIONES GENERACIONALES EN MI FUERZA

EL PODER y la autoridad que yo te he dado debido al sacrificio de mi Hijo Jesús te capacitan para desatar cualquier maldición que haya llegado a ti mediante tu herencia o tus generaciones. Su poder y autoridad que obran en tu vida sanarán a los quebrantados de corazón y repararán la desolación de muchas generaciones. Al igual que yo di el arco iris a Noé como señal de que recordaré mi pacto eterno con mis hijos, así mi regalo de la salvación y la liberación para ti mediante mi Hijo Jesús desata para siempre la atadura de las maldiciones generacionales. Levántate y toma aliento. ¡Eres verdaderamente libre!

ISAÍAS 61:1-4; GÉNESIS 9:12; JUAN 8:36

## Declaración en oración

*A causa del poder y la autoridad de Jesucristo, rompo toda maldición generacional de orgullo, rebelión, lujuria, pobreza, brujería, idolatría, muerte, destrucción, fracaso, enfermedad, temor y rechazo. Ordeno a todo espíritu de mi pasado que está obstaculizando ni presente y mi futuro que salga en el nombre de Jesús, y ordeno que salga a todo espíritu ancestral que haya entrado mediante mis antecesores.*

## TE LIBERARÉ DEL TEMOR

Hɪjo mío, he oído tu clamor, y te he liberado de todos tus temores.
He establecido mi lugar de morada en tu vida y mi amor ha sido perfeccionado en ti. Permanece en mí y permaneceré en ti, al igual que mi
Espíritu Santo permanece en ti. Yo soy amor y aquel que permanece en
amor permanece en mí. En el amor no hay temor, sino que el perfecto
amor echa fuera el temor. Recuerda que no te he dado espíritu de temor,
sino de poder, de amor y de dominio propio.

Salmos 34:4; 1 Juan 4:15-18; 2 Timoteo 1:7

### Declaración en oración

*Bendeciré al Señor en todo tiempo; su alabanza estará de continuo en mi
boca. Mi alma se gloriará en el Señor. Busqué al Señor, y Él me oyó y me
libró de todos mis temores. Clamé al Señor, y Él me oyó y me salvó de
todas mis angustias. Muchas son mis aflicciones, pero el Señor me libera
de todas ellas. Él redime mi alma y he puesto toda mi confianza en Él.*

## Te liberaré de la falta de perdón

Yo me deleito en mostrarte mi compasión y misericordia, hijo mío. He perdonado todas tus iniquidades y no retengo mi ira para siempre. He prometido echar tus pecados a las profundidades del mar. Te amo tanto que di a mi único Hijo, para que si crees en Él, no perezcas, sino tengas vida eterna. Por tanto, sigue mi mandamiento de dar el mismo perdón a otros que yo te he dado a ti. No albergues ira, resentimiento y amargura en tu corazón contra otro. No permitas que el espíritu de falta de perdón tome el control. Yo te he liberado del pecado de la falta de perdón; por tanto, levántate y consuela a quienes necesiten que les ofrezcas perdón y compasión. Reafírmales tu amor, para que Satanás no tenga ventaja sobre ti.

Miqueas 7:17-18; Juan 3:16; 2 Corintios 2:7-10

## Declaración en oración

*He sido liberado del espíritu de falta de perdón. Ya no estoy atado por espíritus de orgullo, dolor, rechazo, temor, ira, enojo, tristeza, depresión, desaliento, tristeza, amargura y falta de perdón contra otros. He sido hecho libre por el amor y la misericordia de Dios, quien ha perdonado todas mis iniquidades y me ha liberado para mostrar espíritu de amor y misericordia a otros. Caminaré libre de falta de perdón desde ahora en adelante y nunca más estaré lleno de falta de perdón.*

# TE LIBERARÉ DE TU DOBLE ÁNIMO

Hijo mío, sigue mi Palabra para ti mediante mi siervo Judas para edificarte en tu fe más santa y orar en mi Espíritu Santo. Entonces tu fe será fuerte, y permanecerás en fe cuando tu fe sea probada con las pruebas y tentaciones que afrontes. La prueba de tu fe produce paciencia, y mediante tu paciencia llegarás a ser perfecto y completo, sin carecer de nada. Acude a mí con una fe plena, sin dudar, porque aquel que duda es como las olas del mar, llevadas de un lado a otro por el viento. Yo no puedo responder las oraciones de un hombre de doble ánimo, porque es inestable en todos sus caminos. Si permaneces firme en la fe, yo te liberaré del doble ánimo y te estableceré en todos tus caminos.

JUDAS 20; SANTIAGO 1:1-8

## Declaración en oración

*Padre, dirijo mi corazón al amor de Dios y a la paciencia de Cristo, para poder ser liberado de todo doble ánimo con respecto a las cosas de Dios. Permanezco en las promesas de tu Palabra y me comprometo a pelear la buena batalla de la fe para poder obtener las bendiciones de Dios. No permitiré que la duda entre en mi vida, sino esperaré con fe y paciencia para heredar tus promesas.*

## TE LIBERARÉ DE CONDENACIÓN

Yo TE HE hablado mediante mi Palabra, afirmándote que, por tanto, no hay condenación para quienes han aceptado la obra expiatoria de mi Hijo Jesús. Tú ya no caminas según la carne sino según mi Espíritu. La ley del espíritu de vida mediante mi Hijo te ha hecho libre de la ley del pecado y de la muerte. Por tanto, permanece firme en tu liberación de la condenación y de todo espíritu de culpabilidad, vergüenza y condenación que puedan estar atacándote aún. ¡Ordénales que se vayan! Amado, si tu corazón no te condena, tendrás confianza hacia mí y recibirás de mí, porque eres agradable a mi vista.

ROMANOS 8:1-2 1 JUAN 3:21-22

### Declaración en oración

*Ordeno a todo espíritu de culpabilidad, vergüenza y condenación que salgan de mi consciencia en el nombre de Jesús. He sido liberado de toda condenación mediante la obra expiatoria de Cristo, y ya no permitiré que el espíritu de "lo que solía ser" habite en mi corazón. Soy una nueva creación en Cristo; lo viejo ha pasado, y todo ha sido hecho nuevo.*

## YO TE LIBERARÉ DEL ORGULLO

Yo TE HE liberado del espíritu de orgullo, porque mediante el orgullo no sale otra cosa sino pelea. El orgullo es antes de la destrucción, y un espíritu altivo antes de la caída. Es mejor que seas humilde de espíritu que te glories en tu orgullo. Hijo mío, esto es lo que yo estimo: al humilde y contrito de espíritu y que tiembla ante mi Palabra. Sigue el ejemplo de mi Hijo Jesús, que era manso y humilde de corazón. Sé totalmente humilde y amable; sé paciente, soportando a los demás en amor. Haz todo esfuerzo por mantener la unidad del Espíritu mediante el vínculo de la paz. Humíllate ante mí, y yo te exaltaré.

PROVERBIOS 13:10; MATEO 11:29; EFEIOS 4:2

## Declaración en oración

*Ordeno a todo espíritu de orgullo, terquedad, desobediencia, rebelión, egoísmo y arrogancia que salgan de mi voluntad en el nombre de Jesús. Tu Palabra ha prometido que aunque te opones al orgulloso, tú darás gracia al humilde. Me entrego a ti. Me humillaré delante de ti y tú me exaltarás.*

## TE LIBERARÉ DE LA BRUJERÍA

Hijo mío, te he liberado de los espíritus demoniacos de brujería. No temas las maldades del ocultismo, porque Satanás y sus brujas demoniacas no tienen control alguno sobre tu vida. Las obras de la carne han sido desatadas de tu vida mediante el poder que hay en la salvación de mi Hijo Jesús. He destruido la idolatría, la brujería y todas las obras de los espíritus de lo oculto de tu vida, y mediante mi Espíritu Santo que habita en ti te he creado para buenas obras. Desde ahora en adelante producirás solamente el fruto de mi Espíritu y obras de justicia.

GÁLATAS 5:19-22

### Declaración en oración

*Padre, mediante el don de la salvación en tu Hijo Jesús, has comprado para mí mi liberación de todo espíritu malo de brujería y de lo oculto. Ordeno a todo espíritu de brujería, adivinación y ocultismo que salgan en el nombre de Jesús. Ya no estoy bajo el control de Satanás, y ya no produciré los actos de la naturaleza de pecado en mi vida. Tu Espíritu Santo habita en mí y produciré solamente el fruto de tu Espíritu en mi vida.*

## ENVIARÉ A MIS ÁNGELES A PELEAR POR TI

Hijo mío, porque habitas en el lugar secreto conmigo y has acudido a mí para buscar refugio y fortaleza, te he cubierto con mis alas. Les he dado a mis ángeles el encargo de guardarte en todos tus caminos. En sus manos te llevarán. Al igual que envié a Miguel, mi gran ángel guerrero, para defender a mi siervo Daniel, así también enviaré a mis ángeles para pelear por ti. Te llevaré seguramente a mi santa ciudad de Sión, donde una innumerable compañía de ángeles será tu defensa. Yo liberaré mi ejército angélico, miles de miles, para defenderte. Ellos destruirán a los demonios que salen a destruirte. No temas, porque yo enviaré a mis ángeles a ministrarte.

SALMOS 91:1-12; HEBREOS 12:22; SALMOS 68:17

### Declaración en oración

*Que tus ángeles asciendan y desciendan en mi vida. Dales a tus ángeles encargo sobre mí y líbrame. Que tus ángeles peleen por mí en los lugares celestiales contra principados. Que tus ángeles vayan delante de mí y enderecen los lugares torcidos. Yo soy un heredero de la salvación y tú enviarás a tus ángeles a ministrarme en todas las circunstancias de mi vida.*

# Yo romperé la maldición de la pobreza

No te afanes por tu vida, qué comerás o beberás; o por tu cuerpo, qué vestirás. Mira a las aves del cielo, que no siembran ni cosechan ni guardan en graneros, y sin embargo yo las alimento. Tú eres más valioso para mí que ellas, y sé todo lo que tú necesitas y deseas. Busca primero mi Reino y mi justicia, y todas esas cosas te serán también añadidas. Yo he roto la maldición de la pobreza en tu vida. Bendiciones y prosperidad serán tuyas, porque la prosperidad es la recompensa de los justos. He aquí, yo tengo planes de prosperarte y no hacerte daño, planes para darte esperanza y un futuro.

Mateo 6:25-33; Salmos 128:2; Jeremías 29:11

## Declaración en oración

*Rompo todas las maldiciones de pobreza, carencia, deuda y fracaso en el nombre de Jesús. Busco primero el Reino de Dios y su justicia, y todas las cosas me son añadidas. Rompo toda obra del enemigo contra mis finanzas en el nombre de Jesús. La bendición del Señor en mi vida me hace rico. Riquezas y bienestar están en mi casa porque temo a Dios y me deleito en seguir su Palabra. Soy siervo de Dios, y Él se agrada de mi prosperidad.*

## YO SOY TU JEHOVÁ-JIRÉ

Yo soy tu Jehová-jiré: el Señor que provee. Tal como proporcioné el carnero a Abraham cuando él no me retuvo a su único hijo, así proveeré todo lo que tú necesites. Sigue el ejemplo de Abraham, y entrégame con disposición todo lo que eres y todo lo que tienes, para que yo responda en toda circunstancia como Jehová-jiré. El mundo es mío, y todo lo que hay en él. Yo poseo el ganado de mil montes. Conozco a todas las aves de las montañas, y las criaturas del campo me pertenecen. Por tanto, supliré todas tus necesidades según mis abundantes riquezas.

GÉNESIS 22; SALMOS 50:10-12; FILIPENSES 4:19

### Declaración en oración

*Tú eres mi Jehová-jiré, mi proveedor. Tú eres El Shadai, el Dios del más que suficiente. Soy bendito en mi entrada y bendito en mi salida porque tú te agradas en satisfacer todas mis necesidades. Te entregaré libremente todo lo que soy y todo lo que tengo, porque tú has prometido que me recompensarás: medida buena, apretada, remecida y rebosante. Tus lluvias de bendición me cubrirán, y recibiré más abundancia de la que sea capaz de contener.*

## AGRÁDATE EN MI PROSPERIDAD

Hijo mío, yo me deleito en el bienestar de mis siervos. Debido a que me has dado libremente todo lo que posees, y me has llevado fielmente tus diezmos y ofrendas, yo proveeré todo lo que necesites. Pruébame en esto, y mira si no abriré las ventanas de los cielos y derramaré tanta bendición que no habrá espacio suficiente para contenerla. Yo evitaré que las plagas devoren tus cosechas, y las viñas de tus campos no dejarán caer su fruto antes de que esté maduro. Yo pondré la riqueza de los malvados en tus manos. Tus puertas siempre estarán abiertas para que personas puedan llevarte las riquezas de las naciones. Alégrate y regocíjate, porque yo te he dado abundantes lluvias, tus graneros se llenarán de grano, y tus tanques rebosarán de vino nuevo y aceite.

Malaquías 3:10-11; Proverbios 13:22; Isaías 60:11; Joel 2:24

### Declaración en oración

*Por tu favor seré una persona próspera, oh Señor. Tú me has llamado, y tú harás prosperar mi camino. Yo soy tu siervo, y tú te agradas en satisfacer todas mis necesidades. Pondrás la riqueza de los malvados en mis manos y reprenderás al devorador por causa de mí. Que tus lluvias de bendición caigan sobre mi vida.*

## POR MIS LLAGAS ERES SANADO

MI PRECIOSO HIJO tomó tu dolor y llevó tu sufrimiento. Él fue herido por tus transgresiones, y por sus llagas eres sanado. A causa de tu fe en mi Hijo, solo mediante un toque de mi mano o una sola palabra de mi boca serás sano. Yo te he dado el mismo poder y autoridad que tenía mi Hijo para sanar enfermos y resucitar muertos. Yo resucitaré a quienes acuden a mí en fe, porque las oraciones del justo son poderosas y eficaces. Hay sanidad en el nombre de mi Hijo Jesús, de todas tus enfermedades y aflicciones.

ISAÍAS 53:4-5; SANTIAGO 5:16

### Declaración en oración

*Soy sano por las llagas de Jesús. Jesús llevó mi enfermedad y mis aflicciones. En el nombre de Jesús echo fuera todo espíritu de aflicción que ataque mi cuerpo. Proclamo sanidad y fortaleza a mis huesos, músculos, articulaciones, órganos, cabeza, ojos, garganta, glándulas, sangre, médula, pulmones, riñones, hígado, bazo, espina, páncreas, oídos, nariz, senos nasales, boca, lengua y pies en el nombre de Jesús. Prospero y camino en salud así como prospera mi alma. He sido creado maravillosamente. Que mi cuerpo funcione de la maravillosa manera en que tú lo diseñaste.*

## ECHARÁS FUERA EL ESPÍRITU DE ENFERMEDAD

Hijo mío, no olvides que mi Hijo Jesús te ha dado poder y autoridad para echar fuera espíritus malos y sanar toda enfermedad y dolencia. Permanece firme en tu fe y echa fuera el espíritu de enfermedad que querría hacerte daño. Al igual que mi Hijo llevó tus pecados en la cruz del Calvario, así también las llagas de su cuerpo te han hecho sano. Toma autoridad sobre toda enfermedad y muerte mediante el nombre de Jesús.

MATEO 10:1; ISAÍAS 53:5

### Declaración en oración

*Echo fuera todo espíritu de enfermedad que quiera atacar mi cuerpo. En el nombre de Jesús, rompo, reprendo y echo fuera cualquier espíritu de cáncer que quisiera intentar establecerse en mis pulmones, huesos, pechos, garganta, espalda, espina, hígado, riñones, páncreas, piel o estómago. En el nombre de Jesús reprendo y echo fuera todo espíritu que causa diabetes, elevada presión sanguínea, baja presión sanguínea, ataque al corazón, derrame cerebral, fallo renal, leucemia, problemas respiratorios, artritis, lupus, Alzheimer o insomnio. Me libero a mí mismo de un sistema inmunitario debilitado que esté arraigado en un espíritu quebrantado o un corazón roto, y ordeno a esos espíritus que salgan fuera en el nombre de Jesús. Sáname y libérame de todas mis dolencias en el nombre de Jesús.*

## HARÉ QUE MI GRACIA ABUNDE EN TI

Hijo mío, yo puedo bendecirte abundantemente, para que en todas las cosas en todo tiempo, teniendo todo lo que necesites, abundes en toda buena obra. Porque te he dado mi abundante provisión de gracia y el don de justicia, reinarás en vida mediante mi Hijo Jesús. Te he resucitado con Cristo y te he sentado con Él en los lugares celestiales a fin de mostrarte las incomparables riquezas de mi gracia. Porque por gracia has sido salvo, mediante la fe, y esto no de ti mismo; es un don mío para ti. Acércate a mi trono de gracia con confianza, para que puedas recibir misericordia y encontrar gracia para ayudarte en tu momento de necesidad.

2 Corintios 9:8; Romanos 5:17; Efesios 2:6-8; Hebreos 4:16

## Declaración en oración

*Padre, te alabo porque tú has derramado gracia, fe y amor de nuestro
Señor Jesús sobre mí en abundancia. Me has justificado gratuitamente
por tu gracia para que pudiera tener la esperanza de la vida eterna. Tu
gracia y tu paz abundarán para mí. Tu divino poder me ha dado todo
lo que necesito para la vida y la piedad. Mediante tu gracia me has dado
tus grandes y preciosas promesas para que por ellas pueda participar
de la naturaleza divina y escapar a la corrupción de este mundo.*

## TE LIBERARÉ DEL MAL

HIJO MÍO, NO olvides que mi Hijo te ha enseñado a orar diciendo: "Líbranos del mal". Yo he prometido librarte del maligno y guardarte de todo mal. Clama a mí en el día de la angustia, y te liberaré. Libraré al necesitado que clame, al afligido que no tenga nadie que le ayude. Me compadeceré del débil y el necesitado, y salvaré de la muerte al necesitado. Te rescataré de la opresión y la violencia, porque preciosa es tu sangre ante mis ojos. Ciertamente te libraré para un buen propósito; sin duda haré que tus enemigos te rueguen en momentos de desastre y en épocas de angustia. Vine a librarte y a aplastar al líder de la tierra de maldad.

SALMOS 50:15; 72:12-14; JEREMÍAS 15:11; HABACUC 3:13

### Declaración en oración

*Padre nuestro que estás en los cielos, santificado sea tu nombre. Venga tu reino. Hágase tu voluntad, como en el cielo, así también en la tierra. El pan nuestro de cada día, dánoslo hoy. Y perdónanos nuestras deudas, como también nosotros perdonamos a nuestros deudores. Y no nos metas en tentación, mas líbranos del mal; porque tuyo es el reino, y el poder, y la gloria, por todos los siglos.*

## No tengas temor de malas noticias

No TENGAS TEMOR de malas noticias, porque yo he prometido que los justos no serán nunca conmovidos. Serán recordados para siempre. No tendrán temor de malas noticias; sus corazones están firmes, confiados en mí. Sus corazones están seguros; no tendrán ningún temor. Al final mirarán en triunfo a sus enemigos. Yo te guardaré de todo daño. Cuidaré tu vida. Cuidaré tus idas y venidas ahora y para siempre. Yo he honrado la oración de mi Hijo, quien oró por ti diciendo: "No ruego que los quites del mundo, sino que los guardes del mal". No temas. No serás vencido por el mal, sino que vencerás el mal con el bien.

SALMOS 112:6-8; 121:7-8; JUAN 17:15

### Declaración en oración

*Padre, debido a tu liberación, no tendré temor de malas noticias. No seré visitado por el mal, porque tú me guardarás de todo mal. Agrádate en salvarme, Señor; ven rápidamente, Señor, a ayudarme. Sean avergonzados y confundidos todos los que quieren quitarme la vida; todos los que desean mi ruina sean alejados en angustia. Porque yo te buscaré, me regocijaré y me alegraré en ti debido a tu ayuda salvadora.*

## Renuncia a todo pecado sexual

Hɪjo mío, te insto a que ofrezcas tu cuerpo como sacrificio vivo, santo y agradable a Dios, porque esa es tu verdadera y adecuada adoración a mí. No te conformes al patrón de este mundo, sino sé transformado por la renovación de tu mente. Entonces podrás probar y aprobar cuál es la voluntad de Dios; su buena, agradable y perfecta voluntad. Huye de la inmoralidad sexual, porque no eres dueño de ti mismo; fuiste comprado por un gran precio por la muerte de mi Hijo. Mi voluntad es que seas santificado y que evites toda inmoralidad sexual. Aprende a controlar tu propio cuerpo de modo que sea santo y honorable. Porque yo no te llamé a ser impuro, sino a vivir una vida santa. Haz morir, por tanto, todo lo que pertenece a tu naturaleza terrenal: inmoralidad sexual, impureza, lujuria y malos deseos.

Romanos 12:1-2; 1 Tesalonicenses 4:3-7; Colosenses 3:5

### Declaración en oración

*Padre, renuncio a todo pecado sexual de mi pasado y ordeno a todo espíritu de lujuria y perversión que salgan en el nombre de Jesús. Libero el fuego de Dios para quemar todo deseo impuro de mi vida. Recibo el espíritu de santidad en mi vida para andar en pureza sexual y me desato a mí mismo del espíritu del mundo. Venzo al mundo mediante el poder del Espíritu Santo.*

## Rompe toda atadura impía

Yo te he llamado a salir de entre el mundo, a no tocar nada impuro, para que puedas ser separado para mí. Porque me has ofrecido tu cuerpo como sacrificio vivo, santo y agradable y ya no te conformas al patrón de este mundo, te he dado poder y autoridad para vivir en santidad delante de mí. Has sido transformado mediante la renovación de tu mente. Por tanto, te he dado poder para desatarte a ti mismo de toda atadura impía que haya sido establecida por el enemigo debido a tu anterior pecado e impureza. Injusticia y santidad no tienen nada en común, y debido a que tú eres templo mío, ya no estás atado al pecado.

Romanos 12:1-2; 2 Corintios 6:14-18

### Declaración en oración

*Padre, estoy firme en tu poder y autoridad y desato mi espíritu de las ataduras impías que el enemigo ha creado en mi interior debido a pasadas relaciones de impureza e inmoralidad. No me uniré en yugo desigual con la maldad en ninguna forma, porque he comprometido mi vida a caminar en santidad y rectitud. Estoy crucificado con Cristo. Mi viejo yo, un cuerpo gobernado por el pecado, ha sido eliminado de modo que ya no sea esclavo del pecado. Por tanto, el pecado ya no reinará en mi cuerpo mortal, porque me he convertido en el templo del Dios viviente.*

## TOMA AUTORIDAD SOBRE TUS PENSAMIENTOS

HIJO MÍO, TAL como los cielos son más altos que la tierra, así son mis caminos, y mis pensamientos, más altos que tus pensamientos. Te doy mi poder para tomar autoridad sobre tus propios pensamientos, para que puedas crecer en mi sabiduría y conocimiento. Has recibido mi Espíritu Santo para que puedas entender y expresar verdades espirituales en palabras espirituales, porque te he dado la mente de mi Hijo Jesús. Fija tu mente en lo que mi Espíritu te dice. Toma autoridad sobre tu mente mediante el poder de mi Espíritu. Piensa solamente en las cosas que son verdaderas, nobles, rectas, puras, admirables y excelentes o dignas de alabanza.

ISAÍAS 55:8-9; 1 CORINTIOS 2:12-16; FILIPENSES 4:8

### Declaración en oración

*Tomo autoridad sobre mis pensamientos mediante el poder y la autoridad del Espíritu Santo. Creceré y aumentaré en la sabiduría y el conocimiento que vienen de Dios. Enfocaré mis pensamientos en lo que sea verdadero, todo lo noble, todo lo recto, todo lo puro, todo lo admirable. Si hay algo admirable o digno de alabanza, pensaré en esas cosas. Y el Dios de paz estará conmigo en mi espíritu y en mi mente.*

## Te liberaré del espíritu de este mundo

Mediante mi Espíritu Santo que habita en tu interior, has sido liberado del espíritu de este mundo. Has recibido el Espíritu de Dios para que puedas conocer las cosas que yo te he dado gratuitamente. Cuando estabas controlado por el espíritu del mundo, andabas en desobediencia, satisfaciendo los deseos de tu naturaleza de pecado y siguiendo sus anhelos y pensamientos. Pero debido a mi gran amor y misericordia por ti, te he hecho revivir con Cristo para poder demostrarte las incomparables riquezas de mi gracia. Por tanto, prepara tu mente para la acción. Ejercita dominio propio, pon tu esperanza plenamente en mi gracia y sé santo, porque yo soy santo.

1 Corintios 2:12; Efesios 2:1-7; 1 Pedro 1:13-15

### Declaración en oración

*Padre, me desato a mí mismo del espíritu del mundo, los deseos de la carne, los deseos de los ojos y el orgullo de la vida. Venzo al mundo mediante el poder del Espíritu Santo. El mundo y sus deseos han pasado en mi vida, y me he comprometido a hacer solamente la voluntad de Dios que vive en mi interior.*

## Te libraré del terror en la noche

Has sido hecho libre del temor a los terrores que llegan en la noche, porque habitas bajo el abrigo de mi amor. No tengas temor a los terrores que llegan en la oscuridad de la noche, o a los terrores que llegan mediante las visitaciones demoniacas del enemigo desde la noche. Porque confías en mí, yo seré tu refugio y tu fortaleza. Durante el día dirigiré mi amor a ti, y en la noche mi canto de amor te dará paz. Yo te vigilaré. Yo soy tu sombra a tu mano derecha; el sol no te dañará de día, ni la luna de noche. Yo te guardaré de todo mal y cuidaré tu vida. Yo guardaré tu entrada y tu salida, y te ocultaré bajo la sombra de mis alas de todo mal.

Salmos 91:1-2, 5; 42:8; 121:5-8

### Declaración en oración

*Padre, el día es tuyo, y tuya es también la noche; por tanto, ya no temeré al terror de la oscuridad. Alabaré tu nombre y proclamaré tu amor en la mañana y tu fidelidad en la noche. Incluso la oscuridad no es oscura para ti, porque en tu presencia la noche brilla como el día. Soy libre de los terrores que llegan en la noche porque tú has sido mi refugio y mi fortaleza, y me has ocultado bajo la sombra de tus alas.*

## ATA Y REPRENDE AL ESPÍRITU DEL ANTICRISTO

Tienes mi poder y autoridad para atar y reprender al espíritu del anticristo de tu vida y de tu casa. Todo espíritu que no confiese a mi Hijo Jesús como Señor es el espíritu del anticristo. Tú los has vencido, porque mayor es el que está en ti que el que está en el mundo. Está alerta y discierne espiritualmente, porque muchos engañadores han salido por el mundo que no confiesan a mi Hijo. Si permaneces en la doctrina de mi Hijo, tendrás mi presencia y la presencia de mi Hijo en tu vida. Si alguno acude a ti y no cree en mi Hijo, no lo recibas en tu casa, porque es el espíritu del anticristo.

1 Juan 4:3; 2 Juan 7-10

### Declaración en oración

*En el nombre de Jesús, ato y reprendo a todo espíritu del anticristo de odio y muerte que se manifieste mediante el terrorismo. Ato y reprendo a todo espíritu del anticristo y de odio por el cristianismo en el nombre de Jesús. Echo fuera a todo terrorista religioso que no proclame la doctrina de Cristo. Estaré continuamente alerta espiritualmente y discerniré para evitar la entrada de un espíritu de engaño en mi vida o en las vidas de mis seres queridos.*

# SECCIÓN VII

Contender por la libertad
de los cautivos

## TE SANTIFICARÉ MEDIANTE MI PALABRA

AUNQUE EL MUNDO te aborrezca, yo te he sacado del mundo y te protegeré del maligno. Tú no eres del mundo, así como mi Hijo no era del mundo. Te santificaré por mi verdad, porque mi Palabra es verdad. Cántame con una nueva canción, porque mi Palabra es recta, y todas mis obras son hechas en verdad. Por mi Palabra creé los cielos y la tierra, y todo aquello que mora en la tierra. Yo lo hablé, y fue hecho. Mi Palabra obra eficazmente en ti, porque es verdadera. Por tanto, mi Palabra es inspirada por Dios y útil para enseñar, para redargüir, para corregir y para instruir en justicia, para que puedas estar totalmente equipado para toda buena obra.

JUAN 17:14-17; SALMOS 33:4-9; 2 TIMOTEO 3:16

## Declaración en oración

*Padre, santifícame mediante tu Palabra de verdad. Que tu Palabra tenga
curso libre en mi vida. Mediante tu Palabra, haré todo lo que pueda
para presentarme ante ti como aprobado, como obrero que no tiene que
avergonzarse y que utiliza correctamente tu Palabra de verdad. Deseo la
leche pura de tu Palabra para que por ella pueda crecer. Enséñame mediante
la carne de tu Palabra, para que pueda discernir el bien y el mal.*

# TE DARÉ ESPÍRITU DE SABIDURÍA Y REVELACIÓN

Hijo mío, te daré el Espíritu de sabiduría y revelación para que puedas conocerme mejor. Iluminaré los ojos de tu corazón para que conozcas la esperanza a la cual te he llamado, las riquezas de mi gloriosa herencia para ti, y mi incomparable gran poder para todo aquel que cree. Te enseñaré en el sendero de la sabiduría y te guiaré por senderos rectos. Mi sabiduría y conocimiento serán la estabilidad de tus tiempos y la fortaleza de tu salvación. Te estableceré según la revelación de mi Palabra y mediante la revelación de mi Hijo. Donde no hay revelación, el pueblo se desenfrena, pero tú serás feliz porque guardas la revelación de mi Palabra.

EFESIOS 1:17-18; ISAÍAS 33:6; PROVERBIOS 29:18

## Declaración en oración

*Dame espíritu de sabiduría y revelación en el conocimiento de Jesús. Que los ojos de mi entendimiento sean iluminados para que pueda conocer cuál es la esperanza de mi llamado, cuáles son las riquezas de la gloria de tu herencia en los santos, y cuál la abundante grandeza de tu poder hacia mí. Llena mi vida de tu sabiduría y revelación para que pueda regocijarme y dar a conocer las maravillas de tus obras.*

# HARÉ QUE CONOZCAS EL AMOR DE MI HIJO

Te he fortalecido con poder mediante mi Espíritu en tu hombre interior para que mi Hijo habite en tu corazón mediante la fe. Te he arraigado y establecido en amor y te he dado mi poder para que puedas entender la anchura, la longitud, la altura y la profundidad que tiene el amor de Cristo. Nuestro amor sobrepasa todo entendimiento y te ha llenado hasta la medida de la plenitud en mí. Yo puedo hacer inmensurablemente más de lo que tú pudieras pedir o imaginar según mi poder que actúa en ti. Aférrate a mi sana Palabra mediante tu fe y amor en Cristo. Nada te separará del amor de Cristo; ni tribulación, ni angustia, persecución, hambre, desnudez, peligro o espada. Mediante su amor eres más que vencedor.

## Efesios 3:15-19

## Declaración en oración

*Permíteme conocer el amor de Cristo, que sobrepasa todo entendimiento, para poder ser lleno de toda la plenitud de Dios. Señor, haz inmensurablemente más de lo que yo pueda pedir o pensar, según tu poder que obra en mí. Capacítame para andar en amor, como Cristo me amó. Porque el amor de Cristo me constriñe a ser embajador por Cristo, para que otros puedan también tener parte en su amor.*

## ABRE TU BOCA CON VALENTÍA EN MI NOMBRE

Has sido lleno del poder y la autoridad de mi Hijo, y serás capacitado para proclamar el evangelio con valentía dondequiera que vayas, al igual que mi Hijo hablaba con valentía. Hablarás con la valentía de mi siervo Pablo, que hablaba valientemente en nombre de mi Hijo y argumentaba con aquellos que no escuchaban al evangelio, incluso cuando le amenazaban con hacerle daño y con la muerte. Las palabras de tu boca mostrarán mi justicia y mi salvación continuamente, y tú irás en mi fortaleza. He hecho tu boca como una espada aguda, que proclama la verdad de mi Palabra y habla con valentía contra las mentiras y engaños del enemigo.

JUAN 7:25; EFESIOS 6:19; ISAÍAS 49:2

### Declaración en oración

*Padre, que me sea dada palabra para que pueda abrir mi boca con valentía y dar a conocer el misterio del evangelio. Tú me has llamado a difundir la verdad de tu Palabra, y has hecho mi boca como una espada afilada y una flecha pulida. Hazme tu siervo valiente, y capacítame para proclamar tu verdad a un mundo que necesita conocerla.*

## TE LLENARÉ DEL CONOCIMIENTO DE MI VOLUNTAD

Hijo mío, te he llenado del conocimiento de mi voluntad mediante la sabiduría y el entendimiento que mi Espíritu te ha dado. Te he capacitado para vivir una vida digna de mí, una vida que me agrade en todos los aspectos y dé fruto en toda buena obra a medida que creces en mi conocimiento. Te he fortalecido con poder según mi fuerza, para que tengas un gran aguante y paciencia. Te he calificado para ser participante de mi herencia como miembro de mi Reino de luz. Has sido transferido del dominio de las tinieblas al Reino de mi Hijo, y tienes redención y perdón de pecados por medio de Él.

COLOSENSES 1:9-14

*Declaración en oración*

*Padre, que sea lleno del conocimiento de tu voluntad en toda sabiduría y entendimiento espiritual para que pueda obrar como es digno de ti. Hazme fructífero en toda buena obra, y aumenta mi conocimiento de ti.*

# Te guardaré sin tacha delante de mí

Aunque antes estabas alejado de mí en tu mente por tus malvadas obras, yo te he redimido mediante mi Hijo y te he reconciliado por la muerte de mi Hijo para que ahora seas santo, sin mancha y sin reproche ante mis ojos. Te guardaré sin tacha hasta la venida de mi Hijo. Continúa en tu fe, arraigado y firme, sin alejarte de la esperanza de mi evangelio, la cual ahora proclamas. Como mi administrador, debes ser sin tacha, no soberbio, no iracundo, no dado al vino, no violento ni codicioso de las riquezas de este mundo. Aférrate a mi Palabra para que puedas ser capaz de exhortar y convencer a aquellos que quisieran contradecir la verdad de mi justicia.

Colosenses 1:22-23; 1 Tesalonicenses 5:23; Tito 1:7

## Declaración en oración

*Que mi alma y mi cuerpo sean guardados sin tacha hasta la venida de mi Señor Jesucristo. Que sea yo digno de ser presentado ante tus ojos, santo, sin tacha y libre de acusación. Capacítame para continuar en la fe, establecido y firme, para que no me aparte de la esperanza de una vida eterna contigo.*

## TE CUBRIRÉ CON MI UNCIÓN APOSTÓLICA

TE HE LLAMADO a ser mi apóstol y te he cubierto con una unción apostólica. Has sido designado predicador y apóstol para hablar la verdad en Cristo, para ser maestro de los no creyentes en fe y verdad. Fija tus ojos en mi Hijo Jesús, quien es el apóstol y sumo sacerdote a quien has confesado y ahora sirves. Sé fiel a aquel que te ha designado, tal como Moisés fue fiel en mi casa. Sé el edificador de mi casa, pero recuerda que yo soy el edificador de todo. Aférrate a tu valentía y a la esperanza en la cual te glorías.

2 PEDRO 1:2; 1 TIMOTEO 2:7; HEBREOS 3:1-6

### Declaración en oración

*Padre, recibo de gracia y paz multiplicadas mediante la unción apostólica que tú me has dado. Yo soy tu siervo humilde, y hablaré la verdad en Cristo para que los no creyentes conozcan tu amor y tu misericordia, y lleguen a ser participantes de tu justicia. Miro a Jesús como mi ejemplo, y seré fielmente y valientemente un edificador de tu Reino.*

## TE DARÉ LAS LLAVES DE MI REINO

Hijo mío, te he dado las llaves de mi Reino. En mi poder y autoridad podrás atar el poder del enemigo y desatar a los cautivos de su dominio. Conocerás el misterio del Reino y llevarás las buenas noticias de mi Reino a quienes viven en oscuridad. Como hice con mi profeta Ezequiel, te envío a proclamar mi Reino a un pueblo rebelde que se ha rebelado contra mí. No tengas temor de ellos ni tengas miedo de sus palabras. Proclámales mis palabras, ya sea que oigan o te rechacen. Abre tu boca, y yo la llenaré con mi Palabra; recibe en tu corazón todas mis palabras, y oye con tus oídos. Y ve, llega a los cautivos; suéltalos de las tenazas del enemigo y llévalos a mi Reino.

MATEO 16:19; EZEQUIEL 3:1-11

### Declaración en oración

*Yo tengo las llaves del Reino, y todo lo que ate en la tierra es atado en el cielo, y todo lo que desate en la tierra es desatado en el cielo. Proclamaré el Reino de Dios a aquellos a quienes Dios me ha llamado. Hablaré de la verdad de la Palabra de Dios y liberaré a los cautivos del reino de las tinieblas.*

## ATA LA MALDAD ESPIRITUAL EN LAS ALTURAS

SÉ FUERTE EN mi gran poder y fuerza. Vístete de mi armadura para que puedas estar firme contra las maquinaciones del diablo. Tu lucha no será contra carne y sangre, sino contra los gobernadores, autoridades y potestades de este mundo oscuro, y contra las fuerzas espirituales de maldad en las regiones celestiales. Por tanto, te he dado el poder de atar a las potestades de maldad espiritual en las alturas. No tengas miedo de los malos, porque ellos serán derribados por su propia maldad. Porque permaneces en mi justicia, yo seré tu libertador. Has sido redimido de toda maldad por mi Hijo, y Él te está purificando como posesión suya que anhela hacer el bien. Alienta y reprende con toda autoridad, y no dejes que nadie te menosprecie.

EFESIOS 6:10-12; PROVERBIOS 11:5-6; ROMANOS 1:18; TITO 2:13-14

*Declaración en oración*

*Padre, estoy firme en tu poder y autoridad y ato a los principados,*
*potestades, gobernadores de las tinieblas de este mundo, y*
*maldad espiritual en las alturas. Amo la justicia y aborrezco la*
*maldad; por tanto, tú me has ungido con óleo de gozo.*

## DESATA A LOS PRISIONEROS DEL PECADO

Yo soy el Señor tu Creador que extiende los cielos y establece los fundamentos de la tierra. No vivas en constante terror cada día debido a la ira del opresor, Satanás, y sus fuerzas demoniacas. Él quiere la destrucción, pero yo te he dado el poder y la autoridad mediante mi Hijo Jesús para desatar a los prisioneros y hacerles libres. Ellos no morirán en la mazmorra de la oscuridad espiritual. Porque yo soy el Señor tu Dios, el Señor Todopoderoso. He puesto mis palabras en tu boca y te he cubierto con la sombra de mi mano. Ve en mi poder y fortaleza, y libera a quienes están atados por Satanás y sus demonios.

Isaías 51:12-16

### Declaración en oración

*Padre, desato a los prisioneros de la cautividad y la oscuridad. Lléname de tu poder y fortaleza para llevarles el glorioso mensaje de tu amor, misericordia y esperanza. Que ellos vean la salvación del Señor que les ha sido dada mediante la muerte y resurrección de tu Hijo Jesús. Que los exiliados sean desatados de los lazos de maldad.*

# DESATARÉ TU MENTE DEL ESPÍRITU DE TINIEBLAS

Hijo mío, he venido para liberar a aquellos a quienes el enemigo ha atado mediante la cautividad de sus mentes a la oscuridad espiritual y la más profunda desesperación. No tienes que tropezar en tu angustia, sin nadie que ayude. Yo he oído tu clamor, y te salvaré de toda angustia y te sacaré de la oscuridad y la más profunda desesperación; romperé las cadenas que el enemigo ha utilizado para tomar cautiva tu mente. Seré una lámpara para ti y convertiré tus tinieblas en luz. Ya no te conformes a este mundo, sino sé transformado por la renovación de tu mente, para que puedas comprobar cuál es mi buena, aceptable y perfecta voluntad para tu vida.

SALMOS 107:10-14; 2 SAMUEL 22:29; ROMANOS 12:2

## Declaración en oración

*Padre, mediante tu poder desato mi mente, mi voluntad y mis emociones
de toda obra y espíritu de tinieblas en el nombre de Jesús. Ya no
permitiré que el enemigo capture mi mente y me hunda en tinieblas
espirituales y profunda desesperación. Ya no me conformo a este
mundo y su modo de pensar, sino que por la transformación de mi
mente seguiré la buena, aceptable y perfecta voluntad de Dios.*

## Desataré tu ciudad de la obra del infierno

Cuando mi Hijo Jesús pagó el precio de la redención del pecado mediante su muerte y resurrección, confrontó con valentía la autoridad de Satanás sobre el infierno, y ahora Él tiene las llaves del cielo y del infierno. Yo te he dado poder para actuar en la autoridad de mi Hijo, y tienes poder para atar la autoridad de Satanás sobre tu ciudad y desatar tu ciudad de la obra del infierno. No temas, sino usa tu autoridad para desatar tu ciudad de la tenaza del enemigo. Al igual que envié a mi guerrero Miguel a derrotar al príncipe de Persia por causa de Daniel, le envío a luchar junto contigo. Levántate en mi poder para desatar tu ciudad de los principados, potestades y gobernadores demoniacos de maldad sobre los cielos.

1 Pedro 3:18; Apocalipsis 1:18; Daniel 10; Efesios 6:12

### Declaración en oración

*Padre, estoy firme en el poder y la autoridad de tu Hijo para confrontar las potestades demoniacas que han tomado cautiva mi ciudad y desatarla de la obra del infierno. Envía a tu guerrero Miguel a luchar por mí, y capacítame para liberar a los cautivos. No seré intimidado por los principados, potestades, gobernadores de las tinieblas de esta era, o las huestes espirituales de maldad en las regiones celestes.*

## ATA CON CADENAS A REYES Y NOBLES MALVADOS

Hijo mío, yo me agrado de ti, porque te he hermoseado con la salvación de mi Hijo y te vestido de su justicia. Agarra mi espada de doble filo y ejecuta venganza sobre las fortalezas demoniacas que han atado naciones en las tinieblas. Ata con cadenas a los reyes malvados, y a los nobles demoniacos de Satanás con grilletes de hierro. Porque yo ejecutaré mi juicio sobre ellos, como he prometido en mi Palabra. La intención de sus corazones es solamente el mal, y sus bocas están llenas de mentiras. Pero no prosperarán, y serán derrotados mediante el poder y la autoridad que yo he dado a mi pueblo. No temas, porque no hay autoridad mayor que la mía, y quien se resiste a mi autoridad traerá juicio sobre sí mismo.

SALMO 149; DANIEL 11:27-33; ROMANOS 13:2

### Declaración en oración

*Padre, ejecuta tu juicio sobre los gobernadores malvados en nuestro mundo que han caído bajo el malvado control de Satanás. Evita que prosperen y vuelvan hacia el mal a las masas de personas bajo su autoridad. Revela sus malvadas intenciones, y capacita a tu pueblo para usar tu poderosa espada de doble filo para ejecutar tu venganza sobre esas fortalezas demoniacas del mal.*

# Yo desataré los lazos de maldad de tu tierra

Cuando yo liberé a mi pueblo de su cautividad en Egipto, establecí un pacto con ellos. Si ellos me obedecían, yo prometí establecer mi tabernáculo entre ellos y romper los lazos de su yugo y hacerles caminar erguidos. He establecido el mismo pacto con mi pueblo hoy. Si mi pueblo obedece mi Palabra y me sirve de todo corazón, yo desataré los lazos de maldad de la tierra. Estoy llamando a mi pueblo a amarme y obedecerme. Si lo hacen, yo los levantaré y ellos sabrán que yo, el Señor, soy su Dios, y que estoy con ellos y ellos son mi pueblo.

Levítico 26:9-13; Ezequiel 34:30

## Declaración en oración

*Padre, atrae a ti a la gente de mi tierra con cuerdas de bondad, con lazos de amor, y quita el yugo de maldad de sus cuellos. No derrames tu ira sobre nosotros, sino levántame para ponerme en la brecha delante de ti por mi tierra, para que no sea destruida. Construye un vallado de tu protección alrededor de esta tierra y mantenla segura de los merodeadores ataques de las fortalezas de maldad.*

# Sea avergonzado el enemigo

Yo HE OÍDO la voz de tu llanto y de tu súplica. Recibiré tu oración y haré que tus enemigos sean avergonzados y muy turbados. Yo soy un Dios lleno de compasión, gracia y bondad, y abundante en misericordia y verdad. Te he dado mi fortaleza y te haré ser una señal para bien, para que quienes han desatado su odio contra ti lo vean y sean avergonzados. Te ayudaré y te consolaré. Detendré a quienes buscan deshonrarte y haré que se vuelvan en confusión. El ángel del Señor los perseguirá, y su camino será oscuro y resbaladizo. Por tanto, ten gozo delante de mí, y regocíjate en la salvación que yo te he dado.

SALMOS 6:8-10; 86:15-17; 35:4-9

## Declaración en oración

*Padre, sean avergonzados mis enemigos y esparcidos. Que vuelvan y sean avergonzados de repente. Muéstrame un ejemplo para bien, para que quienes me odian lo vean y sean avergonzados. Avergüenza a quienes buscan mi alma. Sean ellos perplejos y llenos de confusión. Llena sus rostros de vergüenza.*

## AVERGONZARÉ A QUIENES BUSCAN TU ALMA

Yo HE VISTO los feroces testigos que se levantan y se reúnen para formar un ataque contra ti. Yo conozco a quienes te aborrecen sin causa y no hablan paz sino traman cosas engañosas contra ti. Yo te reivindicaré conforme a mi justicia. Haré que se avergüencen y sean llevados a confusión mutua. Quienes se regocijan por tu dolor serán vestidos de vergüenza y deshonra. Esos hacedores de iniquidad se comerían a mi pueblo como comen pan. Pero yo los desprecio, y los avergonzaré y dispersaré los huesos de quienes acampan contra ti.

SALMOS 35:11-27; 53:4-5

## Declaración en oración

*Padre, avergüenza a quienes buscan mi alma. Sean ellos avergonzados y confundidos. Que quienes desean mi mal se den la vuelta y sean llevados a confusión. Sácame de mi cautividad del enemigo, y me regocijaré y me alegraré en tu gran salvación.*

## SEAN AVERGONZADOS LOS
## ESPÍRITUS ORGULLOSOS

MI MISERICORDIA ESTÁ sobre quienes me temen de generación en generación. Me mostraré fuerte a ellos con mi brazo poderoso y esparciré a los orgullosos en la imaginación de sus corazones. Derribaré a los fuertes de sus tronos y exaltaré a los humildes. Resistiré a los orgullosos, pero daré gracia a los humildes. Porque has esperado en mi Palabra y me has servido con un corazón fiel, he extendido mi misericordiosa bondad para tu consuelo. Haré que los orgullosos sean avergonzados por haberte tratado mal con sus mentiras.

LUCAS 1:50-52; SANTIAGO 4:6; SALMOS 119:78

### Declaración en oración

*Padre, sé que tus juicios son rectos y que tus misericordias me han dado vida. Me deleito en tu Palabra y medito en tus preceptos. Sean avergonzados los espíritus orgullosos que se levantan contra mí. Avívame conforme a tu misericordia para que guarde yo el testimonio de tu boca.*

## YO SERÉ EL PASTOR Y OBISPO DE TU ALMA

Yo HE ESTABLECIDO a mi Hijo como Pastor y Obispo de tu alma. Mi Hijo es el buen Pastor que ha dado su vida por las ovejas. Escucha su voz, porque conocerás su voz como las ovejas conocen la voz de su pastor. Síguele porque Él te ha dado vida eterna, y nunca perecerás, ni el enemigo podrá arrebatarte de sus manos. Él llevó tus pecados en su propio cuerpo sobre el madero, para qué tú, habiendo muerto a los pecados, pudieras vivir para la justicia. Antes era como una oveja que se ha alejado, pero ahora has regresado al Pastor y Obispo de tu alma.

JUAN 10:11-16; 1 PEDRO 2:24-25

### Declaración en oración

*Señor, tú eres el Pastor y Obispo de mi alma. Vigila mi alma y guárdala. Yo escucharé tu voz y seguiré tus pasos. No tendré temor a que el enemigo me ataque y me arrebate, porque tú, el buen Pastor, me guardarás en la seguridad de tu rebaño.*

## RESTAURARÉ TU ALMA

NUNCA TE DEJARÉ solo, sino que te guardaré seguro en el cobijo de mi rebaño. Yo soy el buen Pastor, y te llevaré a verdes pastos y te haré descansar junto a aguas tranquilas. Te guiaré en la senda de justicia. No temas ningún mal; yo estoy contigo. Mi vara y mi cayado son tu consuelo. He preparado una mesa para ti en presencia de tus enemigos. El bien y la misericordia te seguirán todos los días, y habitarás conmigo para siempre.

### SALMO 23

### Declaración en oración

*Señor, tú eres mi pastor, y nada me faltará. Tú me haces reposar en verdes pastos; me conduces junto a aguas tranquilas, y restaurarse mi alma. Tú me guías en senderos de justicia por amor de tu nombre. Aunque ande por el valle de sombra de muerte, no temeré mal alguno porque tú estás conmigo; tu vara y tu cayado me consuelan. Tú preparas una mesa delante de mí en presencia de mis enemigos. Unges mi cabeza con aceite; mi copa rebosa. Ciertamente tu bondad y tu amor me seguirán todos los días de mi vida, y habitaré en la casa del Señor para siempre.*

# Permite que mi consuelo deleite tu alma

Hijo mío, yo nunca rechazaré a mi pueblo ni me olvidaré de quienes son mi herencia. Mi amor será tu apoyo, y consolaré tu alma cuando la ansiedad sea grande en tu interior. Yo soy tu fortaleza, y la roca en la cual te refugias. Mi Palabra te dará vida y será la fuente de tu esperanza. Recuerda en mi Palabra mis juicios sobre los malos, y consuélate en mi Palabra. Yo te consolaré y haré que tus lugares desiertos sean como el huerto del Señor. Encontrarás gozo y alegría en mí, y levantarás tu voz en acción de gracias y la voz de melodía. Yo soy el Dios de todo consuelo que te consuela en tu angustia para que puedas consolar a quienes te rodean y que necesitan mi consuelo.

Salmos 94:14, 18-19; Isaías 51:3; 2 Corintios 1:3-5

## Declaración en oración

*Gloria sea al Dios y Padre de nuestro Señor Jesucristo, el Padre de compasión y el Dios de todo consuelo, que nos conforta en todas nuestras angustias, para que podamos consolar a quienes tienen problemas con el consuelo que nosotros mismos recibimos de Dios. Nuestra esperanza en ti es firme, porque sabemos que al igual que eres partícipe de nuestros sufrimientos, también lo eres de nuestro consuelo.*

## EXPRESA TUS ALABANZAS A MI NOMBRE

No ESTÉS ABATIDO, hijo mío, y angustiado en tu interior. Pon tu esperanza en mí, y levántate para alabarme, porque yo soy tu Salvador y tu Dios. Te haré volver del enemigo a mí mismo, y haré que habites en seguridad. Tú serás mi hijo y yo seré tu Dios. Te daré un corazón para que me temas para siempre, y no me alejaré de ti. Me regocijaré en ti, te haré bien y te plantaré en la tierra de la promesa.

JEREMÍAS 32:37-41

### Declaración en oración

*Alaba al Señor, oh alma mía; todo mi ser alabe su santo nombre. Alaba al Señor, oh alma mía, y no olvides todos sus beneficios: quien perdona todos tus pecados y sana todas tus enfermedades, quien redime tu vida del pozo y te corona de amor y compasión, y quien satisface tus deseos con cosas buenas de modo que tu juventud sea renovada como la del águila.*

## TE CUBRIRÉ CON MI MANTO DE JUSTICIA

GÓZATE Y REGOCÍJATE, hijo mío, porque te he vestido con vestiduras de salvación y te he cubierto con el manto de justicia. Al igual que el padre dio la bienvenida a casa al hijo pródigo y sacó el mejor manto para ponérselo, así yo te he dado la bienvenida como mi hijo y te he vestido en la justicia de mi propio Hijo. He puesto mi anillo de aprobación sobre ti, y he cubierto tus pies con sandalias. He cambiado tu lamento en danza, he quitado tu tristeza y te he vestido de alegría. Por tanto, canta alabanzas a mí y no estés en silencio. Dame gracias por siempre.

ISAÍAS 61:10; LUCAS 15:22; SALMOS 30:11-12

### Declaración en oración

*Padre, te alabo porque me has vestido con vestiduras de salvación y me has cubierto con tu manto de justicia. Me has consolado de mi lamento y me has dado óleo de gozo y manto de alabanza en lugar de espíritu angustiado. Me deleitaré en gran manera en el Señor y mi alma se regocijará en mi Dios.*

## LLEVARÉ A MI LUZ A LOS LÍDERES DE TU NACIÓN

AUNQUE LA OSCURIDAD del pecado cubre la tierra y densas tinieblas están sobre los pueblos, yo me levantaré sobre ti y mi luz brillará sobre ti. Las naciones vendrán a mi luz, y reyes a la brillantez de mi amanecer. Los guías en tu nación ya no desviarán al pueblo. Los líderes de mi pueblo ya no los harán errar, y quienes son conducidos por ellos ya no serán guiados a la destrucción. Entonces mi pueblo cantará el canto de Débora: "Por haberse puesto al frente los caudillos en Israel, por haberse ofrecido voluntariamente el pueblo, load a Jehová". Por mí, reyes y gobernantes hacen leyes justas; por mí los príncipes gobiernan, y todos los nobles que reinan en la tierra aman a quienes me aman, y quienes me buscan me encuentran.

ISAÍAS 60:2-3; 9:16; 3:12; JUECES 5:2; PROVERBIOS 8:15-16

### Declaración en oración

*Padre, oro para que los líderes de mi nación lleguen a tu luz. Haré súplicas, oración, intercesión y daré gracias por todas las personas de mi nación y por los líderes de mi nación, para que puedan vivir una vida apacible en toda piedad y honestidad. Que nuestros líderes sean justos y gobiernen por el temor del Señor.*

## MI DOMINIO SERÁ ESTABLECIDO EN TU NACIÓN

Hijo mío, ANHELO establecer mi dominio en tu nación. Sé fiel en tu intercesión por tu nación, para que incluso los reyes y gobernantes de lugares lejanos reconozcan que tu nación está establecida sobre mis preceptos, y también me honren y me sirvan. Porque cuando los líderes de tu nación sean guiados por mí, yo me compadeceré de los débiles y los necesitados, y los salvaré de la muerte. Rescataré a mi pueblo de la opresión y la violencia, cuando mi pueblo ore a mí y bendiga mi nombre. El grano abundará en tu tierra, y las cosechas prosperarán como la hierba del campo. Todas las naciones serán benditas por medio de ti y bendecirán mi nombre.

SALMO 72

### Declaración en oración

*Padre, otorga a los líderes de mi nación tu justicia y rectitud. Que juzguen al pueblo en justicia. Que defiendan al afligido entre las gentes y salven a los hijos de los necesitados. Dales tu fortaleza para aplastar al opresor y soportar tanto como el sol en todas las generaciones. Que prosperen los justos en sus días y la prosperidad abunde.*

## YO GOBERNARÉ SOBRE TU NACIÓN

CONTIENDE CON DILIGENCIA por el día en que tu nación se haya vuelto de nuevo a mí y me haya permitido el gobierno sobre tu nación. Porque entonces la tierra se alegrará y las costas distantes se regocijarán. Rectitud y justicia serán el fundamento de tu nación, y todos los pueblos verán mi gloria. Tu nación me amará y aborrecerá el mal. Yo guardaré las vidas de mis fieles y los liberaré de la mano de los malvados. Mi luz brillará sobre los justos, y gozo llenara el corazón de los rectos. Entonces cantarás a mí con una nueva canción. Alabarás mi nombre y proclamarás mi salvación día tras día. Declararás mi gloria entre las naciones, y mis maravillosas obras entre todos los pueblos.

SALMOS 91; 96:1-3

### Declaración en oración

*Señor, gobierna sobre mi nación, y que mi nación se alegre y se regocije. Que mi nación cante una nueva canción, bendiga tu nombre y muestre tu salvación de día en día. Que nuestros líderes te alaben y oigan las palabras de tu boca. Que las naciones proclamen que tú reinas, y el mundo sea establecido firmemente en ti. Juzga a los pueblos con equidad y justicia, y recompensa al pueblo por nuestra fidelidad a ti.*

## YO HARÉ QUE LOS MALOS SEAN DESARRAIGADOS DE TU TIERRA

HIJO MÍO, ACEPTA mis palabras y atesora mis mandamientos en tu interior. Vuelve tu oído a la sabiduría y aplica tu corazón al entendimiento. Clama por perspectiva. Entonces entenderás lo que es correcto, y recto: todo buen camino. La discreción te protegerá y el entendimiento te guardará. Entonces te salvaré de los caminos de hombres malvados cuyos senderos son torcidos y que son enrevesados en sus caminos. Así andarás en los senderos del bueno y te mantendrás en los caminos del justo. Los rectos vivirán en tu tierra, y los intachables permanecerán en ella. Pero yo desarraigaré a los malos de tu tierra y los infieles serán apartados de ella.

PROVERBIOS 2

### Declaración en oración

*Sean desarraigados los malos de nuestra tierra; como la hierba se sequen, y como plantas verdes mueran pronto. Que nuestra nación ponga su confianza en ti y haga el bien. Entonces habitaremos en la tierra y disfrutaremos de pastos seguros. Haznos esperar pacientemente en ti. Guárdanos de tener temor cuando las personas tengan éxito en sus caminos y lleven a cabo sus malvados planes. Porque los malos serán destruidos, pero quienes esperan en el Señor heredarán la tierra.*

## ESTABLECERÉ JUSTICIA EN TU TIERRA

ESTABLECERÉ JUSTICIA EN tu tierra y tus gobernantes gobernarán con justicia. Cada uno de ellos será como un refugio del viento y cobijo de la tormenta. Entonces los ojos de quienes ven ya no estarán cerrados a mí, ni los oídos de quienes oyen se negarán a escuchar. El necio ya no será llamado noble, ni el escarnecedor será respetado. Mi pueblo vivirá en lugares seguros, en casas seguras, en lugares de descanso tranquilos.

ISAÍAS 32

### Declaración en oración

*Oro para que mi nación se someta al gobierno y el reinado de Cristo.
Que los sordos oigan las palabras de tu Palabra, y los ciegos salgan
de la oscuridad. Gobierna sobre nuestra nación en rectitud y juicio.
Que tu gloria sea revelada a mi nación para que toda la tierra lo
vea. Que tu Espíritu descanse sobre mi nación: espíritu de sabiduría y
entendimiento, espíritu de consejo y poder, espíritu del conocimiento y el
temor del Señor; y nuestra nación se deleitará en el temor del Señor.*

## SEAN ENSEÑADOS EN MI BONDAD LOS HIJOS DE TU NACIÓN

Hijo mío, escucha las palabras que yo hablé a Israel, y conoce que desearía lo mismo de tu nación en este momento. Debido a su desobediencia a mí, por un breve momento oculté mi rostro de ellos. Pero con profunda compasión y bondad eterna les haré regresar. Reconstruiré tu afligida nación, azotada por las tormentas y sin consuelo, y reconstruiré tus fundamentos y tus puertas. Todos tus hijos serán enseñados por mí, y grande será su paz. En justicia serás establecido, y no tendrás nada que temer, porque la tiranía estará lejos de ti. El terror será eliminado y no podrá acercarse a ti. Esta es la herencia de todos los que me sirven y esta es mi reivindicación para ellos.

ISAÍAS 54

### Declaración en oración

*Padre, perdona la desobediencia de nuestra nación, y restaura nuestras
puertas y nuestros fundamentos en justicia. Sean enseñados por ti los hijos
de nuestra nación, y otórgales la herencia de justicia y paz. Elimina la
tiranía y el terror de nuestra tierra, y libéranos del terror del opresor.*

# Seré misericordioso contigo y bendeciré tu tierra

Cuando la gente de tu tierra haya regresado a mí y se haya comprometido a la justicia, yo seré misericordioso contigo, bendeciré tu tierra y haré brillar mi rostro sobre ti. Todos tus caminos serán conocidos en la tierra, y mi salvación hacia ti será conocida entre todas las naciones. Si regresas a mí, entonces tus seres queridos y tus hijos verán mi compasión, porque yo soy misericordioso y compasivo. No esconderé mi rostro de ti si tú regresas a mí. Te daré pastores conforme a mi corazón, que te alimentarán con conocimiento y entendimiento. Seré misericordioso con tu injusticia, y no me acordaré más de tus obras impías y tus pecados.

Salmos 67:1-2; 2 Crónicas 30:9; Jeremías 3:15; Hebreos 8:12

## Declaración en oración

*Señor, ten misericordia de nosotros y bendícenos, y haz que tu rostro resplandezca sobre nosotros. Que tus caminos nos sean conocidos, y tu salud salvadora en nuestra nación. Que mi nación te mire a ti y sea salva. Posee nuestra nación como tu herencia, porque el Reino es tuyo y tú eres el gobernador de mi nación.*

## Levantaré líderes piadosos en tu tierra

Si te vuelves a mí en justicia e integridad, yo levantaré líderes piadosos en tu tierra. En mi mano ellos tendrán corazones para servirme y canalizarán mi justicia a todos aquellos a quienes conducen. Temblarán ante mi grandeza y alabarán mi nombre grande e increíble. Yo les hablaré, y ellos guardarán mis estatutos y decretos. Yo les responderé cuando clamen a mí, porque soy un Dios perdonador. Ellos me exaltarán y adorarán en mi santo monte, porque yo seré su Dios. No habrá fin de la grandeza de mi gobierno, ni de mi paz. Te estableceré y te sostendré en rectitud y justicia desde ese momento y para siempre.

Proverbios 21:1; Salmos 99:1, 8; Isaías 9:7

### Declaración en oración

*Que los líderes y el pueblo que caminan en oscuridad en mi nación vean la luz y tu luz brille sobre aquellos que están en la sombra de las tinieblas. Que tu gobierno y tu paz aumenten continuamente en mi nación. Sea declarada tu gloria entre mi pueblo, y tus maravillas en mi nación. Levanta líderes piadosos en nuestra tierra que conduzcan a tu pueblo en integridad y justicia. Que las familias de mi pueblo sean benditas y alaben tu nombre grande y poderoso.*

## Derramaré mi espíritu sobre tu tierra

En los últimos tiempos derramaré mi Espíritu sobre todos. Tus jóvenes verán visiones, y tus mayores soñarán sueños. Yo mostraré maravillas en los cielos y señales en la tierra. Todo aquel que clame a mi nombre será salvo. Eliminaré los ídolos de tu tierra, y nunca más serán recordados. Quitaré a los líderes impuros y toda impureza de la tierra. Derramaré mi Espíritu sobre tus descendientes y mi bendición sobre tu simiente. Derramaré mi Espíritu de gracia y súplica sobre todos tus habitantes, y ellos mirarán a mí y serán salvos.

Hechos 2:17-21; Zacarías 13:2; Isaías 44:3; Zacarías 12:10

### Declaración en oración

*Padre, que tu Espíritu sea derramado sobre mi nación, y nuestros hijos e hijas profeticen. Que la justicia, la paz y el gozo en el Espíritu Santo aumenten en mi nación. Sean bendecidas todas las familias de mi pueblo, y tu Espíritu descanse sobre nuestros descendientes. Trae a la tierra tu rectitud y justicia, y buscaremos tu rostro y entraremos en tu reposo.*

# SECCIÓN VIII

Romper las maldiciones
del enemigo

## REDIMIDO DE LA MALDICIÓN

Hijo mío, no trates neciamente seguirme viviendo según los mandamientos de la ley. Porque yo he puesto mi Espíritu dentro de ti para que puedas vivir por fe. Recuerda mi Palabra, que dice: "El justo vivirá por la fe". Mi Hijo Jesús te redimió de la maldición de la ley convirtiéndose en maldición por ti. Él te redimió para que por la fe pudieras recibir la promesa de mi Espíritu. Antes de recibir la redención de mi Hijo y aprender a caminar por fe, la ley era tu guardián. Pero ya no estás bajo un guardián; por medio de mi Hijo eres un hijo de Dios por la fe. Has sido redimido de la maldición; no vivas más bajo la maldición de la ley, sino vive en la justicia que has recibido por la fe en mi Hijo.

GÁLATAS 3

### Declaración en oración

*Padre, revélame tu justicia por la fe, porque es mi deseo vivir por fe y no por la ley. He sido crucificado con Cristo; ya no vivo yo, sino Cristo vive en mí, y la vida que ahora vivo en la carne la vivo por la fe en el Hijo de Dios que me amó y se entregó a sí mismo por mí. Cristo nos ha redimido de la maldición de la ley para que yo pudiera recibir tus bendiciones mediante la promesa de tu Espíritu por la fe.*

## El gobierno del espíritu de iniquidad

Sé CONSCIENTE DE que el malvado y vil espíritu de Belial es el espíritu gobernador de iniquidad. Él despliega sus malvadas huestes de demonios para maldecir las vidas de personas y causarles destrucción. Los malvados siervos de Belial se han levantado entre ustedes para desviar a las personas. Cuando veas maldad obrando entre ustedes, investígalo con atención y revela lo detestable que es. Si lo haces, entonces aplacaré mi feroz ira y te mostraré misericordia, tendré compasión de ti y aumentaré tus números tal como prometí a mi siervo Abraham. Te bendeciré porque me obedeces, y me sirves como tu Dios, y haces lo correcto delante de mis ojos.

DEUTERONOMIO 13:12-18

### Declaración en oración

*Oh Dios, que nuestra nación caiga bajo tus pies, porque tu trono permanecerá para siempre. Que tu cetro de justicia se levante sobre nosotros, porque tú amas la justicia y aborreces la maldad. Mi boca hablará lo es verdadero, porque mis labios aborrecen la maldad. Miraré a ti para encontrar sabiduría para reconocer las malvadas obras de Belial en medio de nosotros. Habitaré con prudencia y poseeré tu conocimiento y discreción, aborreciendo toda forma de maldad que vea. Te serviré con mi vida y haré lo correcto delante de tus ojos.*

## Libraré a tu nación de "abominaciones"

Hijo mío, la obra de Belial es maldecir a los hombres y las mujeres y hacerles cometer pecados que son viles y despreciables. Sus detestables abominaciones atraerán a muchos bajo la maldición del pecado y causarán mi juicio sobre ellos. Fija tus ojos en mí, y sigue mi Palabra para que sepas que lo que es muy estimado entre los hombres es con frecuencia una abominación ante mis ojos. De ninguna manera entrará en mi ciudad eterna nada que contamine o cause una abominación o una mentira, sino solamente aquellos que estén escritos en el libro de la vida del Cordero.

Proverbios 6:16-19; Lucas 16:15; Apocalipsis 21:27

### Declaración en oración

*Padre, guárdame a salvo de la maldición de iniquidad. Quita de mi vida los abominables pecados que tú aborreces, y haz que no piense que las cosas muy estimadas de este mundo son justas. Que sea yo santo y puro, y mi nombre se encuentre en el libro de la vida del Cordero, y que pueda heredar vida eterna contigo.*

# Te libraré de ídolos vanos

Las obras de maldad realizadas por los espíritus demoniacos de Belial alejan a mi pueblo para servir a otros dioses. Esos dioses son ídolos vanos, no son buenos para nada, no tienen valor, no sirven para nada. No tengas nada que ver con esos ídolos vanos. Recuerda el pecado de Saúl, que perdonó a los ídolos vanos de Agag en lugar de seguir mi mandamiento de destruirlos. Debido a que él rechazó mis palabras, yo le rechacé a él para que no fuese rey. Aleja tus ojos de mirar cosas vanas, y establécete sobre mi Palabra. Dedícate a mi temor, y yo apartaré de ti mi reproche. Avívate a ti mismo en mi justicia.

1 Samuel 15; Salmos 119:37-40

## Declaración en oración

*Enséñame, Señor, el camino de tus mandamientos, para que pueda seguirlo hasta el final. Dame entendimiento, para que pueda guardar tu ley y obedecerla con todo mi corazón. Dirígeme en el sendero de tus mandamientos, porque allí encuentro deleite. Dirige mi corazón hacia tus estatutos y no hacia las ganancias egoístas. Aparta mis ojos de las cosas vanas; guarda mi vida según tu Palabra. ¡Cómo anhelo tus mandamientos! En tu justicia guarda mi vida.*

## Te atraigo otra vez para adorarme

El malvado espíritu de Belial está obrando para apartar a los habitantes de tu tierra de servir a Dios. Ellos conducen a las personas a servir a otros dioses, lo cual les aparta de mi protección y pone sobre ellos ataduras que conducen a la destrucción. Está atento a este espíritu malo, porque igual que Belial hizo que los hijos de Elí me rechazasen y apartasen a muchos de mí, así algunos líderes religiosos malvados en la actualidad harán lo mismo con mi pueblo. Te atraigo de nuevo a mí mismo. Deseo tu adoración y anhelo ver que te vuelvas a mí. Tú eres el templo del Dios vivo, y yo he prometido habitar en ti, y caminar en ti, y ser tu Dios, y tú serás mi hijo.

Deuteronomio 13:13; 1 Samuel 2:12; 2 Corintios 6:16-18

### Declaración en oración

*Padre, dame tu discernimiento espiritual para que pueda ver con claridad a esos líderes religiosos malvados en nuestro mundo que buscan apartar a tu pueblo de ti y llevarlos a ídolos vanos de falsa doctrina y pensamiento. Atráeme de nuevo a ti, para que te adore con un corazón limpio y una vida de rectitud. Haz de mí un templo digno de tu morada, y recíbeme y sé mi Padre.*

## QUITARÉ TU APOSTASÍA

Hijo mío, mi Espíritu te ha hablado claramente para decir que en estos últimos tiempos algunos abandonarán la fe y seguirán a espíritus engañadores y cosas enseñadas por demonios. No seas seducido por esos espíritus de apostasía. No permitas que la maldad de este mundo te haga abandonar tu lealtad a mí y te dirija a alejarte de la fe. No tengas nada que ver con esos impíos mitos y falsa doctrina. Reconoce el valor absoluto de la piedad, y pon tu esperanza en mí. Dedícate a mi Palabra, y no descuides el don de mi Espíritu Santo. Sé diligente en estas cosas, porque si lo eres, te salvarás a ti mismo y a tus oyentes de la destrucción de una vida de apostasía.

1 TIMOTEO 4

### Declaración en oración

*Padre, guarda a tu pueblo de las destructivas herejías que hacen que te nieguen*
*y causan sobre sí mismos rápida destrucción. Esos falsos maestros hablan*
*grandes palabras hinchadas de vaciedad y seducen mediante los deseos de la*
*carne. Mientras prometen libertad a sus seguidores, ellos mismos son esclavos*
*de corrupción. Yo perseveraré en tu Palabra y no me convertiré en víctima*
*de la apostasía. Quita la apostasía de nuestra tierra, y haznos regresar a ti.*

## Revela las obras de Belial

Hijo mío, mantén tus ojos en mí y en mi Palabra para que veas la revelación de las obras de Belial en tu mundo. Ármate de la espada de mi Espíritu para pelear contra este espíritu malo. Porque no puede ser fácilmente desarraigado como los espinos o quitado con la mano. Requerirá la afilada espada de mi Espíritu para quemarlo. Conoce que el espíritu de Belial destruye el piadoso valor que te he dado, y hará que te vuelvas indigno ante mis ojos. Escucha sólo a mi Espíritu, y te daré el poder y el discernimiento para resistir que las malvadas obras de Belial entren en tu vida.

2 Samuel 23:6-7; Proverbios 16:27

### Declaración en oración

*Padre, ayúdame a reconocer el poder de Belial y armarme de la espada de tu Espíritu para pelear contra el espíritu malo de Belial. Guárdame de intentar encontrar el mal con mis propias fuerzas. Ármame con tu Espíritu y tu fortaleza, y quema el mal en mi vida. Que nunca llegue a ser indigno delante de ti. No permitiré que el espíritu de Belial destruya mi valor para ti y para otros.*

## Te libraré de la maldición de Jezabel

Recuerda mi advertencia a la iglesia en Tiatira, porque aunque yo lo conocía todo de ella, su amor, fe, servicio y aguante, seguía teniendo una cosa contra ella. Ellos habían permitido que el malvado espíritu de Jezabel enseñase y sedujese a mis siervos a cometer inmoralidad sexual y seguir a ídolos. He aquí que yo derribaré la malvada maldición de Jezabel, y todo el que haga cosas inmorales con ella será castigado. No permitas que este espíritu malo haga que mi pueblo se aleje de la verdad y les haga caer en el error, causando atadura y maldiciones, y haciendo que mi juicio caiga sobre ellos. No permitas que Jezabel te atraiga a la fornicación y el adulterio.

Apocalipsis 2:18-25; Hebreos 13:4

### Declaración en oración

*Padre, el espíritu de Jezabel es un espíritu seductor que está causando
una tremenda destrucción en mi nación actualmente. Enséñame a
honrar el matrimonio, y a guardar lo sagrado de la intimidad sexual
entre esposo y esposa. Que nunca olvide que tú trazas una línea firme
contra el sexo casual e ilícito. Ayúdanos a enseñar a nuestros hijos
las consecuencias de estar unido en yugo desigual en matrimonio con
el espíritu malo de Jezabel que obra en la vida de una persona.*

## RESTAURARÉ TU PUREZA MORAL

No permitas que el espíritu malvado de Jezabel haga que pongas tu confianza en tu belleza y atractivo físico y te conduzca a la inmoralidad. Actualmente tu nación está llena de adulterio, prostitución, promiscuidad y los falsos ídolos de la sensualidad y la lujuria. A menos que te vuelvas a mí en arrepentimiento, soportarás las consecuencias de tu impureza y detestables prácticas. Acude a mí en arrepentimiento, y yo estableceré mi pacto contigo y restauraré la pureza moral en tu tierra. Libra tu vida y tu tierra de las obras de la carne producidas por el espíritu de Jezabel, y comienza a vivir por el poder de mi Espíritu y a poseer el fruto del Espíritu, los cuales harán que crucifiques la carne con sus pasiones y deseos.

EZEQUIEL 16; GÁLATAS 5:19-25

### Declaración en oración

*Padre, el espíritu de Jezabel ha llevado a nuestra nación a una tremenda inmoralidad sexual. Hemos caído presa de este espíritu malvado, y nuestra nación está llena de personas que ya no anhelan vivir en pureza. Haz que tu pueblo defienda la pureza, Señor. Que tu pueblo lleve a esta nación a arrepentirse de su inmoralidad y a volverse a ti en pureza y dedicación.*

## Derrota al espíritu de homosexualidad

Te he hablado claramente en mi Palabra de que tu cuerpo no es para la inmoralidad; debe ser para mí, y quiero llenar tu cuerpo de mí mismo. ¿No entiendes que tu cuerpo es realmente parte del Cuerpo de Cristo? Sin embargo, actualmente has permitido que el espíritu vil de la homosexualidad habite en medio de ti. Ha corrompido y ha destruido las vidas de muchos, y debes arrepentirte, alejarte de todo pecado sexual, y entregarme tu vida a mí en santidad. ¿No has aprendido aún que tu cuerpo es la morada del Espíritu Santo que yo te di y que yo vivo en tu interior? Tu propio cuerpo no te pertenece. Yo lo compré por el alto precio de la muerte de mi propio Hijo. Por tanto, utiliza cada parte de tu cuerpo para darme la gloria a mí, porque yo soy su dueño.

1 Corintios 6

### Declaración en oración

*Padre, esta nación ha caído presa del malvado espíritu de inmoralidad sexual y homosexualidad, y nuestra nación está llena de personas que ya no viven en pureza. Haz que tu pueblo defienda la pureza. Señor, guía a tu pueblo a llevar a esta nación a arrepentirse de su inmoralidad y volverse a ti en pureza y dedicación.*

## YO LLEVARÉ NUEVA VIDA A TU CONCIENCIA MORAL

Hijo mío, en los últimos tiempos en los que vives muchos han abandonado la fe y están siguiendo a espíritus engañadores y cosas enseñadas por los demonios. Tales enseñanzas llegan mediante mentirosos hipócritas, cuyas conciencias han sido marcadas como con un hierro caliente. Te estoy llamando a regresar a la rectitud y la moralidad. La muerte y resurrección de mi Hijo te han salvado de la maldad de un estilo de vida de pecado. Regresa al refugio de mi gran amor por ti. Ámame con todo tu corazón, porque el amor surge de un corazón puro, una buena conciencia y una fe sincera. Asegúrate de estar viviendo con una conciencia limpia, y que tu deseo sea vivir honrosamente en todos los aspectos.

1 Timoteo 4:2; Hebreos 13:18

### Declaración en oración

*Padre, como los hombres que estaban preparados para apedrear a la mujer agarrada en el acto de adulterio, pero fueron convencidos por su conciencia y se alejaron uno a uno, dejando a Jesús solo para ministrar arrepentimiento a la mujer, dame convicción de los pecados que intento ocultar y no admito, y llévame al arrepentimiento.*

## TE LLENARÉ DE REMORDIMIENTO POR TU PECADO

Hijo mío, considera tus caminos y examina tu corazón para desarraigar la maldad y el pecado que han entrado debido a la desobediencia. Acude a mí con remordimiento por tu desobediencia, y aléjate de tu pecado. No practiques los pecados de este mundo. No menosprecies las riquezas de mi bondad, paciencia y misericordia, porque te llevarán al arrepentimiento. La tristeza piadosa producirá arrepentimiento y te llevará a la salvación, pero los pecados de este mundo sólo producirán muerte. Permite que el remordimiento limpie tu corazón y quite el pecado de tu vida. Yo seré misericordioso contigo, porque no estoy dispuesto a que nadie perezca, sino que llegues al arrepentimiento.

ROMANOS 2:2-4; 2 CORINTIOS 7:10; 2 PEDRO 2:9

### Declaración en oración

*Señor, sé que las obras de la carne son adulterio, fornicación, inmundicia, lascivia, idolatría, hechicería, odio, contiendas, celos, arrebatos de ira, ambiciones egoístas, disensiones y herejías. Enséñame a vivir por el poder de tu Espíritu y a destruir las obras de la carne en mi vida. Dame remordimiento por mis pecados, y llévame al arrepentimiento.*

## HAZ LO "ACEPTABLE" INACEPTABLE

EL ESPÍRITU MALO de Belial ha marcado la conciencia de muchos en mi pueblo y les ha hecho aceptar lo inaceptable como estilos de vida aceptables. No permitas que tu mente y tu conciencia sean corrompidas y rechacen la verdad a favor de la impureza. Yo me entristezco por tu corazón adúltero, que te ha alejado de mí, y por tus ojos, que han seguido a los ídolos de este mundo. Aborrezco tu maldad y todas tus detestables prácticas. Quienes confían en ídolos mundanos, quienes hacen de las cosas de este mundo sus dioses, serán rechazados con profunda vergüenza. Yo te amo, hijo mío. Eres precioso y un honroso ante mis ojos, y entregué a mi propio Hijo a cambio de tu vida. No temas, sino regresa a mí y comienza a vivir una vez más en pureza.

TITO 1:15; EZEQUIEL 6:9; ISAÍAS 42:17; 43:4-5

### Declaración en oración

*Señor, hazme digno de decir, como hizo Pablo, que mi conciencia testifica que me he conducido bien en este mundo, y especialmente en mi relación con otros, en la santidad y sinceridad que vienen de ti. Renuncio a los caminos secretos y vergonzosos. Ya no aceptaré a los ídolos de este mundo, sino que he rechazado todo pecado y me he vuelto en total rendición y entrega a ti.*

## QUITARÉ LA CORRUPCIÓN DE TU NACIÓN

No te corrompas con la maldad que ha corrompido a las naciones de este mundo. Porque la nación que está corrompida sufrirá el castigo de sus iniquidades. Por tanto, guarda mis estatutos y mis juicios, y no cometas las abominaciones de corrupción. Porque yo saqué a tu nación como una vid de la cautividad y la planté, y preparé lugar para ella. Hice que sus raíces fuesen profundas y mi justicia llenase la tierra. ¿Por qué has permitido que sus vallados sean derribados y que todos los que pasan por el camino arranquen su fruto? Vuélvete a mí, y yo visitaré tu nación una vez más y haré que sea fructífera y que mi justicia se multiplique.

Levítico 18:24; Salmos 80:8-15

### Declaración en oración

*Padre, restaura una vez más nuestra nación a la justicia, y quita la corrupción de nuestra tierra. Que tu mano sea sobre nosotros, y haznos fuertes para ti mismo. Avívanos, y clamaremos a tu nombre. Haz que la justicia y la alabanza surjan de esta nación delante de todas las naciones.*

## Te he mostrado los peligros del alcohol

No seas engañado por los placeres del alcohol y por la influencia de quienes lo promueven. El espíritu de Belial puede operar mediante el alcoholismo, llevando a muchos a la borrachera. Presta atención a mi Palabra, porque ¿quién se duele? ¿quién tiene tristeza? ¿quién tiene peleas? ¿quién tiene quejas? ¿quién tiene heridas innecesarias? ¿quién tiene ojos inyectados en sangre? Quienes están junto al vino, quienes tienen copas de vino. No mires el vino cuando está rojo, cuando resplandece en la copa, cuando se traga suavemente. Al final muerde como una serpiente y envenena como una víbora. Tus ojos verán cosas extrañas, y tu mente imaginará cosas confusas, y tu corazón pronunciará cosas perversas. Está atento a los peligros de Belial, que obra mediante el alcohol y la borrachera.

Proverbios 23:29-35

### Declaración en oración

*Padre, ayúdame a escuchar las advertencias en tu Palabra a tener cuidado de mí mismo, para que mi corazón no sea aplastado por la fiesta, la borrachera y las preocupaciones de esta vida. Mantenme centrado en vivir para ti, para que no sea atrapado en la trampa del diablo para causar que no esté preparado cuando tú regreses a buscar a tu novia pura.*

## REVELARÉ CÓMO EL ALCOHOL
## CONDUCE A LA PERVERSIDAD

SÉ CONSCIENTE DE que el espíritu de perversión obra mediante la borrachera. Si caminas en rectitud, me temerás y vivirás en pureza, pero si te vuelves perverso en tus caminos, me despreciarás y andarás en impiedad. La perversión se ha extendido por las naciones mediante el espíritu que obra por medio del alcohol y la borrachera. Presta atención a mi advertencia, y aléjate del espíritu de perversión. Evita las obras de la carne que conducen a la perversión, entre las que se incluyen inmoralidad sexual, impureza, borracheras y cosas semejantes. Quienes viven así no heredarán el Reino de Dios. Quienes me pertenecen han crucificado la carne con sus pasiones y deseos. Como mi Espíritu Santo, vive dentro de ti, vive según mi Espíritu y mantente al paso de Él.

PROVERBIOS 14:2; GÁLATAS 5:19-25

### Declaración en oración

*Señor, quiero hacer solamente lo que tú quieras que haga, porque seguir mis propios deseos me desviará. Guárdame de las borracheras, las fiestas y otras cosas malvadas. No quiero vivir así, Señor. Quiero honrarte y servirte en todo lo que haga.*

# PROTEGERÉ A TUS MUCHACHAS
## DE VIOLACIONES EN CITAS

Hijo mío, el espíritu de Belial que obra mediante el alcohol puede abrir la puerta al espíritu de violación, incluyendo el peligro que mis jóvenes hijas afrontan en la actualidad mediante la violación en las citas. Guarda a mis hijas de esos peligros. Enséñales a no relacionarse con personas sexualmente inmorales, personas que afirman ser mis hijos pero que son sexualmente inmorales, avaros, idólatras o calumniadores, borrachos o engañadores. Muéstrales con tu propio ejemplo lo que significa estar lleno de mi Espíritu, hablando los unos con los otros con salmos, himnos y cánticos de mi Espíritu.

1 Corintios 5:9-11; Efesios 5:19-20

## Declaración en oración

*Padre, protege a nuestras jóvenes de los peligros de la violación en las citas que con frecuencia se produce como resultado de las delicias del alcohol y el desenfreno. Ayúdame a enseñar a las jóvenes a tener cuidado con el tipo de personas con las que se relacionan. Enséñales a ni siquiera relacionarse con quienes están controlados por el espíritu de Belial. Ayúdales a escoger a sus amigos sabiamente, y a comprometerse a vivir sus vidas en pureza delante de ti.*

# RESTAURARÉ A TUS JÓVENES A LA PUREZA

TE HE ENSEÑADO en mi Palabra que me ames con todo tu corazón, con toda tu alma y con todas tus fuerzas. Transmite mi Palabra a tus hijos. Habla de ella cuando te sientes en casa y cuando vayas por el camino, cuando te acuestes y cuando te levantes. Deja que los niños vengan a mí, no se lo impidas, porque el Reino de los cielos les pertenece. No exasperes a tus hijos, sino edifícalos en la enseñanza y la instrucción de mis caminos. No amargues a tus hijos, pues se desalentarán. De este modo restaurarás a los jóvenes de tu nación a mí y harás que anden en pureza y honra delante de mí.

DEUTERONOMIO 6:5-6; MATEO 19:14; COLOSENSES 3:21

## Declaración en oración

*Padre, permite que sea parte de tu gran ejército de intercesores que están llamando a los jóvenes de esta nación a regresar a la pureza y a la limpieza de corazón. Ato a los espíritus de maldad y pecado en sus malvadas estrategias para capturar a nuestra juventud, y desato a los jóvenes de esta nación del lazo del pecado. Que me ponga en la brecha y sea un vigía para evitar la destrucción de nuestros jóvenes. Guarda sus vidas de inmoralidad e idolatría, y levanta un poderoso ejército de jóvenes que sean apasionados y puros en su caminar delante de ti.*

# TE GUARDARÉ DE UNA MENTE REPROBADA

MI PALABRA TE advierte del peligro de negarte a reconocerme en tu vida, escogiendo a cambio seguir las pasiones de tu propios deseos. Ten cuidado de llegar a alejarte tanto de mí que hayas escogido permitir a tu mente volverse depravada en lugar de retener el conocimiento de mis caminos. Una mente reprobada permitirá que el enemigo llene tu vida de todo tipo de maldad. La mente reprobada de pecado es muerte, pero si permites que tu mente sea controlada por mi Espíritu, hallarás paz y vida. No te conformes más al patrón de este mundo, sino sé transformado por la renovación de tu mente. Entonces podrás probar y aprobar cuál es mi voluntad: mi buena, agradable y perfecta voluntad.

ROMANOS 1:28-32; 8:6; 12:2

## Declaración en oración

*Padre, enséñame a proteger mi mente del control del enemigo. Quiero solamente el conocimiento de tus caminos y tu voluntad para mi vida. Protege a tu pueblo de la atracción del mundo que le haría alejarse de ti. Ayúdanos a proteger nuestras mentes del sutil ataque del enemigo y de su deseo de hacernos caminar en maldad. Que viva yo según tu buena, agradable y perfecta voluntad para mi vida.*

## QUITARÉ LA LASCIVIA DE TU TIERRA

ESTÁS VIVIENDO EN medio de una generación perversa y retorcida. Las corruptas conductas de esta presente generación se han convertido en una vergüenza para quienes buscan andar en mis caminos y vivir vidas justas y rectas. No sigas el ejemplo de la multitud de personas desobedientes que actúan con lascivia y modales vulgares. Recuerda los tiempos en que mi pueblo buscaba caminar en pureza, sabiduría y modestia delante de mí. No me devuelvas por mis beneficios la necedad y las impurezas morales del mundo. Que mis palabras desciendan como el rocío, como lluvias sobre la hierba, como lluvia abundante sobre tiernas plantas, y rieguen tu corazón con ternura y pureza moral.

DEUTERONOMIO 32:1-7

### Declaración en oración

*Padre, tu Palabra me dice que tú eres la roca; tus obras son perfectas. Todo lo que tú haces es recto y justo. Tú eres un Dios fiel que no hace maldad; cuán justo y recto eres. Pero hay muchas personas que han actuado corruptamente hacia ti con lascivia y perversidad. Son una generación engañosa y retorcida. Padre, que todo lo que yo haga muestre a los demás que tú eres mi roca. Límpiame de toda perversidad.*

## TE HARÉ LIBRE DE LA PORNOGRAFÍA

Hijo mío, guárdate contra la maldad del espíritu de Belial que está inundando este tiempo presente de obscenidades y suciedad sexual. Sigue mis instrucciones de no participar en lo que es vil y perverso, y niégate a mirar lo que es malo. Mantente firme contra los malos que en su arrogancia persiguen a mis hijos pequeños que son débiles e indefensos y los capturan para que sigan los malvados deseos de sus corazones. Ellos permanecen a la espera en las esquinas y tienden emboscada a los inocentes, como el león está a la espera para agarrar a los indefensos y arrastrarlos a su red. Sus víctimas son aplastadas y derribadas, y caen bajo su fuerza. No olvidaré a los indefensos y veré las angustias de los afligidos, porque seré un Padre para los huérfanos y llamaré al malvado a rendir cuentas de su maldad.

SALMOS 101:3-4; 10:2, 8-15

### Declaración en oración

*Padre, cantaré de tu amor y tu justicia. Me cuidaré para llevar una vida intachable y conducir los asuntos de mi casa con un corazón intachable. No tendré parte en nada vil, y el perverso de corazón estará lejos de mí. No tendré nada que ver con lo que es malvado, y me mantendré firme para liberar a los indefensos cautivos de la perversidad del lazo de los malvados.*

## Quitaré los planes malvados de impiedad

Ten cuidado de quienes traman contra mi justicia y piensan planes malvados e impíos. Aunque puede que tengan aliados y sean numerosos, serán destruidos y pasarán. Yo romperé el yugo de los cuellos de mis hijos y aplastaré las cadenas de impiedad de tu tierra. Quienes piensan planes malvados de impiedad son una deshonra ante mis ojos. Ellos practican el engaño y sus palabras son como una espada afilada. Ciertamente los derribaré y serán arruinados eternamente. Los desarraigaré de la tierra de los vivientes. Los justos verán mi justicia y dirán: "He aquí el hombre que no puso a Dios por su fortaleza, sino que confió en la multitud de sus riquezas, y se mantuvo en su maldad".

Nahúm 1:9-11; Salmos 52:1-7

### Declaración en oración

*Padre, al igual que David, veo la maldad en nuestra tierra, y sé que tú haces que los planes de los malvados fracasen. Estaré quieto en tu presencia y esperaré pacientemente a que tú actúes. No me preocuparé por las personas malvadas que prosperan, y no me conmoveré por sus malvados planes. He comprometido mi vida a seguir tus mandamientos, Señor.*

# Restauraré tu fundamento judeo-cristiano

Cuando la maldad reina, la gente no sabe, ni entiende, y camina de un lado a otro en oscuridad. Todos los fundamentos son inestables cuando gobierna el malvado. Hijo mío, mantén tus ojos fijos en mis caminos, y yo te guiaré continuamente. Serás como un huerto regado, como un manantial de agua cuyas aguas no faltan. Yo llamaré a aquellos en medio de ti que edificarán los viejos lugares estériles. Tú levantarás los fundamentos de muchas generaciones. Mi pueblo será llamado "los reparadores de la brecha, los restauradores de calles donde vivir".

Salmos 82:5; Isaías 58:11-12

## Declaración en oración

*Padre, en este día cuando parece que los hombres sin temor de Dios y las leyes sin temor de Dios están destruyendo la vida piadosa y los fundamentos sobre los cuales fue fundada esta nación, tu Palabra trae valentía y fortaleza a tu pueblo. Cuando confiemos en que tú nos cuidarás, fortaleceremos nuestros corazones y haremos nuestra parte para levantar una vez más los fundamentos judeo-cristianos de muchas generaciones. Llámanos a ser reparadores de brechas y restauradores de calles donde vivir.*

## Yo expulsaré al espíritu de rebelión

No seas ignorante del espíritu de rebelión en el mundo en el presente. Mi Palabra te ha dicho que los reyes de la tierra se levantarán y los gobernadores se reunirán contra mí y contra mi ungido, diciendo: "Rompamos sus ligaduras, y echemos de nosotros sus cuerdas". Ese es el espíritu del anticristo, y su meta final es eliminar mi freno. Recuerda la rebeldía de los hijos de Israel. Cuando ellos no regresaron a mí para que yo pudiera mostrarles mi gracia y misericordia, yo no les permití entrar en la tierra de la promesa que les había dado. Pero si mi pueblo se vuelve a mí desde su rebeldía, yo me convertiré en su Padre, y ellos serán mis hijos. Yo haré de las naciones su herencia y de los confines de la tierra su posesión.

Salmos 2:2-3, 7-8

### Declaración en oración

*Padre, cuando los hijos de Israel habían vagado en el desierto por cuarenta años, tú los confrontaste con respecto a su rebelión y les dijiste: "Entiendan que el Señor su Dios no les da esta buena tierra para poseerla debido a su rectitud". Tal como Moisés te rogó que tuvieras misericordia del pueblo y no lo destruyeses, así yo te ruego, Padre, que perdones a los Estados Unidos por su rebeldía y su pecado, y salves a nuestra nación de la destrucción.*

## YO RESTAURARÉ EL FRENO Y LA PIEDAD

Hijo mío, donde no hay visión, ninguna revelación redentora de mis caminos, el pueblo quita los frenos. El pueblo conspira contra mí y sigue los malvados planes de consejeros malvados. Pero aunque son muchos y creen que ellos mismos están seguros, sin embargo serán cortados cuando yo pase en medio de ellos. Debido a que se niegan a reconocer mi revelación y mis caminos, ya no reconoceré a sus hijos. Pero si tú regresas a mí en contra de quienes se hayan rebelado y hayan rechazado la impiedad de este mundo, yo te protegeré y te libraré. Perdonaré tu rebelión y restauraré la piedad en tu tierra.

PROVERBIOS 29:18; OSEAS 4:4-10; ISAÍAS 31:6-7

### Declaración en oración

*Señor, tu Palabra ha identificado claramente la razón por la que Estados Unidos está cayendo en la impiedad y la inmoralidad. Tú nos dices claramente que donde no hay revelación (no hay visión, ninguna revelación redentora de Dios), el pueblo quita los frenos. Esta nación se ha olvidado de los frenos de tu Palabra por su propia impiedad y planes liberales. Ten misericordia de nuestra nación, Señor, y restablécenos en tus leyes.*

## Yo deseo levantar un valiente ejército espiritual

Hijo mío, te he equipado con armas de guerra que vencerán los malvados planes de maldad y rebelión que han entrado en la tierra. Mis armas son poderosas para derribar fortalezas y echar abajo argumentos y todo lo que se exalta a sí mismo contra el conocimiento de mis caminos. ¡No temas al enemigo! Levántate y proclama mi Palabra con valentía. Mi Espíritu Santo está contigo y te capacitará para que seas exitoso.

2 Corintios 10:3-6; Hechos 4:29

### Declaración en oración

*Señor, conviértenos en un ejército espiritual fuerte y valiente en Estados Unidos. Somos humanos, pero no hacemos guerra como la hacen los seres humanos. Utilizamos las poderosas armas de Dios, no armas del mundo, para derribar las fortalezas de razonamiento humano y para destruir falsos argumentos. Destruimos todo obstáculo orgulloso que evita que las personas conozcan a Dios. Capturamos sus pensamientos rebeldes y les enseñamos a obedecerte a ti. Muévete por tu Espíritu Santo por medio de nosotros para destruir la influencia de aquellos que afirman conocer más que tú.*

## LOS PLANES DE LOS MALVADOS FRACASARÁN

Yo NO ME agrado de la maldad del hombre y no permitiré que el mal
habite entre mi pueblo. Los orgullosos no permanecerán ante mis ojos,
ni el camino de los hacedores de iniquidad prosperará. Yo destruiré a
quienes hablan falsedad, porque aborrezco la sed de sangre y a los hombres engañadores. Hijo mío, he enseñado a mi pueblo a apartarse del
mal y hacer el bien. Te he aconsejado que no te agites por causa de los
malvados, ni tengas envidia de quienes hacen iniquidad. Porque yo haré
que sus malvados planes fracasen. Ellos pronto serán cortados como la
hierba y se secarán como la hierba verde. Confía en mí, haz el bien, y
habita en la tierra. Deléitate en mis caminos, y yo te daré los deseos de
tu corazón.

SALMOS 5:4-6; 37:1-4

### Declaración en oración

*Padre, veo el mal en nuestra tierra, y sé que tú harás que los planes de*
*los malvados fracasen. Obedeceré tu Palabra para apartarme del mal*
*y hacer el bien, porque tú amas la justicia, y nunca abandonarás al*
*piadoso. He comprometido mi vida a seguir tus mandamientos, Señor.*

## Llenaré tu tierra de legisladores piadosos

Yo soy MISERICORDIOSO y lleno de compasión y justicia. Bendeciré al hombre que se deleita en mis caminos. Levantaré un pueblo que esté dispuesto a guiar a mi pueblo en justicia. Estableceré mis principios en las leyes de tu tierra y honraré a quienes los sostengan. El hombre bueno trata con bondad y presta. Conducirá sus asuntos con discreción. No será conmovido ni tendrá temor de malas noticias, ya que su corazón está firme porque confía en mí. Él ha repartido y ha dado a los pobres. Será exaltado con honra, y guiará a mi pueblo en integridad y establecerá mi fundamento de justicia en la tierra.

SALMO 112

### Declaración en oración

*Padre, a veces líderes injustos afirman valientemente que Dios está de su parte, y aun así permiten la injusticia. Persiguen a los rectos y condenan a los inocentes a la muerte mediante sus leyes y regulaciones injustas. Pero cuando eso sucede, tú eres mi fortaleza y la poderosa roca en la que estoy firme. Tú has prometido hacer regresar a ellos sus pecados y destruirlos del modo en que ellos planearon destruir a tus hijos. Levanta una nación gobernada en justicia. Pon líderes piadosos que crearán leyes basadas en tus principios.*

# Te rescataré de las personas malvadas

Yo te libraré de los hombres malvados y te guardaré de los hombres violentos que planean cosas malas en sus corazones. Ellos se han propuesto hacer que tus pasos tropiecen. El orgulloso ha preparado una trampa para ti, pero yo cubriré tu cabeza en el día de batalla. No otorgaré los deseos del malvado ni avanzarán sus malvados planes. Mantendré la causa del afligido y la justicia para los pobres. Los justos darán gracias a mi nombre, y los rectos habitarán en mi presencia. Ningún sepulcro alcanzará a los justos, pero los malvados serán llenos de maldad.

Salmo 140; Proverbios 12:21

## Declaración en oración

*Padre, tú has prometido que cualquiera que te escuche habitará seguramente y estará seguro, sin temor al mal. Guárdame de las manos del malvado. No permitas que personas malvadas se salgan con la suya. No dejes que sus malvados planes tengan éxito. Ayudaré a quienes sean perseguidos por hacedores de maldad y daré justicia a los pobres. Ciertamente los justos alabarán tu nombre, y los piadosos vivirán en tu presencia.*

## EVITA LA INJUSTICIA Y LA DESIGUALDAD

Hijo mío, yo soltaré las cadenas de injusticia y desataré las cuerdas del yugo para liberar a quienes son oprimidos por la desigualdad. Yo frustraré los planes de los astutos para que sus manos no logren el éxito. Agarraré al sabio en su astucia, y los planes de los ingeniosos serán derribados. Salvaré al necesitado de la espada de su boca y le salvaré de las garras de los poderosos.

JOB 5:12-16; JEREMÍAS 22:16; ISAÍAS 58:11

### Declaración en oración

*Señor, tú amas la rectitud y la justicia, y derribarás los planes de las naciones y frustrarás los propósitos de los injustos. Esperamos con la esperanza de que tú actúes. Tú eres nuestra ayuda y nuestro escudo, y en nuestros corazones nos regocijamos, porque confiamos en tu santo nombre. Que tu amor que nunca falla descanse sobre nosotros, oh Señor, mientras ponemos nuestra esperanza en ti.*

## EDIFICA TU VIDA SOBRE LA JUSTICIA

AY DE AQUEL que edifica su mansión por la injusticia y la falta de rectitud y hace que sus compatriotas trabajen por nada, sin pagarles por su trabajo. Yo defenderé la causa del pobre y el necesitado. Si tú eliminas el yugo de opresión y te empleas por causa de los hambrientos, satisfaciendo las necesidades de los oprimidos, entonces tu luz se verá en la oscuridad y tu noche será como el mediodía. Yo te guiaré siempre y satisfaré tus necesidades, y te fortaleceré.

LUCAS 1:75; HECHOS 10:35; ROMANOS 6:13-14

### Declaración en oración

*Señor, tú nos has librado de las manos de nuestros enemigos para que podamos vivir delante de ti en santidad y rectitud. Haz que esta sea una nación que te tema y produzca obras de justicia, para que podamos ser aceptados por ti. El pecado no tendrá dominio sobre nosotros, sino que nos convertiremos en instrumentos de tu justicia todos los días de nuestra vida.*

# SECCIÓN IX

## Activar la bendición de Dios

## MI FAVOR ES MI REGALO PARA TI

Hijo mío, yo otorgo mi favor a quienes siguen mis caminos. Por el regalo de mi favor, liberé a mis hijos de su cautividad en Egipto y no los envíe con las manos vacías. Se fueron con el botín de los egipcios. Cuando Gedeón me pidió una señal de mi favor, yo hice que mi fuego consumiera su sacrificio para mí. Bendeciré a mis siervos rectos y les rodearé y protegeré como un escudo. Sígueme en todos los caminos, porque todo aquel que me encuentra, encuentra vida y obtiene mi favor. Sírveme con la rectitud de tu corazón, acude a mí en todos tus caminos, y encontrarás mi favor. Yo bendeciré tu vida, te protegeré y te guiaré en todos tus caminos.

GÉNESIS 33:8; 47:29; SALMOS 5:12; PROVERBIOS 8:35

### Declaración en oración

*Guíame, oh Señor, en tu justicia; endereza mi camino delante de tu rostro, y entraré en tu casa en la multitud de tu misericordia. Otorga tu regalo de favor a mi vida, porque pongo mi confianza en ti. Me alegraré en ti, y tú me rodearás con tu favor como un escudo.*

## MI FAVOR ROMPE TU CAUTIVIDAD

Si te vuelves a mí con todo tu corazón y me sirves en mis caminos, yo romperé tu cautividad y desataré la atadura de Satanás en tu vida. Te mostraré misericordia y te levantaré, y pagaré a tus enemigos por su trato hacia ti. Sabrás que me agrado de ti porque tus enemigos no triunfarán sobre ti. Te sostendré en tu integridad y te pondré delante de mi rostro para siempre. Mi favor será nuevo cada mañana para ti, como el rocío sobre la hierba. En mi presencia encontrarás la luz de mi rostro, y mi favor será como una nube de lluvia tardía sobre ti.

Salmos 85:1; 41:10-12; Proverbios 16:15

### Declaración en oración

*Padre, te alabo por romper la cautividad de mis enemigos y por desatarme de los lazos de maldad. Tu nombre permanecerá para siempre, y tu nombre será recordado por todas las generaciones. Porque tú te levantarás y me mostrarás tu favor, porque el tiempo establecido de mi favor ha llegado. No desecharás mi oración en mi destitución y la menospreciarás. Te alabaré mientras viva, y mis hijos serán establecidos en favor delante de ti.*

## MI FAVOR ES MEJOR QUE LAS RIQUEZAS

UN BUEN NOMBRE es de desear en lugar de grandes riquezas, y mi favor es mejor que la plata o el logro. Mediante humildad y santo temor recibirás mis riquezas, honra y vida. Yo seré la gloria de tu fuerza, y mi favor será un escudo de protección para ti. Te daré vida y favor, y mi cuidado guardará tu espíritu. En mi favor tendré misericordia de ti, y mantendré abiertas tus puertas de sostén y prosperidad continuamente. Haré que las riquezas de las naciones fluyan hasta sus puertas, y la gloria de la prosperidad caerá sobre ti. Te daré favor en presencia de reyes y gobernantes de este mundo, te daré una posición de honor, y haré que tu vida rebose de mi abundancia.

PROVERBIOS 22:1; ISAÍAS 60:10-13; HECHOS 7:10-11

### Declaración en oración

*Te exaltaré, oh Señor, porque tú me has levantado y has sacado mi alma del sepulcro. Aunque mi llanto dure una noche, tu gozo llega en la mañana. Tú has cambiado mi lamento en danza. Tú me has quitado mi tristeza y me has vestido de alegría. Cantaré alabanzas a ti y no estaré en silencio; te daré gracias por siempre.*

## TE MOSTRARÉ MI BONDAD

MOSTRARÉ MI MARAVILLOSA bondad a quienes ponen su confianza en mí. Te guardaré como a la niña de mis ojos y te ocultaré bajo la sombra de mis alas. Te satisfaré con la abundancia de mi casa y te daré de deber de mi río de delicias. En mí está la fuente de vida, y en mi luz está la luz para tu sendero. No retiraré mi amor de ti, ni traicionaré nunca mi fidelidad. Perdonaré todas tus iniquidades y sanaré todas tus dolencias. Redimiré tu vida de la destrucción y te coronaré de bondad y misericordia. Yo soy bueno y misericordioso, lento para la ira y abundante en misericordia. Te avivaré según mi bondad.

SALMOS 17:7; 89:33; 103:4, 8

Declaración en oración

*Padre, oye mi voz según tu bondad. Avívame según tu justicia. Defiende mi causa y redímeme; avívame según tu Palabra. Grandes son tus misericordias, oh Señor; avívame según tu bondad. La totalidad de tu Palabra es verdad, y cada uno de tus rectos juicios permanece para siempre. Me regocijo en tu Palabra como alguien que encuentra un gran tesoro.*

## LA BENDICIÓN DE JABES

RECUERDA A MI siervo Jabes, que clamó a mí diciendo: "¡Oh, si me dieras bendición, y ensancharas mi territorio, y si tu mano estuviera conmigo, y me libraras de mal, para que no me dañe!". Yo le otorgué lo que me pidió, al igual que hago con mis hijos en el presente. Yo ensanché la herencia de Gad porque él administró justicia y mis juicios al pueblo de Israel. Permití a Isaac que sembrase en la tierra de Abimelec, rey de los filisteos, y le prosperé para que cosechara al cien por ciento en un año, y le hice llegar a ser tan próspero que los filisteos le tenían envidia. Yo extenderé tu territorio, hijo mío, y bendeciré tu vida con la abundancia de mi herencia para ti.

1 CRÓNICAS 4:10; DEUTERONOMIO 33:21; GÉNESIS 26:12-14

### Declaración en oración

*Padre, gracias por bendecir mi sustancia y la obra de mis manos. Extiéndeme como a Gad, y bendice mi vida como bendijiste las vidas de Isaac y Jabes. Que habite yo en seguridad bajo tu protección y tu cubierta, como cubriste a tus hijos en la Biblia. Bendice mi comienzo y mi final como hiciste con Job. Te alabaré por tus abundantes bendiciones y te honraré con mi vida.*

## NO TE DEJARÉ

CUANDO JACOB SE arrepintió de su pecado contra su hermano, buscó el perdón de su hermano y envió una ofrenda de su abundancia como acto de reconciliación. Después regresó a la tierra donde habitaba Esaú para establecer una relación de confianza con él una vez más. Cuando puso los pies en las tierras de su hermano, yo me aparecí a él y peleé con el toda la noche. Cuando amanecía y yo estaba listo para irme de su presencia, Jacob clamó a mí y dijo: "No te dejaré hasta que me bendigas". Porque él había prevalecido en su lucha con Esaú, y porque prevaleció en su lucha conmigo, yo le bendije allí y guardé su vida. Hijo mío, no abandones en tu determinación de buscar mi bendición. Busca mi rostro, como hizo Jacob, y yo guardaré tu vida.

GÉNESIS 32

### Declaración en oración

*Padre, enséñame a aferrarme a las promesas que tú me has dado, incluso cuando tenga que luchar por ellas en una batalla con lo sobrenatural. Ayúdame a recordar que tú posees todas las provisiones que yo necesito, y que me has pedido que acuda a ti y te pida tu bendición sobre mi vida. Permite que tenga un encuentro contigo cara a cara, y me bendigas con un nuevo nombre, un nuevo propósito, un nuevo futuro y un nuevo destino. Ciertamente amas dar cosas buenas a tus hijos.*

## Te mostraré mi gloria

Moisés anhelaba ver mi gloria y habitar en mi sombra. Él me buscó mucho, y yo le conocía íntimamente. Él halló gracia ante mis ojos, y yo le conocía por su nombre. Hijo mío, búscame íntimamente, para que te conozca por tu nombre. Pide ver mi gloria, como pidió Moisés. Yo haré que mi bondad pase delante de ti. Mi bondad incluye las bendiciones de bienes, cosas buenas, bondad, prosperidad, justicia, belleza, gozo y abundancia. Yo tengo una abundante provisión de bondad, y estoy ansioso por dar cosas buenas a mis hijos. Mis bendiciones están guardadas para aquellos que me conocen y a quienes yo conozco. Lo único que tienes que hacer es pedirme que te bendiga.

Éxodo 33:17-23

### Declaración en oración

*Señor, tú eres la fuente de mi bendición. Escojo mis bendiciones caminando en tu pacto. Llamaré a la puerta de la bendición, y tú la abrirás para mí. Tú eres un Dios que bendice y recompensa a quienes buscan con diligencia. Derrama tu lluvia sobre mi vida, y derrama tu bendición sobre mí.*

## SERÉ UNA FUENTE DE VIDA PARA TI

Yo SOY LA fuente de vida, y te dejaré que bebas gratuitamente del río de mis delicias. Mi fidelidad a ti llega hasta los cielos, y mi justicia es como las montañas. Por tanto, pon tu confianza bajo la sombra de mis alas, y yo te satisfaré abundantemente con la plenitud de mi casa. Mis palabras serán vida para tu alma y gracia para tu vida. Sigue mi instrucción y busca mi sabiduría, porque en ellas encontrarás vida y obtendrás mi favor. Te mostraré el sendero de la vida, y tú habitarás en mi presencia en plenitud de gozo. A mi diestra encontrarás delicias para siempre.

SALMOS 36:5-9; 16:11

## Declaración en oración

*Señor, tú eres mi fuente de vida, y tu sabiduría será como árbol de vida para mí. Tus palabras son vida para mi alma y gracia para mi cuerpo. Seguiré tu instrucción, porque es mi vida. Buscaré tu sabiduría, porque en ella encontraré vida y obtendré tu favor. Te alabaré por tu bondad y tus maravillosas obras hacia mí.*

## TE HE DADO LA BENDICIÓN DE ABRAHAM

VEN A MÍ con un espíritu fiel. Cuando te pida que estés dispuesto a darme las cosas que son más preciosas para ti, como pedí a Abraham que sacrificase a su único hijo, sigue el ejemplo de Abraham y responde con disposición y obediencia. Entonces te daré la bendición de Abraham. Te bendeciré y multiplicaré tu descendencia como las estrellas del cielo y como la arena que está en las costas. Tu descendencia poseerá la puerta de sus enemigos. Tu simiente será una bendición para todas las naciones de la tierra porque has obedecido mi voz.

GÉNESIS 22:1-19

### Declaración en oración

*Que tu bendición esté sobre mi familia. Soy bendecido por medio de Cristo, la simiente de Abraham. Bendíceme en abundancia, como bendijiste a Abraham. Que quienes están relacionados conmigo sean bendecidos, y que mi descendencia te sirva en plenitud y haga brillar tu luz a todas las naciones del mundo.*

## BENDECIRÉ LA OBRA DE TUS MANOS

Yo soy un Dios de provisión, y me encanta bendecir a mis hijos que me sirven con fidelidad en sus corazones. Bendeciré tu sustancia y aceptaré la obra de tus manos. Hónrame con tu trabajo, y recuerda las necesidades del extranjero, el huérfano y la viuda para que yo pueda bendecirte en toda la obra de tus manos. Sé fuerte, y no dejes que tus manos sean débiles, porque tu trabajo será recompensado. Al igual que mi siervo Nehemías, emplea tus manos para hacer la buena obra que yo he puesto en tu corazón, porque yo mismo te prosperaré. Habla con valentía de mi bondad, confirmando el mensaje de mi gracia en mi Palabra, y yo te capacitaré para hacer señales y maravillas milagrosas en mi nombre.

DEUTERONOMIO 33:11; 24:19-21; NEHEMÍAS 2:18; HECHOS 14:3

### Declaración en oración

*Señor, bendice mi sustancia y la obra de mis manos. Dame favor como a Nehemías para terminar la tarea que tú me has dado. Te serviré con alegría, porque eres tú quien nos ha creado y establecido, y no nosotros mismos. Entraré por sus puertas con acción de gracias, por tus atrios con alabanza, porque tú eres bueno, tu misericordia es eterna y tu verdad permanecerá por todas las generaciones.*

## TE BENDECIRÉ CON SABIDURÍA COMO A SALOMÓN

No BUSQUES LA sabiduría del hombre o pienses que el entendimiento del hombre te dará larga vida. Solamente a mí me pertenecen la sabiduría y el poder; el consejo y el entendimiento son míos. El hombre no puede comprender el valor de mi sabiduría, ni tampoco puede comprarse con plata y oro. No puede compararse con piedras preciosas, ni puede encontrarse buscándola. Pero si la deseas con todo tu corazón, y acudes a mí y me pides mi sabiduría, como hizo mi siervo Salomón, yo te la daré. Haz que mi sabiduría sea el deseo de tu corazón, y yo te daré lo que has pedido.

JOB 28:12-21; 2 CRÓNICAS 1:7-12

## Declaración en oración

*Señor, bendíceme con sabiduría como hiciste con Salomón. Deseo verdad en mi corazón, y tú me enseñarás sabiduría en lo más íntimo. Tu sabiduría me dará disciplina y perspectiva, para que pueda hacer lo que es correcto y justo. La sabiduría me guardará de los caminos de maldad y me mantendrá en el sendero de los justos. No hay sabiduría ni perspectiva, ni plan que pueda tener éxito contra ti. Que el Espíritu de sabiduría y entendimiento repose sobre mí, y me deleitaré en ti.*

## CUMPLIRÉ MI PROMESA DE BONDAD

Porque me agradé de mi siervo Moisés y le conocía por su nombre, hice que mi bondad pasara delante de él, asegurándole que yo soy compasivo y misericordioso, lento para la ira y abundante en amor y fidelidad, que mantiene el amor hacia miles, y perdona la maldad, la rebelión y el pecado. Al igual que cumplí mi promesa de bondad a Moisés, así también cumpliré mi promesa de bondad a ti. Grande en presencia de los hombres es la bondad que yo he amontonado para quienes me temen y confían en mí. Te guardaré secretamente en una casa de la contención de muchas lenguas. Te guardaré por tu fidelidad. Por tanto, aliéntate, y fortaleceré tu corazón porque has puesto tu esperanza en mí.

Éxodo 34:6-7; Salmos 31:19-20; 23-24

### Declaración en oración

*Padre, has salido a mi encuentro con las bendiciones de tu bondad y has puesto una corona de justicia en mi cabeza. Te pedí vida, y me la diste, largura de días para siempre. Has puesto sobre mí honor y majestad, y me has hecho alegrarme en tu presencia. Que la bondad y la misericordia me sigan todos los días de mi vida, porque tú eres mi pastor y nada me faltará.*

## ESTABLECERÉ BONDAD Y
## PROSPERIDAD EN TU VIDA

Hɪᴊᴏ ᴍÍᴏ, ᴄʟᴀᴍᴀ a mí y yo te responderé y te mostraré cosas grandes y ocultas que tu no conoces. Te limpiaré de toda tu iniquidad contra mí, y perdonaré todas tus iniquidades y transgresiones. Tu nombre será un nombre de gozo, alabanza y honra delante de todas las naciones de la tierra que oigan del bien que yo te hago. Ellos temerán y temblarán por toda la bondad y toda la prosperidad que yo te doy. Te llevaré a un país de abundancia donde disfrutarás de mi bondad. Te redimiré y te rescataré de la mano de quien es más fuerte que tú. Tus enemigos verán la corriente de mi bondad hacia ti: el trigo, el vino nuevo y aceite para tus rebaños. Tu alma será como un huerto bien regado, y no tendrás más tristeza.

JᴇʀᴇᴍÍᴀꜱ 33:3, 8-9; 2:7; 31:11-12

## Declaración en oración

*Señor, tú has amontonado tu gran bondad para mí; estará continuamente en mi vida. Sea yo satisfecho con la bondad de tu casa. Llena mi alma de tu bondad, y establece bondad y prosperidad en mi vida. Te alabaré por tu misericordia y tu gran bondad hacia mí.*

# TE MOSTRARÉ LA SENDA DE LA VIDA

TE MOSTRARÉ LA senda de la vida, y en mi presencia te daré plenitud de gozo. Ensancharé tu senda y te enseñaré mis caminos. Tengo confianza en esto: verás mi bondad en la tierra de los vivientes. Espera a que yo me mueva; sé fuerte y valiente, y espera en mí. Mi Palabra será lámpara para tus pies y luz para tu camino. Yo allanaré el sendero de los justos. Abriré un camino en el mar y un sendero entre las poderosas aguas. Olvida las cosas primeras; no te quedes en el pasado. Mira, ¡yo hago algo nuevo! Abro un camino en el desierto para ti, y corrientes en tierra estéril.

SALMOS 16:11; 18:36; ISAÍAS 43:16, 18-21

## Declaración en oración

*Señor, muéstrame el sendero de la vida; en tu presencia hay plenitud de gozo, y delicias a tu diestra para siempre. Te bendeciré porque me has dado consejo y me has enseñado en las noches. Te he puesto siempre delante de mí, y no seré conmovido. Tu Palabra es lámpara a mis pies y una luz para mi camino.*

# He redimido tu vida de la destrucción

Bendíceme con todo lo que hay en tu interior, y no te olvides de todos mis beneficios. He perdonado todas tus iniquidades y he sanado todas tus dolencias. He redimido tu vida de la destrucción, y te he coronado de bondad y misericordias. Satisfaré tu boca con cosas nuevas y renovaré tu juventud como la del águila. Tan altos como están los cielos sobre la tierra, así de inmensa es mi misericordia hacia ti. Te responderé cuando clames con increíbles obras de justicia y te estableceré con mi fortaleza como establecí las montañas. Te vestiré de poder y coronaré tu año con bondad. Los senderos en los que caminas destilarán abundancia, y los pastos estarán llenos de rebaños y los valles cubiertos de grano.

Salmos 103:1-5

## Declaración en oración

*Señor, recibo tu bendición, porque mi transgresión es perdonada y mi pecado
es cubierto. Tú me has bendecido, me has escogido y has hecho que me
acerque a ti y habite en tus atrios, para poder ser satisfecho con la bondad
de tu casa. Habitaré en tu casa para siempre y seguiré alabando tu nombre.
Temeré tu nombre y me deleitaré grandemente en todos tus mandamientos.*

# HABITARÁS EN MI CASA PARA SIEMPRE

Los pasos del hombre bueno son ordenados por mí, y me deleito en su camino. Apártate del mal, y haz el bien para que habites conmigo para siempre. Porque yo soy un Dios que ama la justicia y no abandono a mis hijos. Ellos son guardados para siempre. Mis justos heredarán mi tierra y habitarán en ella para siempre. No se turbe tu corazón, porque en la casa de mi Padre hay muchas mansiones. Prepararé un lugar para ti y volveré otra vez y te recibiré a mí mismo, para que donde yo estoy, allí también estés. No se turbe tu corazón ni tenga miedo, porque me has oído decir que me voy, pero volveré a ti. La bondad y la misericordia te seguirán todos los días de tu vida, y habitarás en mi casa para siempre.

Salmos 37:23-24; Juan 14:27-28; Salmos 23:6

## Declaración en oración

*Señor, bendíceme a medida que habito en tu casa y continúo alabándote. Confío en ti, y mi esperanza está en ti. Prepara un lugar en tu presencia donde yo pueda habitar para siempre. No seré turbado ni tendré miedo, porque sé que tú regresarás a buscarme y me llevarás contigo para vivir para siempre en tu hogar eterno.*

## MI CORRECCIÓN SERÁ UNA BENDICIÓN PARA TI

No MENOSPRECIES MI castigo ni aborrezcas mi corrección. Porque yo corrijo a quienes amo, al igual que un padre al hijo en quien se deleita. Sé que ningún castigo o corrección parece alegre cuando se recibe, sino gravoso. Sin embargo, después puede dar el fruto de justicia en todos aquellos que por él han sido ejercitados. Por tanto, endereza los senderos para tus pies, para no ser alejado del camino. Acepta mi corrección, porque traerá sanidad a tu vida. Sigue mi paz y mi santidad, y mira diligentemente tus caminos, para que ninguna raíz de amargura surja para molestarte y hacer que seas contaminado. Quienes se niegan a recibir mi corrección y endurecen sus rostros no conocerán mis caminos ni mis bendiciones.

HEBREOS 12:7-15; JEREMÍAS 5:3

### Declaración en oración

*Padre, permite que sea bendecido por tu corrección, y enséñame por tu Palabra, porque temo tu nombre y me deleito en tus mandamientos. Aceptaré la corrección mediante tu Palabra, porque tu Palabra es inspirada por Dios y útil para enseñar, redargüir, corregir e instruirme en justicia, para que pueda estar totalmente equipado para toda buena obra.*

## Pon tu esperanza en mí

Confía en mí en todos tus caminos, porque tu esperanza está solamente en mí. Dame tu amor, porque yo guardaré a los fieles. Sé valiente y fortalece tu corazón. Mis ojos están sobre quienes me temen y esperan en mi misericordia. Yo libraré tu alma de la muerte y te mantendré vivo en la angustia. Espera en mí, porque yo soy tu ayuda y tu escudo. Regocíjate en mí y confía en mi nombre, porque yo recompensaré tu esperanza. Espera en mí como quienes esperan la mañana, porque en mí encontrarás misericordia y abundante redención para todas tus iniquidades. Regocíjate en la esperanza de mi gloria, sabiendo que la tribulación produce perseverancia, y la perseverancia carácter, y el carácter esperanza. La esperanza no te defraudará, porque yo he derramado en tu corazón el Espíritu Santo.

Salmos 31:23-24; 33:18-22; 130:6-8

### Declaración en oración

*Bendíceme, Señor. Confío en ti, y mi esperanza está en ti. Seré ferviente en espíritu mientras te sirvo solamente a ti. Me regocijaré en la esperanza, seré paciente en la tribulación y me mantendré firme en oración. Que tu esperanza me llene de todo gozo y paz en el creer, para que pueda abundar en esperanza por el poder del Espíritu Santo.*

## Tu obediencia produce mis bendiciones

En mi Palabra he establecido en mi plan para el modo en que mis hijos pueden recibir mi bendición. Está atento para hacer todo aquello que yo he ordenado, y mi bendición saldrá hacia ti y hacia tus hijos, tu ganado y tus siervos. Todo lo que tu mano toque o tus pies pisen será exitoso. La obediencia también te producirá la bendición de la protección de tus enemigos, porque yo seré tu torre fuerte. Si me obedeces, te bendeciré con vida y te liberaré de la muerte. Mi Hijo murió en la cruz para liberarte de la muerte. Lo único que tienes que hacer para recibir mi regalo es andar en mis caminos siendo obediente a mi Palabra.

Deuteronomio 11

### Declaración en oración

*Señor, oro para que tú tengas confianza en mi obediencia, porque me pondré a mí mismo bajo la prueba para ser obediente en todas las cosas. Que todas las bendiciones del Señor vengan sobre mí y me rebosen, porque obedezco tu voz. Tú no me rechazarás, porque seré obediente a ti. Seguiré tus caminos y te obedeceré en todas las cosas. Te serviré y te seguiré.*

## TU OBEDIENCIA ACTIVA TU FE

HIJO MÍO, EL modo en que yo sabré que me amas es por tu amor a mí y tu obediencia a mis mandamientos. Mis mandamientos no son gravosos, porque mediante tu obediencia vencerás al mundo. Tu fe es la que vence al mundo. ¿Qué bien hará tu fe si no va acompañada por tus obras? Sin obras, la fe está muerta. Tu obediencia me demuestra que confías en mí y crees que yo sé lo que es mejor para ti y que estás honrando tu compromiso a seguirme. Si quieres recibir mis bendiciones, debes demostrar que yo soy el Señor de tu vida. Tu obediencia en el terreno de pruebas hará eso. Encomiéndame todos tus planes, ámame guardando mi Palabra, no peques contra mí, y yo derramaré mis bendiciones sobre ti.

1 JUAN 5:2-3; SANTIAGO 2:17; LUCAS 10:27

### Declaración en oración

*Padre, estoy dispuesto y soy obediente a tu voluntad. Me presento para obedecerte, Señor; por tanto, soy esclavo de la obediencia que conduce a la justicia. Te doy gracias porque me has hecho justo mediante tu obediencia. No obedeceré la injusticia; obedeceré tu verdad. Recibiré tu bendición porque obedezco tus mandamientos.*

## POR LA OBEDIENCIA ENTRARÁS EN MI REPOSO

DEBIDO A SU desobediencia, los israelitas a quienes Moisés sacó del desierto no entraron en mi reposo. Yo me entristecí con aquella generación porque siempre erraban en sus corazones y no conocían mis caminos, y por eso no les permití entrar en mi reposo. Presta atención, hijo mío, y no te apartes de mi camino, porque si lo haces, tu incredulidad evitará que entres en mi lugar de reposo eterno. Nada está oculto de mi vista, y todo está al descubierto delante de mis ojos. Por tanto, mantente firme en la fe que profesas. Acércate a mi trono con confianza en tus obras de obediencia, y recibirás mi misericordia y encontrarás gracia para ayudarte. Ciertamente entrarás en mi reposo.

HEBREOS 4

### Declaración en oración

*No permitas que sea como quienes no andan en tus caminos y no son obedientes a tus leyes. Me presento para obedecerte, Señor, y rechazaré cualquier cosa que se exalte a sí misma contra tu conocimiento, llevando todos mis pensamientos cautivos a mi decisión de seguir la obediencia a Cristo. Te obedeceré para poder entrar en tu reposo. Recibiré tus bendiciones, porque obedezco todos tus caminos.*

## INCLINARÉ MI OÍDO A TI

CUANDO SAQUÉ A mi pueblo de la tierra de Egipto, les ordené que anduvieran en todos mis caminos para que les fuese bien. Sin embargo, ellos no obedecieron ni inclinaron a mí su oído, sino que siguieron los consejos y los dictados de sus propios corazones malvados, y fueron hacia atrás y no hacia adelante. Ellos endurecieron sus cuellos contra mis caminos. Por tanto, porque no obedecieron mi voz ni recibieron la corrección, yo los rechacé y no les permití entrar en la tierra de la promesa.

JEREMÍAS 7:21-31

## Declaración en oración

*Obedeceré tu Palabra, oh Señor, e inclinaré mi oído a tu voz. No seguiré los consejos y dictados de mi corazón malvado. Andaré en todos los caminos que tú me has ordenado, para que me vaya bien. Enmendaré mis caminos y mis obras según tu Palabra. Que nadie me cautive para que no obedezca la verdad.*

## NO DEJARÉ QUE EL PECADO REINE

Hijo mío, no continúes en pecado una vez que has aceptado el regalo gratuito de la salvación ofrecido por la muerte y resurrección de mi Hijo. Él murió por los pecados para qué tú ya no tuvieras que vivir en pecado. Tu viejo hombre de pecado fue crucificado con Él, para que tu cuerpo de pecado pudiera ser eliminado, crucificado, y ya no fueses esclavo del pecado. No dejes que el pecado reine en tu cuerpo mortal. Has sido resucitado en nueva vida de la muerte, y te has convertido en un instrumento de justicia para mí. Mi gracia te ha hecho libre del pecado. Comienza a producir el fruto de santidad y justicia, porque mi regalo para ti es vida eterna en Cristo Jesús.

GÁLATAS 6

## Declaración en oración

*No dejaré que el pecado reine en mi cuerpo mortal, ni obedeceré sus deseos. Nunca más estaré atado, porque Cristo me ha hecho libre. ¡Soy verdaderamente libre! Produciré el fruto de justicia y santidad. Nunca más caminaré en las obras de la carne, sino que manifestaré el fruto del Espíritu.*

# HARÉ QUE ANDES EN MIS CAMINOS

DESEO SOBRE TODAS las cosas que obedezcas mi voz y andes en mis caminos. Ven y acércate a mí, y yo te enseñaré mis caminos. Iluminaré tu sendero para que puedas caminar en mi luz. Bienaventurados son los puros que andan en mi Palabra y guardan mis testimonios. Si me buscas con todo tu corazón y no haces iniquidad, serás bendecido. Camina como hijo de luz, descubriendo lo que es aceptable a mí. No tengas comunión con las obras infructuosas de las tinieblas, sino más bien sácalas a la luz. Camina prudentemente, no neciamente, sino como uno que es sabio, aprovechando el tiempo, porque viven es una época de maldad. Camina en sabiduría hacia quienes no me conocen. Deja que tu conversación sea siempre con gracia, sazonada con sal, para que sepas qué debes responder a cada persona.

JEREMÍAS 7:23; ISAÍAS 2:3; EFESIOS 5:8, 15; COLOSENSES 4:5

## Declaración en oración

*Enséñame tus caminos, oh Señor, y caminaré en tu verdad. Dame un corazón íntegro para que tema tu nombre. Te alabaré, oh Señor, mi Dios, con todo mi corazón. Porque grande es tu amor hacia mí. Tú me has librado de las profundidades del sepulcro. Muéstrame el camino por el que debo andar, porque tú levantas mi alma. Enséñame a hacer tu voluntad, porque tú eres mi Dios.*

## TU TEMOR DEL SEÑOR SERÁ TU FUNDAMENTO

CONFÍA EN MÍ, y yo seré tu ayuda y tu escudo. Teme mi nombre, y te bendeciré. Te daré aumento cada vez más, a ti y a tus hijos. Tu temor del Señor es puro y permanecerá para siempre. Mis mandamientos son fieles y todos justos. Son más preciosos que el oro, que mucho oro puro. Son más dulces que la miel del panal. Mediante ellos te daré advertencias para guiar tu vida, y en guardar mis palabras habrá gran recompensa. El temor del Señor te enseñará sabiduría y humildad, las cuales llegan con honra; conduce a la vida, y reposarás alegre, sin ser tocado por los problemas. Tu temor del Señor será el fundamento seguro para tus tiempos, una abundante provisión de salvación, y de sabiduría y conocimiento.

SALMOS 115:11-14; 19:9-11; PROVERBIOS 19:23; ISAÍAS 33:6

### Declaración en oración

*Padre, temeré al Señor y obedeceré tu voz. Caminaré en tu luz y
no en tinieblas. Pondré mi confianza solamente en ti. Mi temor de
ti será una fortaleza segura para mí y un refugio para mis hijos. Es
una fuente de vida y me alejará de los lazos de la muerte. Andaré en
el camino de la justicia y por senderos de justicia y favor de ti.*

## TE LLEVARÉ A UNA TIERRA DE LECHE Y MIEL

AL IGUAL QUE liberé a los hijos de Israel de la mano de los egipcios y los saqué de aquella tierra a una tierra de leche y miel, así te liberaré a ti. He oído tus clamores y he visto la opresión de tus enemigos. La tierra que te daré está llena de los montes y valles de abundancia que beben mi lluvia del cielo. Es una tierra en la que cuidaré de ti. Te daré la lluvia para tu tierra a su tiempo, la lluvia temprana y la lluvia tardía, para que reúnas tu grano, tu vino nuevo y tu aceite. Enviaré hierba a tus campos para tus ganados, para que comas y seas saciado. Cruza a la tierra que yo te doy; poséela y habita en ella.

DEUTERONOMIO 11

### Declaración en oración

*Llévame a una tierra que fluye leche y miel. Permíteme disfrutar de tu bendición como miel, y que la leche fluya en mi vida desde el monte de Sión. Llévame a una tierra llena de tu grano, el cual me hará crecer espiritualmente. Que reciba el vino nuevo de tu Espíritu y el aceite de tu unción en mi vida. Aliméntame con lo mejor del trigo, y sea satisfecho con la miel de la roca de tu salvación.*

## ENTIENDE LAS BENDICIONES DEL DAR

HIJO MÍO, HAS de saber esto: más bendito es dar que recibir. Da, y se te dará. Medida buena, apretada, remecida y rebosando será derramada en tu vida. Porque con la medida con que des te será dado. De gracia has recibido, da de gracia. Pruébame ahora en esto: si das con disposición a mí, ve si no abriré las ventanas de los cielos y derramaré sobre ti tal bendición que no habrá espacio suficiente para recibirla. Yo reprenderé al devorador por ti para que no destruya el fruto de tu tierra, y la vid no dejará de dar fruto para ti en el campo. Todas las naciones te llamarán bienaventurado, porque serás una tierra deleitosa.

LUCAS 6:38; MATEO 10:8; MALAQUÍAS 3:10–12

### Declaración en oración

*Ciertamente más bendito es dar que recibir. Te honraré con los primeros frutos de mi cosecha. Llevaré mis diezmos y ofrendas a tu casa. Que las ventanas de los cielos sean abiertas en mi vida. Sembraré en buena tierra, y tú harás que obtenga una cosecha abundante. Que mis oraciones y ofrendas suban como un memorial delante de ti. Te ministraré, Señor, con mi sustancia.*

## FLORECERÁS COMO EL LÍBANO

SI ME SIRVES con todo tu corazón, yo haré que florezcas como el valle del Líbano. Llenaré tu vida de la fragancia de hermosas flores para que puedas atraer a muchos a mi reposo. Haré que seas fuerte como los cedros del Líbano, capaz de soportar las tormentas de la vida. Tu vida proporcionará sombra para los viajeros cansados, consuelo en los vientos de la tribulación, y fortaleza contra los ataques del enemigo. Tu testimonio será un oasis en el desierto del pecado, y atraerás a muchos a las aguas vivas que yo haré que fluyan en tu vida y se derramen.

JOSUÉ 11:17; SALMOS 72:16; 92:12; ISAÍAS 35:2

### Declaración en oración

*Padre, recibo la majestad del Líbano porque estoy en tu Reino. Que crezca y sea fuerte como los cedros del Líbano. Que haya fruto y abundancia en mi vida. Tú creaste el Líbano para tu gloria, y es un símbolo de la majestad de tu Reino. Que la realidad del Líbano sea liberada en mi vida. Que el río de Dios discurra desde tu santo monte y riegue mi tierra, y que sea yo un oasis de tu bendición para los que estén cansados.*

## No carecerás de ningún bien

Si buscas mi rostro, no carecerás de ningún bien. Mis ojos están sobre los justos, y mis oídos abiertos a su clamor. Yo te libraré de todas tus angustias. Estaré cerca de ti cuando tengas el corazón roto, y te salvaré cuando acudas a mí con espíritu contrito. Sigue mi Palabra pronunciada mediante mi siervo Pablo para hacer que tu ambición sea llevar una vida tranquila, ocuparte de tus propios asuntos, y trabajar con tus manos para que tu vida diaria se gane el respeto de los de fuera de modo que no carezcas de nada.

Salmos 34:10, 18; 1 Tesalonicenses 4:12

### Declaración en oración

*Padre, daré de mí mismo a ti y a otros, para no carecer de ningún bien. Te*
*serviré plenamente, para que tú puedas darme de la bondad de tu casa en*
*los cielos. Te honraré con los primeros frutos de mi cosecha, para que puedas*
*llenar mis graneros de abundancia. Daré, y daré con liberalidad, para*
*que tú puedas darme a mí: medida apretada, remecida y rebosando.*

## Abre las ventanas de los cielos

Hijo mío, dame de tu sustancia con liberalidad, para que yo pueda darte a ti. Pruébame en esto, porque yo abriré las ventanas de los cielos para ti y derramaré una bendición tan grande que no tendrás espacio suficiente para albergarla. Si me sirves con fidelidad con tu vida, yo derramaré agua sobre tu tierra sedienta y haré que fluyan corrientes de bendición en terreno seco. Derramaré mi Espíritu sobre tu simiente y mi bendición sobre tu descendencia. Mi agua viva fluirá desde los cielos a tu vida, y nunca volverás a tener sed.

Malaquías 3:10; Isaías 44:3

### Declaración en oración

*Riega mi vida, oh Señor, y que tus aguas vivas rebosen en toda área desértica de mi vida. Que mi vida se convierta en un campo fructífero, y que me alimente de la abundancia de los cielos. Entregaré mi vida en fidelidad a ti, y te honraré en todo lo que haga.*

# SECCIÓN X

## Dejar indefenso al enemigo

## HAY SANIDAD A DISPOSICIÓN DE TODOS

HIJO MÍO, NO tienes por qué estar enfermo. Mi Hijo ha arrebatado la victoria al enemigo sobre la muerte y la enfermedad mediante su resurrección de la muerte. Te ha dado vida juntamente con Él, y ha perdonado todos tus pecados y sanado todas tus enfermedades. Mi Espíritu Santo ha llenado tu vida de poder milagroso, y en mi nombre tienes autoridad para echar fuera demonios, hablar en otras lenguas e imponer manos sobre los enfermos para que sanen. Yo he establecido mi Reino en la tierra, y en mi presencia y mi gloria ningún pecado ni enfermedad pueden coexistir. Establece mi Reino en tu corazón y tu vida, y camina en sanidad y victoria.

COLOSENSES 2:12-13; MARCOS 16:17

### Declaración en oración

*Padre, gracias porque mediante tu Hijo me has dado victoria sobre la muerte y la enfermedad. Gracias por darme vida con Cristo. Mediante su don en la cruz, Él ha perdonado todos mis pecados y ha sanado todas mis enfermedades. Lléname de tu Espíritu Santo y del poder y la autoridad para echar fuera demonios, hablar en otras lenguas e imponer mis manos a los enfermos para que sanen.*

## Prosigue para tu sanidad

Hijo mío, espera tu sanidad y prosigue hacia mí como la mujer que tenía flujo de sangre avanzó para tocar el borde de mi manto. Clama a mí pidiendo ayuda, y yo te sanaré y te sacaré del sepulcro. Prosigue hacia mí para tu sanidad. Busca entender mis caminos, y abre tus ojos a mi verdad. No permitas que tus oídos se vuelvan duros o tus ojos se cierren. Entiende con tu corazón, y vuélvete a mí y yo te sanaré. No te desalientes; pon tu mente en mí. No dejes que nadie te detenga. Igual que la mujer siguió adelante, se acercó a mí, y fue sanada al tocar mi manto, también tú puedes proseguir, acercarte y agarrar tu sanidad.

Mateo 9:20; Salmos 30:2-3; Isaías 6:9-10

### Declaración en oración

*Padre, dame la determinación que tuvo la mujer con flujo de sangre para acercarme a ti y tocarte para obtener mi sanidad. No permitas que mis oídos se endurezcan a tu voz o mis ojos se cierren para no buscar tu rostro. Al igual que Pablo, proseguiré hacia la meta, al premio del supremo llamamiento de Dios en Cristo Jesús. Confiaré en ti para mi sanidad.*

## CIERRA TU MENTE AL ENEMIGO

MIRA CON TUS ojos y oye con tus oídos, y fija tu mente en las verdades de mi Palabra. Cierra tu mente a las distracciones desalentadoras y desafiantes del enemigo. La mente del hombre pecador es muerte, pero la mente que está controlada por mi Espíritu está llena de vida y paz. Recuerda el ejemplo de Pedro, que apartó sus ojos de mí y los puso en los peligros del mar. El enemigo intentó cerrar su mente a lo que podía hacer por medio de mí. Igualmente, el enemigo intentará cerrar tu mente a la victoria y la sanidad que pueden ser tuyas por medio de mí. El enemigo quiere llenar tu mente de dudas, pero yo te he enseñado que fijes tus pensamientos en las cosas que son nobles, justas, puras, amables y de buen nombre. Medita en esas cosas, y confía en mí para tu sanidad.

MATEO 14:28-31; FILIPENSES 4:8

### Declaración en oración

*Padre, he cerrado mi mente a las malvadas burlas y dudas del enemigo. Ya no le escucharé ni permitiré que mi mente sea habitada por sus malvados pensamientos.*

*Fijaré mis pensamientos en ti y en la sanidad que tú has prometido que está disponible mediante la obra terminada de tu Hijo, Jesús, en la cruz del Calvario.*

## LA ENFERMEDAD NO VIENE DE MÍ

HIJO MÍO, LA enfermedad no viene de mí; la enfermedad es obra del diablo. Yo la he exhibido públicamente y he triunfado sobre ella. He establecido mi Reino en la tierra, y cuando mi Hijo caminó en la tierra, fue a todas partes predicando el mensaje del Reino y sanando a la gente. La sanidad acompaña a mi Reino. Recuerda que no tienes que estar enfermo, arruinado, pobre o confundido por más tiempo. La enfermedad es obra del diablo, y mi Hijo vino para despojar a principados y potestades. Él exhibió públicamente al enemigo y ha triunfado sobre él.

COLOSENSES 2:15; MATEO 4:23

### Declaración en oración

*Padre, te doy gracias porque en tu Reino no hay enfermedades. Las enfermedades son obras del enemigo, y no seré intimidado por él, porque Jesús le ha arrebatado todo poder y autoridad. Creeré tu Palabra que promete que en su nombre puedo echar fuera demonios y experimentar recuperación de la enfermedad.*

## MI HIJO ES MOVIDO A COMPASIÓN

Cuando mi Hijo caminó entre las gentes de la tierra y vio su necesidad, fue movido a compasión por ellos. Yo me intereso profundamente cuando mis hijos sufren. Yo soy un Dios lleno de compasión, y seré misericordioso con mi pueblo. Soy bueno con todos mis hijos, y mis misericordias están sobre ti. Te devolveré la salud y te sanaré de todas tus heridas. Yo envié a mi Hijo y le ungí para predicar las buenas nuevas del evangelio a los pobres, a sanar a los quebrantados de corazón, a predicar liberación a los cautivos y vista a los ciegos, y a poner en libertad a los heridos. Quienes están sanos no tienen necesidad de médico, pero para quienes están enfermos yo he venido para que puedan tener vida, y vida abundante.

SALMOS 145:8-9; JEREMÍAS 30:18; LUCAS 4:18; MATEO 9:12

### Declaración en oración

*Jesús, gracias por interesarte tan profundamente por las cosas que pueden suceder a tu pueblo. Gracias por hacer posible para mí que viva la vida abundante que tú prometiste. Gracias por sanarme por tus llagas. Gracias por abrir el camino para que toda enfermedad, dolencia, disfunción y mal sean sanados y que yo sea sano.*

## YO SANARÉ TODO TIPO DE ENFERMEDAD

Mi Hijo sanó toda enfermedad; sin excepciones. No había nada difícil para Él. No permitas que el enemigo o tu médico te digan que no puedes ser curado. Podría ser incurable para un médico, pero no es incurable mediante el poder y la autoridad de mi Hijo. Mi Hijo sanó a los que estaban enfermos, echó a los espíritus con una palabra, y liberó a muchos que estaban poseídos por demonios. Cuando Él envió a sus siervos, les dio poder sobre espíritus inmundos, para expulsarlos y sanar todo tipo de enfermedad y de mal. Él les dijo que dieran gratuitamente, porque mi Hijo les dio gratuitamente. Extiende tu mano para sanar a otros, como yo te he sanado. Muestra a mi pueblo las señales y maravillas que pueden ser hechas en el nombre de mi Hijo Jesús.

MATEO 8:16; HECHOS 4:30

### Declaración en oración

*Padre, alabo tu nombre porque tú no quieres que tus hijos estén enfermos o tengan dolor. Gracias por llenar mi vida de bendiciones y vida abundante. No es tu voluntad que nadie tenga enfermedad y dolor, y confiaré en ti para mi sanidad, y para la sanidad de aquellos a quienes tú me envíes con el mensaje de tu Reino.*

## MI HIJO LLEVÓ TUS DOLORES Y TRISTEZAS

MI HIJO FUE despreciado y rechazado por los hombres, varón de dolores y experimentado en tristezas. Él fue despreciado, y el mundo no le estimó. Él llevó tus dolores y tus tristezas. Él fue golpeado y afligido. Él fue herido por tus transgresiones y tus iniquidades. El castigo de tu paz fue sobre Él, y por sus llagas eres sanado. Pero Él resucitó victorioso sobre la enfermedad, el mal y el sepulcro, y mediante su muerte y resurrección, Él ha comprado tu salvación y tu sanidad.

Isaías 53:3-5

### Declaración en oración

*Padre, por las llagas de Jesús soy sanado. Él tomó mis enfermedades; Él llevó mi dolor. Creo que es la voluntad de Dios para mí que sea sanado. Cuando los enfermos acudían a tu Hijo Jesús en la tierra, Él expulsaba los espíritus con una palabra, y sanaba a todos los enfermos. Debido a tu gran fidelidad a tus hijos, pongo mi confianza en ti y en que si ellos fueron sanados entonces, también tú nos sanarás en el presente.*

## ENCUENTRA MI SANIDAD MEDIANTE LA IMPOSICIÓN DE MANOS

CUANDO LAS MULTITUDES que tenían enfermedades y dolores acudían a mi Hijo, Él imponía las manos a cada uno de ellos y los sanaba. Cuando la mujer que tenía un espíritu de enfermedad durante dieciocho años llegó a Él, incapaz de incorporarse, Él la llamó a acercarse, le impuso sus manos, e inmediatamente ella se puso derecha. Cuando mi siervo Pablo vio que el padre de uno de sus seguidores estaba enfermo, oró, le impuso sus manos y le sanó. Mi poder de sanidad está a disposición de mi pueblo mediante la imposición de manos. Confía en mi capacidad de sanar a mi pueblo mediante la imposición de manos.

MATEO 19:15; LUCAS 13:11-13; HECHOS 28:8

### Declaración en oración

*Padre, permite que tu poder sanador fluya a mí y por medio de mí mediante la imposición de manos. Dame fe para creer en tu poder, y muéstrame quiénes son tus humildes siervos que pueden ayudarme a encontrar mi sanidad imponiéndome las manos. Equípame con tu poder y autoridad para que pueda yo satisfacer las necesidades de quienes acudan a mí y me pidan que ore por su sanidad.*

## Sanidad mediante la liberación

Hijo mío, el enemigo afligió a muchos con sus espíritus demoniacos. El espíritu de enfermedad puede operar tomando posesión de las personas, como lo hizo con las personas a las que mi Hijo sanó de espíritus malos y enfermedades, incluyendo a María Magdalena. Mediante la debilidad de tu naturaleza carnal es como la enfermedad puede entrar, haciendo que te conviertas en un esclavo de la impureza, la impiedad y el pecado. Pero al aceptar la salvación y sanidad ofrecido por mi Hijo Jesús, ya no tienes que ser esclavo del pecado, sino que su poder te hará libre. Ahora eres esclavo de la rectitud y la santidad. Así producirás el fruto de santidad y heredarás la vida eterna.

Lucas 8:2; Romanos 6:19-22

### Declaración en oración

*Perdóname, Señor, por permitir que algún temor, culpabilidad, autorechazo, odio a mí mismo, falta de perdón, amargura, pecado, orgullo o rebelión abran la puerta al espíritu de enfermedad. Renuncio a esas cosas en el nombre de Jesús. En el nombre de Jesús echo fuera cualquier espíritu de enfermedad que haya entrado a mi vida mediante el orgullo. Ya no soy esclavo del pecado, sino que me he convertido en esclavo de la rectitud, y produciré el fruto de la santidad en mi vida.*

## SANIDAD CUANDO SE ROMPEN MALDICIONES

MEDIANTE SU SACRIFICIO, mi Hijo te ha redimido de la atadura de las maldiciones haciéndose maldición por ti en la cruz del Calvario. Muchas de las maldiciones que afectan a mi pueblo han entrado en sus vidas mediante la herencia, llegando como resultado de los pecados de generaciones anteriores a ellos. Pero tú eres libre de todas las maldiciones mediante mi Hijo; vive en tu libertad y rechaza al enemigo que querrá hacerte creer que sigue teniendo el control de ti. Levántate y usa la autoridad que tienes mediante mi Hijo, y sé liberado de todas las maldiciones. Debido a tu fe en Jesús, has recibido la promesa de mi Espíritu, y eres capacitado para caminar en libertad y victoria.

GÁLATAS 3:13-14

### Declaración en oración

*Mediante el poder de Cristo, rompo todo derecho legal de todo espíritu generacional que opera tras una maldición en mi vida. Ordeno a todos los espíritus hereditarios de lujuria, rechazo, temor, enfermedad, mal, ira, odio, confusión, fracaso y pobreza que salgan de mi vida en el nombre de Jesús. Por medio de Jesús, mi familia es bendecida. Soy libre de la maldición del pecado, y camino en libertad y victoria.*

## SANIDAD MEDIANTE EL ACEITE DE LA UNCIÓN

MI ESPÍRITU Y mi unción son lo que expulsan la enfermedad de tu cuerpo. El aceite de la unción rompe yugos de atadura, y la enfermedad es una forma de atadura. Cuando mi Hijo les dio a sus siervos poder sobre los espíritus inmundos y les envió a liberar a las personas del poder del enemigo, ellos ungieron con aceite a muchos que estaban enfermos y los sanaron. Mi sanidad está disponible mediante el acto de ungir a alguien que está enfermo por mis siervos. ¿Estás enfermo? Llama a los ancianos de mi Iglesia, y deja que oren por ti, ungiéndote con aceite en el nombre de mi Hijo, y yo te levantaré.

ISAÍAS 10:27; MARCOS 6:10-13

### Declaración en oración

*Padre, igual que tu Espíritu ungió a Jesús para predicar el evangelio, para sanar a los quebrantados de corazón y predicar liberación a los cautivos, yo llamaré a los ancianos para que me unjan con aceite mediante tu Espíritu cuando necesite sanidad. Dame la plenitud de tu Espíritu, Padre, para que pueda ser ungido para ungir a quienes necesiten tu toque sanador y sean libres de la atadura de la enfermedad.*

## SANIDAD MEDIANTE LA FE

Hijo mío, no veas tu enfermedad o la enfermedad de tus seres queridos como una montaña que no puede ser movida. Ten fe en mí. Porque ciertamente te digo que cualquiera que le diga a este monte: "Quítate y échate en el mar", y no dude en su corazón sino crea que lo que dice será hecho, tendrá lo que diga. Por tanto, te digo que todo lo que pidas cuando ores, cree que lo recibes y lo tendrás. No te des de la vuelta y huyas cuando te enfrentes a una montaña; permanece y afronta tu montaña y ordena: "Sé quitada". Regocíjate cuando tu fe sea probada por las montañas de la adversidad, porque lo genuino de tu fe es mucho más precioso que el oro, y recibirás el fin de tu fe: la salvación de tu alma.

Marcos 11:22-24; 1 Pedro 1:18-21

### Declaración en oración

*Padre, decreto y declaro que por la fe me enfrentaré a las montañas de enfermedad y adversidad en mi vida y ordenaré que sean quitadas. Porque tú me has ungido, tengo fe y no dudo de poder hablar a cualquier enfermedad, maldecirla de raíz, y hacer que sea quitada. Puedo decirle a la montaña de la enfermedad que está en mi camino que debe quitarse y echarse al mar, y será hecho.*

## SANIDAD MEDIANTE LA PRESENCIA DE DIOS

CUANDO EL LEPROSO fue sanado por mi Hijo, la noticia de su sanidad se extendió. Multitudes se reunieron para oír a mi Hijo, y el poder de su presencia los sanó. Permite que tus alabanzas suban hasta mí, porque yo sanaré al quebrantado de corazón y vendaré sus heridas. Invita mi presencia en medio de ti con tu alabanza y adoración, y mi presencia llevará liberación y sanidad. Te haré conocer la senda de la vida y te llenaré de gozo en mi presencia. Cuando entres en mi presencia, yo haré que tu corazón descanse. Porque eres mi siervo fiel, puedes tener confianza en mí y recibir de mí todo lo que pidas. Por tanto, vive en mi presencia, y yo seré tu sostén en todas las cosas.

LUCAS 5:12-17; SALMO 147; 1 JUAN 3:19-24

### Declaración en oración

*Padre, tú me has dado a conocer la senda de la vida; tú me llenarás de gozo en tu presencia. Hay poder en tu presencia para sanarme y librarme de todas mis enfermedades. Tu Palabra ha prometido que quienes han aprendido a aclamarte y caminan en la luz de tu presencia se regocijarán en tu nombre todo el día, y tú serás su gloria y su fortaleza.*

## Sanidad mediante la oración

Mi Palabra promete que todas las cosas, todo lo que pidas en oración, creyendo, lo recibirás. "Todas las cosas" incluye la sanidad. Mi Palabra establece la posibilidad de tu sanidad de muchas maneras. Una de las maneras en que la he establecido es mediante la unción con aceite por mis siervos. He prometido que la oración de fe salvará al enfermo, y también perdonará su pecado. Pero presta atención a mi Palabra que te dice que confiesen sus faltas los unos a los otros, y oren los unos por los otros, para que sean sanados. La oración eficaz del justo puede mucho. ¿Buscas ser sanado? Ven a mí con un corazón humilde, confiesa tus pecados, permanece firme en tu fe en mi poder, y espera con confianza a que se produzca tu sanidad.

Mateo 21:22; Santiago 5:13-16

### Declaración en oración

*Padre, he venido ante ti con un corazón humilde, con necesidad de tu toque sanador. Confieso mis pecados delante de ti y acepto tu perdón mediante tu Hijo Jesús. No tendré temor al espíritu de enfermedad, porque permanezco en fe en el poder de tu Espíritu Santo. Ordeno a la montaña de enfermedad que sea quitada de mi vida. Mi confianza en tu poder es firme, y espero pacientemente a que tú me respondas con sanidad.*

## Sanidad mediante el don de sanidad

La presencia de mi Espíritu Santo en tu vida se manifestará por medio de ti en el poder de los dones que Él ha puesto en tu interior. Mi Espíritu ha puesto sus dones en ti para beneficio de todos; por tanto, ejercita tus dones mediante su poder. Yo he provisto mi sanidad para muchos mediante el don de sanidad. Eres parte de mi Cuerpo y todas las partes de mi Cuerpo deben trabajar juntas. Si un miembro sufre, todos sufren con él, o si un miembro es honrado, todos los miembros se regocijan con él. Por tanto, mira con compasión a tus hermanos y hermanas que necesitan un toque sanador de mí mediante el don de sanidad. Hónrame honrándolos a ellos, y ofréceles mi poder sanador al ejercitar tus dones.

1 Corintios 12

### Declaración en oración

*Padre, te he entregado mi vida y he dado la bienvenida a tu Espíritu Santo. Revélame los dones espirituales que tú tienes para mí, y ayúdame a tener fe en el poder y la autoridad de tu Espíritu para ejercitar mis dones para beneficio de tu Cuerpo. Revela tu poder que obra en mí mediante el don de sanidad, y permite que ofrezca tu toque sanador a otros mediante mi don.*

## SANIDAD MEDIANTE EL AYUNO

EN MI PALABRA te he dicho que el día aceptable de ayuno que yo escogí para mi pueblo es cuando, ayunas para desatar las ataduras de maldad, para quitar las pesadas cargas, para dejar libres a los oprimidos, y para romper todo yugo. Mi ayuno escogido para ti es cuando buscas mi rostro para prepararte con poder y compasión para alimentar al hambriento, vestir al desnudo y separarte de tu propia naturaleza carnal. Si te acercas a mí en el espíritu del ayuno que yo he escogido, entonces tu luz saldrá como la mañana, y tu sanidad se producirá con rapidez. Tu justicia irá delante de ti, y mi gloria será tu retaguardia. Entonces clamarás, y yo responderé.

ISAÍAS 58:5-9

### Declaración en oración

*Permite que reconozca que tu Palabra me enseña que a veces hay respuestas que necesito de ti que sólo pueden llegar mediante un período de oración y ayuno. Padre, ayúdame a clamar a ti por mi sanidad mediante el ayuno que tú has escogido. Prepárame para ayunar tal como tú has indicado en tu Palabra y dejar atrás todos los demás motivos egoístas. Entonces tú oirás mi clamor y harás que mi sanidad se produzca con rapidez.*

## SANIDAD MEDIANTE LA PALABRA

CUANDO MI PUEBLO clamaba a mí en su momento de angustia, yo los salvaba de sus aflicciones y enviaba mi Palabra y los sanaba, y los libraba de sus destrucciones. Cuando mi Palabra sale de mi boca, no regresará a mí vacía, sino que hará lo que me agrada y prosperará en aquello para lo cual la envié. Hijo mío, si te hablo sanidad, entonces serás sanado. Aprende a meditar en mi Palabra y aprender de ella para que puedas saber lo que yo he dicho con respecto a tu sanidad. Mi Palabra ha declarado que mi diestra obra con valentía, y que no morirás sino que vivirás. Lee mi Palabra; confiesa mi Palabra en tu vida diaria. Confía en mí para tu sanidad, porque mi Palabra logrará en ti todo lo que yo quiero que logre.

ISAÍAS 55:11; SALMOS 118:17

### Declaración en oración

*Padre, mi vida y mi aliento están en tus manos. Tú me mostrarás la senda de la vida. Prolongarás mi vida y habitaré delante de ti para siempre. Bendeciré tu nombre y no olvidaré ninguno de tus beneficios. Tú has perdonados mis pecados y has sanado todas mis enfermedades. Tú me satisfaces con buenas cosas, de modo que mi juventud sea renovada como la del águila.*

## SANIDAD MEDIANTE LA UNCIÓN

Yo PUEDO OBRAR milagros inusuales mediante mis siervos. Cuando mi Hijo Jesús caminaba en la tierra, los enfermos acudían a Él y le rogaban poder tocar sólo el borde de su manto. Y todos los que lo tocaban eran totalmente sanados. Cuando los delantales que habían sido tocados por mi siervo Pablo eran llevados a los enfermos, mi unción de sanidad fluía mediante el toque de Pablo para sanar a los enfermos y liberarlos de espíritus malos que los atacaban. Busca el poder de mi unción para tu propia sanidad. Llama a mis humildes siervos para que te toquen, de modo que mi unción pueda fluir de ellos hacia ti. Busca que mi Espíritu te llene de unción para que puedas acercarte y transmitir el poder de mi unción para sanidad a quienes lo necesiten.

MATEO 14:35-36; HECHOS 19:12

### Declaración en oración

*Padre, te doy gracias porque tú puedes obrar de maneras inusuales y mediante medios inusuales para hacer que tus milagros sobrenaturales toquen las vidas de tu pueblo. Quiero que tu unción fluya en mí de cualquier modo que tú escojas. Revélame los pasos para mi sanidad mediante tu unción, y hazme fiel para buscar tu poder para sanar.*

## ACTIVA TU FE

Hijo mío, debes desearme con todo tu corazón y tu alma. Debes aumentar tu fe, como los siervos de mi Hijo buscaban aumentar su fe. Recuerda las palabras que mi Hijo les dijo: "Si tuvierais fe como un grano de mostaza, podríais decir a este sicómoro: Desarráigate, y plántate en el mar; y os obedecería". Que haya palabras de alabanza en tus labios, que mi paz sea sobre ti y pueda yo sanarte. Te restauraré la salud y sanaré todas tus heridas. Por tanto, ábrete paso entre la multitud, pelea tu camino en medio del tráfico, y no permitas que nadie te detenga hasta que llegues a mi presencia. Ten hambre y sed de mi justicia, y yo te llenaré.

Lucas 17:5-6; Isaías 57:19; Jeremías 30:17; Marcos 5:27-28

### Declaración en oración

*Oh Dios, permíteme verte cara a cara para que mi vida sea guardada. Vengo a ti en medio de la multitud. Tengo más hambre de tu sanidad que de comida. Siento tu compasión por mí y sé que tú me sanarás. Me humillo delante de ti, oh Dios. Oro y busco tu rostro. Me alejo de mis malos caminos. Entonces sé que tú oirás desde los cielos y perdonarás mi pecado y me sanarás.*

## Deja el enojo y la amargura

No PERMITAS QUE la amargura y el enojo abran la puerta para que el espíritu de enfermedad entre en tu vida. Deja el enojo y desecha la ira para seguir conectado a mí. Habla palabras suaves, amables palabras de vida para alejar de ti la ira y el enojo. No entristezcas a otros con tus palabras. Entrégame la amargura de tu alma. Yo miraré tu aflicción y me acordaré de ti. Responderé tu petición y te enviaré por tu camino en paz. Busca con diligencia en tu interior, para que ninguna raíz de amargura que pueda surgir te contamine.

SALMOS 37:8-9; PROVERBIOS 15:1; 1 SAMUEL 1:10-11, 17;
HEBREOS 12:15

### Declaración en oración

*Padre, todo mi cuerpo está enfermo, y mi salud está quebrantada debido a mis pecados. Pero confieso mis pecados y lamento profundamente lo que he hecho. No me abandones, oh Señor. Acude rápidamente a ayudarme, oh Señor mi Salvador. Que la ira y el enojo sean alejados de mí. Examinaré con diligencia mi interior para que ninguna raíz de amargura pueda contaminarme.*

## CAMINA EN PERDÓN

MI CORAZÓN ANHELA perdonar tus pecados y apartar de ti mi juicio. Seré misericordioso contigo cuando clames a mí, y daré gozo a tu alma. Porque yo soy bueno, y pronto para perdonar, y abundante en misericordia para todos aquellos que claman a mí. Desde mi lugar de morada en los cielos, oiré tus oraciones y súplicas a mí, y sostendré tu causa. Perdonaré tus pecados y tus ofensas y me compadeceré de ti en medio de tus enemigos. Mis ojos están abiertos a tus súplicas, y mis oídos te oirán cuando clames.

SALMOS 86:3-4; 1 REYES 8:49-50

### Declaración en oración

*Dios, te doy gracias porque cuando escuchas nuestras oraciones, tú nos perdonas. Perdona mis pecados y ten compasión de mí. Como el sirviente que debía al rey cien mil talentos, a mí también se me ha perdonado mucho. Por tanto, perdonaré a quienes hayan pecado contra mí para no ser entregado a los atormentadores. Como tu Hijo Jesús oro: "Padre, perdónalos porque no saben lo que hacen".*

## LA OBEDIENCIA ES UNA CLAVE

Hijo mío, yo soy amor, y es mi deseo que camines en mi amor siguiendo mis mandamientos. Como les prometí a mis hijos de Israel, así te declaro a ti: Si obedeces mi voz y haces todo lo que yo digo, entonces yo seré un enemigo para tus enemigos y un adversario para tus adversarios. Iré delante de ti y te haré entrar en la tierra que he escogido para ti. Si me sirves con todo tu corazón, bendeciré tu pan y tu agua. Quitaré de en medio de ti la enfermedad. Cumpliré el número de tus días. Haré que todos tus enemigos te den la espalda y los expulsaré de delante de ti. Te daré mi poder y autoridad, y hasta los espíritus inmundos te obedecerán.

ÉXODO 23:20-31; MARCOS 1:27

### Declaración en oración

*Padre, soy bendecido porque obedezco tu Palabra para mí. Andaré en tus caminos, te temeré y guardaré tu Palabra. Te serviré y me aferraré a ti. Mira cómo amo tus preceptos y obedezco tu Palabra. Guarda mi vida, oh Señor, según tu amor. Tengo confianza delante de ti, Señor, porque tu Palabra me dice que si obedezco tus palabras y hago lo que te agrada, entonces recibiré de ti todo lo que pida.*

# TIENES AUTORIDAD EN MI ESPÍRITU

CUANDO MI HIJO dejó la tierra para regresar a mí, oró que mi Espíritu Santo habitase entre ustedes. Él te guía en todo lo que haces, y mi autoridad te ha sido dada por medio de Él. Si crees en mi Hijo, entonces tienes autoridad para hacer las obras que Él hizo, y aún obras mayores, mediante mi Espíritu. Todo lo que pidas en mi nombre, yo lo haré. Mi gracia es suficiente para ti, porque mi poder en ti se perfecciona en tu debilidad. Deja que mi poder te fortalezca en tu hombre interior mediante mi Espíritu. Porque yo puedo hacer muchísimo más de lo que pides o imaginas, según el poder que obra en tu interior. Porque no te he dado espíritu de temor, sino espíritu de poder, de amor y de dominio propio.

JUAN 16:13; 2 CORINTIOS 12:9; EFESIOS 3:16-18; 2 TIMOTEO 1:7

## Declaración en oración

*Padre, te doy gracias porque no me has dado espíritu de temor, sino de poder, de amor y de dominio propio. Tu poder y autoridad divinos me han dado todo lo que necesito para la vida y la piedad mediante el conocimiento de ti. Tú me has dado tus grandes y preciosas promesas, para que por medio de ellas pueda participar de la naturaleza divina, escapando así a la corrupción de este mundo.*

## USA LA SABIDURÍA QUE TE HE DADO

Hijo mío, al igual que le di a Salomón sabiduría y entendimiento muy grandes, y largura de corazón como la arena del mar, así te impartiré mi sabiduría. Mi sabiduría sobrepasa la sabiduría del hombre. Que tu boca hable de mi sabiduría, y que la meditación de tu corazón sea entender mis caminos. No dejes que se aparten de ti la sabiduría o la discreción, porque son vida para tu alma y adorno para tu cuello. Con ellas caminarás seguro en todos tus caminos, y tu pie no tropezará. Que mi espíritu de sabiduría y revelación aumente su conocimiento de mí. Deja que los ojos de tu entendimiento sean iluminados para poder conocer la esperanza de mi llamado y las riquezas de la gloria de mi herencia para ti.

1 Reyes 4:20-30; Salmos 49:3; Proverbios 3:21-23;
Efesios 1:17-18

### Declaración en oración

*Que no me proponga hacerme rico mediante mi propia sabiduría y entendimiento. Que mi corazón no se enaltezca debido a las riquezas mundanas, sino que reciba humildemente la sabiduría y el entendimiento que Dios da, para que sea hecho completo: espíritu, mente y cuerpo. Pediré a Dios cualquier sabiduría que me falte, y Él me la dará en abundancia.*

## Sé lleno de mi sabiduría de lo alto

¿Quieres ser sabio y entendido? Entonces déjame ver que tus obras sean hechas en la mansedumbre de mi sabiduría. No seas consumido con la sabiduría de este mundo porque no proviene de lo alto. Es terrenal, sensual y diabólica. Mi sabiduría de lo alto es primeramente pura, después agradable, amable, dispuesta a someterse, llena de misericordia y buenos frutos, sin parcialidad y sin hipocresía. Que mi Palabra habite en ti abundantemente en toda sabiduría, y se enseñen y amonesten los unos a los otros con salmos, himnos y cánticos espirituales, cantándome a mí con gracia en sus corazones. Todo lo que hagas en palabra u obra, hazlo en el nombre de mi Hijo Jesús, dándome gracias por medio de Él.

Santiago 3:13-17; Colosenses 3:16-17

### Declaración en oración

*Que Dios me dé espíritu de sabiduría y revelación en el conocimiento de Él. Que los ojos de mi entendimiento sean iluminados para poder conocer la esperanza de su llamado y las riquezas de la gloria de su herencia. Te doy gracias y te alabo, Dios de mis padres, porque me has dado sabiduría y poder. Tú me has dado a conocer lo que te he pedido.*

## La fe libera mi sanidad

Cuando mi Hijo preguntó a la multitud quién le había tocado, la mujer que se acercó a Él para obtener sanidad se postró delante de Él. "Hija, tu fe te ha hecho salva; ve en paz, y queda sana de tu azote". El poder de mi unción fue activado por la fe de esa mujer. Que tu fe en mí para tu sanidad sea tan fuerte como la de ella, y te sanaré. La fe libera mi sanidad, y su fe atrajo poder sanador de mi Hijo. Cuando las multitudes de personas llevaban a los enfermos y los ponían en la calle para que la sombra de Pedro cayese sobre ellos cuando pasase por allí, debido a su gran fe ellos eran sanados y liberados de espíritus inmundos. Edifica tu fe, porque por medio de ella activarás mi poder de sanidad.

Marcos 5:32-34; Hechos 5:14-16

### Declaración en oración

*Porque tú me has ungido, tengo fe y no dudo de poder hablar a cualquier enfermedad, maldecirla en la raíz y hacer que se seque y muera, al igual que tu Hijo hizo con la higuera. A causa de la fe, puedo decirle a la montaña de enfermedad que está en mi camino que se aparte y sea echada en el mar, y será hecho. Señor, creo; aumenta mi fe.*

## LIBERARÉ VIDA Y SANIDAD EN TU VIDA

DEJA QUE TU corazón se alegre, y regocíjate en mí. Que tu carne descanse en esperanza, porque yo no dejaré tu alma en el Seol ni permitiré que veas corrupción. Te mostraré la senda de la vida, y en mi presencia encontrarás plenitud de gozo. Te alcanzaré con las bendiciones de bondad y te daré vida y largura de días cuando me lo pidas. Prolongaré tu vida y haré que tus años sean como muchas generaciones. Habitarás conmigo para siempre, porque mi misericordia y mi verdad te guardarán.

SALMOS 16:1-11; 21:3-4; 61:6–7

### Declaración en oración

*Padre, tú me has dado vida y favor, y tu cuidado ha guardado mi espíritu.*
*Mi vida y mi aliento están en tus manos. El bien y la misericordia me*
*seguirán todos los días de mi vida, y habitaré en la casa del Señor para*
*siempre. Tu bondad es mejor que la vida, y mis labios que alabarán. Te*
*bendeciré mientras viva. Levantaré mis manos en tu nombre.*

## RECONOCE EL PODER DE SANIDAD EN OTROS

HE OTORGADO MI don de sanidad a muchos de mis hijos. Está atento para reconocer mi poder obrando, y muestra honra a quienes poseen mi poder. Cuando mi siervo Eliseo vivía, muchos no le honraron, respetaron y recibieron sus dones, y no recibieron los milagros que necesitaban como resultado. No tenían fe. No honraron a mi siervo. Mi unción de sanidad estaba a disposición de ellos por medio de Eliseo, pero no la demandaron de él. Sin embargo, cuando él estaba en el sepulcro, pusieron a un hombre muerto en su tumba, y cuando el hombre tocó los huesos de Eliseo, revivió y se puso de pie. No olvides que mi Palabra y mi poder están en la boca de mi siervo.

2 REYES 13:20-21; 1 REYES 17:24

### Declaración en oración

*El hombre de Dios orará por mí, y seré restaurado. Haré espacio en mi casa para él, para que pueda ser renovado. Seguiré las instrucciones que el hombre de Dios me dé para que mi carne sea restaurada como la de un niño, y seré limpio. No extenderé mi mano contra el hombre de Dios, porque es el ungido del Señor.*

## YO SOY TU SANADOR; ACÉRCATE A MÍ

CUANDO LA MULTITUD se agolpaba alrededor de mi Hijo para oír la Palabra de Dios de su boca, Él se metió en una barca para alejarse un poco de la costa y así poder enseñar a las multitudes mi Palabra. Acércate al Sanador mediante mi Palabra. Tu hambre por las cosas de Dios hará que mi Hijo te responda. Él nunca te enviará vacío. Bienaventurados son quienes tienen hambre y sed de mi justicia, porque serán saciados. Estudia para presentarte a ti mismo aprobado delante de mí, como obrero que no tiene de qué avergonzarse, que conocen bien mi Palabra de verdad. Vengan a mí todos los que están trabajados y cansados, y yo les daré descanso.

LUCAS 5:1-3; MATEO 5:6; 2 TIMOTEO 2:15; MATEO 11:28

### Declaración en oración

*Padre, me acerco para tocarte, porque tú eres el Sanador de toda enfermedad. Tú extenderás tus manos para tocarme. Pondrás tus palabras de vida y sanidad en mi boca. Me enseñarás tus caminos y aumentarás mi conocimiento de ti si yo estudio tu Palabra con diligencia. Señor, anhelo acercarme más a ti, porque tú eres mi sanador.*

## Ora mi palabra para tu sanidad

Hijo mío, presta atención a mis palabras; inclina tus oídos a mis dichos. No dejes que se aparten de tus ojos; guárdalas en medio de tu corazón. Porque son vida para quienes las hallan, y sanidad para toda su carne. Recibe las agradables palabras de mi boca, porque son como miel, dulces para tu alma y salud para tus huesos. Mi Palabra hará que prosperes en todas las cosas y que tengas salud, así como prospera tu alma. Yo no tengo mayor gozo que saber que caminas en mis verdades.

Proverbios 4:20-22; 16:24; 2 Juan 2-3

### Declaración en oración

*Pronuncia una palabra, Señor, y sáname en este momento. Prestaré atención a tus palabras. No se apartarán de mis ojos. Las guardaré en medio de mi corazón, porque son vida para mí y salud para mi cuerpo. Declaro que prospero en todas las cosas y que tengo salud, así como prospera mi alma.*

## Saca del pozo

Cuando mi Hijo se encontró con la mujer de Samaria, le habló de agua viva. Todo el que beba de mi agua viva nunca tendrá sed. El agua que yo doy se convertirá en una fuente de agua que salte para vida eterna. Hijo mío, saca de lo profundo de mi pozo de agua viva. Hay una provisión interminable de mi Espíritu a tu disposición, si lo pides. Entra en lo profundo del pozo de mi Espíritu, porque yo haré espacio para ti y serás fructífero en la tierra. Ven y bebe gratuitamente del agua que yo te he dado. Es un pozo que salta para vida eterna.

Juan 4:13-14; Filipenses 1:19; Génesis 26:22; Juan 4:14

## Declaración en oración

*Padre, tú has abierto mis ojos para que vea el pozo del agua de tu Espíritu. Llenaré mi copa y beberé. Soy fructífero por el pozo de tu Espíritu. Permanezco en fortaleza, y mis brazos son fortalecidos por los brazos del Dios todopoderoso. Con gozo puedo sacar agua salvadora de los pozos de salvación. Una fuente de jardines, un pozo de agua viva y corrientes del Líbano habitan en mi interior.*

# SECCIÓN XI

Activar el poder de Dios

## SANIDAD Y BENDICIÓN DEL AGUA DE VIDA

TE DARÉ EL agua de vida gratuitamente cuando tengas sed. Como vencedor, heredarás todas las cosas de mí, y yo seré tu Dios y tú serás mi hijo. Le di a mi siervo Juan una muestra de mi agua de vida en mi Palabra, y también será para ti. Es un río de agua pura, que proporciona alimento y bebida para todos los que están cerca. Cuando mi agua de vida fluya en tu vida, serás como un árbol plantado junto a las aguas. Tus raíces se extenderán y tus hojas permanecerán verdes. Nunca dejarás de dar fruto en tu vida. Puedes acercarte y beber de mi agua gratuitamente, porque yo soy la fuente de vida.

APOCALIPSIS 22:1-3, 17

### Declaración de oración

*Padre, tengo sed; por tanto, acudiré a ti y beberé agua viva. Mi interior rebosa de ríos de agua viva porque creo en ti. Soy como un árbol plantado junto a ríos de agua. Doy fruto a mi tiempo. Mis hojas no se secan. Todo lo que hago prospera. El Alfa y la Omega, el principio y el fin, me ha dado la fuente del agua de vida gratuitamente, y yo bebo.*

DECLARACIONES DIARIAS PARA LA GUERRA ESPIRITUAL

## Ten sed de mi agua viva

Regocíjate en mí, y acude a mí cuando tengas sed. Yo visito la tierra y la riego, y le doy abundancia. Mi río está lleno de agua y provee para el grano que doy gratuitamente. Yo riego en abundancia los montes y los surcos. Suavizo la tierra con lluvias y bendigo su crecimiento. Descenderé a ti como la lluvia a la hierba antes de ser cortada, y enviaré lluvias que rieguen tus lugares secos. Convertiré tu desierto en manantiales de aguas y tu tierra seca en corrientes de agua. No tendrás hambre ni sed. El calor del sol no te golpeará. Sé lleno de gozo, hijo mío, porque te consolaré y tendré misericordia en tus aflicciones.

Salmos 65:9-10; 72:6; 107:35; Isaías 49:10-13

### Declaración de oración

*Como el ciervo busca los manantiales de agua, así mi alma te busca a ti, oh Dios. Mi alma tiene sed de Dios, del Dios vivo. Mi carne te anhela en tierra seca donde no hay aguas. Tú envías tu agua que sale del abundante río de Dios. Tu agua nunca se agota, y produce una cosecha abundante. Tú has transformado el desierto de mi vida en manantiales de agua, y la tierra seca en corrientes de agua. Tú me haces habitar en lugares fértiles. Tú me bendices y multiplicas en abundancia mi semilla.*

## ACTIVA TU DON DE SANIDAD

Mi Hijo te ha dado sus órdenes de marcha. Ve y predica, diciendo a mi pueblo que el Reino de los cielos se ha acercado. Sana a los enfermos, limpia a los leprosos, resucita a los muertos, echa fuera a los demonios. De gracia has recibido, da de gracia. No te preocupes con respecto a cómo o qué deberías decir, porque no eres tú quien habla sino mi Espíritu que hablará por medio de ti. Tienes una unción de mi Espíritu Santo, y Él te capacitará para conocer todas las cosas. Su unción permanecerá en ti y te enseñará con respecto a todas las cosas. Mi unción es verdadera, no una mentira, y permanecerá en ti. Te he ungido para sanidad en tus manos y cuerpo, y liberaré mi virtud por medio de ti. Mis milagros sobrenaturales fluirán mediante tu vida.

MATEO 10:7-8, 19-20; 1 JUAN 2:20-22

### Declaración en oración

*Padre celestial, recibo una unción para sanidad en mis manos y en mi cuerpo. Que tu poder sea liberado por medio de mí para que dondequiera que yo vaya, personas sean sanadas. Creo para que fluyan milagros por medio de mi vida a las vidas de otros.*

## ENTIENDE MI UNCIÓN

PORQUE YO TE he ungido, puedes conocer todas las cosas. Mi unción te ha otorgado mi Espíritu Santo. Es mi don de poder y capacidad sobrenaturales. Mediante mi don recibirás sanidad, liberación y milagros, tanto para ti como para aquellos a quienes yo te enviaré. Mi poder de sanidad está a tu disposición. Si no lo tienes, es porque no pides. Pídeme mi unción, y te la daré. Acércate con valentía delante del trono de la gracia en todo momento de necesidad, y yo activaré mi don de sanidad por medio de ti. Las obras que mi Hijo hizo también las harás tú, y aún mayores obras que esas.

1 JUAN 2:20-22, SANTIAGO 4:2; JUAN 14:12

### Declaración de oración

*Oro para que me unjas para tener tu poder de sanidad en mi vida, no sólo en mis manos sino también en mi cuerpo. Cuando me encuentre con personas enfermas, ellas serán sanadas cuando las toque porque tu don de sanidad fluye por medio de mí. Ayunaré y oraré y me acercaré a ti. Cuando clame a ti para que fluya tu poder de sanidad, tú me responderás en mi momento de necesidad, y los milagros fluirán por medio de mí.*

## SOMÉTETE A SERVIRME

Oye mi voz llamando, hijo. ¿A quién enviaré, y quién irá por nosotros? Sométete a servirme, y puedo enviarte a mi pueblo. Porque ellos siguen oyendo pero no entienden. Siguen viendo pero no perciben. Yo te he ungido y te he liberado de las manos de tus enemigos, al igual que llamé al rey David. Te haré como Esteban, lleno de fe y de poder, para poder hacer grandes señales y milagros por medio de ti entre mi pueblo. Te he ungido para abrir los ojos de mi pueblo a fin de que se vuelvan de las tinieblas hacia la luz y del poder de Satanás a mí, para que reciban perdón de pecados y una herencia entre los santificados por la fe en mí. No seas desobediente a la visión celestial, sino declara mis maravillas entre el pueblo.

Isaías 6:8-9; 2 Samuel 12:7; Hechos 6:8; 26:17-19

### Declaración en oración

*Padre, responderé tu llamado y llevaré el mensaje de tu don gratuito de salvación dondequiera que me envíes. Tú eres mi fortaleza, y alabaré tus maravillas y hablaré de tu fidelidad también en la congregación de los santos. Lléname de fe y de poder como Esteban. Tú me has llamado, y eres fiel para hacer por medio de mí aquello para lo cual fui llamado.*

## ORA POR MI UNCIÓN PERSONAL

Yo TE HE llenado de mi Espíritu Santo y de fe para que muchos vean tu unción y sean añadidos a mi Cuerpo debido a tu ministerio. Te he capacitado y te he considerado fiel para ser mi vocero. Te he dado el poder de mi Espíritu y te envío a tu ciudad, tu región y a todo el mundo. Sigue el poder de mi unción, y obtendrás una cosecha de mi fruto, mi amor, gozo, paz, paciencia, benignidad, bondad, fe, mansedumbre y templanza, que atraiga a otros a demandar mi unción para ellos mismos. Yo te he llamado, y soy fiel para hacer por medio de ti aquello para lo cual te he llamado.

HECHOS 11:24; GÁLATAS 5:22-23; 1 TIMOTEO 1:12

### Declaración en oración

*Permaneceré lleno del Espíritu Santo y de fe para que muchos sean añadidos al Cuerpo de Cristo. He sido ungido para abrir sus ojos y hacer que se vuelvan de las tinieblas a la luz y del poder de Satanás a Dios, para que reciban perdón de pecados y herencia entre los santificados por la fe que es en ti.*

## Liberaré una unción generacional

Al igual que ungí a Aarón y a sus hijos después de él, así tú has sido ungido y consagrado, tú y tus hijos, para el servicio a mí. Te levanto como un sacerdote fiel, y harás según lo que haya en mi corazón y mi mente que hagas. Yo seré tu torre de salvación y te mostraré mi misericordia. Bendeciré a tus hijos. Ten fe en mí para lo que yo haré en ellos y por medio de ellos en el futuro. Cubriré a tus hijos con la sangre de Jesús, y el ángel de la muerte no los tocará, sino que pasará de largo. Debido a mi unción en tu vida, otorgaré a todas tus generaciones futuras gran liberación y misericordia.

Éxodo 29:29; 1 Samuel 2:35; Salmos 18:50

### Declaración de oración

*Creo que he sido ungido por Dios al igual que Él ungió a mis padres, para que pueda ministrar a Dios en mis planes ministeriales y para que mi familia pueda ser un sacerdocio duradero en todas nuestras generaciones. Te ofrezco a mis hijos y los declaro tuyos. En fe recibo tus promesas para mi vida y para las de ellos.*

## He revelado mi plan de pacto

Cuando mi Hijo estableció el Reino sobre la tierra, Él declaró que llegaría a todos los pueblos: judíos y gentiles igualmente. Mi Reino es para todos, y reconstruirá y establecerá mi tabernáculo entre la humanidad, de modo que todos puedan buscarme y entrar. Mi Reino es un cuerpo del nuevo pacto: mi Iglesia. Llenará a mi pueblo con gozo eterno y será un pacto de paz. Hijo mío, yo te he llamado al Reino y te he vestido de mi justicia por medio de mi Hijo. Que mi justicia, paz y gozo aumenten en tu vida y se extiendan por todas tus generaciones.

Hechos 15:12-17; Isaías 61:1-3; Hebreos 12:22;
Isaías 54:10; Efesios 4:24

### Declaración en oración

*Señor, que pueda yo decir: "He proclamado buenas nuevas de justicia en la gran congregación; he aquí que no refrenaré mis labios. Oh Señor, tú sabes que no he escondido tu justicia en mi corazón; he hablado de tu fidelidad y de tu salvación. No he ocultado tu misericordia y tu verdad de las personas que necesitan ser llevadas a tu Reino".*

## Te he traído a mi reino

Hijo mío, el Reino de Dios, mi Reino, está dentro de ti. En mi Reino florecerá la justicia, y la tierra será llena del conocimiento de mis caminos. Anhelo que mi Reino se extienda por toda la tierra, pero ¿a quién enviaré y quién irá por mí para llevar al mundo a mi Reino? Igual que mi siervo Isaías, ¿irás tú por mí? Mi grandeza es insondable; declara mis poderosos actos y mis increíbles obras y mi grandeza. Canta de mi justicia, porque estoy lleno de misericordia, de bien y de compasión para todos. Habla de las glorias de mi Reino, porque es un Reino eterno que permanece por todas las generaciones. Aléjate de aquellos que endurecen sus corazones y no escuchan, y razona diariamente con todos aquellos que oyen la Palabra y aceptan mis caminos.

Lucas 17:21; Salmos 145:1-13; Hechos 19:6-10

### Declaración de oración

*Tu trono, oh Dios, es para la eternidad; tú tienes un cetro de justicia en tu mano y unges a tu pueblo con óleo de alegría. Estás vestido de honor y majestad. Caminas sobre las alas del viento y haces de las nubes tu carro. Cuán múltiples son tus obras; la tierra está llena de tus posesiones. Cantaré alabanzas a ti mientras viva, y mostraré tus maravillas a todo tu pueblo.*

## HAY GRAN GOZO EN MI REINO

MI REINO ESTÁ lleno de gran gozo y regocijo. El desierto y las tierras estériles estarán contentas, y el desierto se regocijará y florecerá como la rosa. Florecerá abundantemente y se regocijará, con gozo y cantos. Mis redimidos caminará en mi Reino, y los redimidos del Señor regresarán e irán a Sión con canto, con gozo eterno sobre sus cabezas. Tendrán gozo y alegría, y la tristeza y el lamento huirán. Que los pueblos me alaben, y que las naciones se alegren y canten de gozo. Yo juzgaré a mi pueblo con rectitud y gobernaré las naciones de la tierra. Recuerda mi misericordia, y regocíjate y alégrate, porque yo seré tu Dios para siempre.

ISAÍAS 35:1-2, 10: SALMOS 67:3-4

### Declaración en oración

*Aplaudiré con mis manos y gritaré a Dios con gritos de alegría. Qué maravilloso eres tú, oh Altísimo, el gran Rey sobre toda la tierra. Tú sometes naciones y has escogido tu Reino como nuestra herencia. Has ascendido entre gritos de gozo y el sonido de trompetas. Cantaré alabanzas a mi Rey. Porque tú eres el Rey de toda la tierra; tú reinas sobre las naciones. Estás sentado en tu trono santo, y los reyes de la tierra te pertenecen y exaltan en gran manera tu nombre.*

## Mi hijo es el príncipe de paz

Mi Hijo vino como un niño para establecer su Reino. El gobierno estará sobre su hombro. Y se llamará su nombre Admirable, Consejero, Dios Fuerte, Padre Eterno, Príncipe de Paz. Lo dilatado de su gobierno y la paz no tendrán límite. Él gobernará sobre el trono de David y sobre su Reino, para ordenarlo y establecerlo con juicio y justicia, desde ese momento en adelante, y para siempre. Abre las puertas para que entren los justos, la nación que guarda la fe. Yo te guardaré en perfecta paz si tus pensamientos son firmes en mí. Confía en mí, porque yo soy el Señor, la Roca eterna. Que la paz de mi Hijo gobierne en tu corazón, porque te he llamado a la paz.

Isaías 9:6-7; 26:2-3; Colosenses 3:15

### Declaración de oración

*En tu Reino, Señor, tú extenderás paz como río y una corriente a
todos los pueblos. Tú consolarás a tu pueblo, y nuestros corazones se
regocijarán. Yo me acostaré y dormiré en paz, porque sólo tú, Señor, me
haces habitar en seguridad. Que la justicia obre paz en mi vida, y que
el efecto de la justicia sea tranquilidad y confianza para siempre.*

## LOS JUSTOS REINARÁN CONMIGO

Yo REINARÉ EN mi Reino en justicia, y mi pueblo justo gobernará con justicia. Porque si murieron con mi Hijo, también vivirán con Él. Si soportan, también reinarán con Él. Porque Él les ha redimido para Dios por su sangre, de toda tribu, y lengua, y pueblo y nación, y les ha hecho reyes y sacerdotes para mí, y reinarán sobre la tierra. Mi gobierno se extenderá de mar a mar, y desde el río hasta los confines de la tierra. En cuanto a ti, debido a la sangre de mi Hijo, te libertaré y proclamaré paz a las naciones.

ISAÍAS 32;1; 2 TIMOTEO 2:12; APOCALIPSIS 5:10; ZACARÍAS 9:10

### Declaración en oración

*Señor, los cielos declaran tu gloria, y el firmamento proclama la obra de tus manos. Señor, tú nos permites gobernar todo lo que tus manos han creado. Y tú lo pusiste todo bajo nuestro poder: las ovejas y el ganado, y todo animal salvaje, las aves del cielo, los peces del mar y todas las criaturas del océano. Nuestro Señor y Gobernador, tu nombre es maravilloso en todas las partes de la tierra.*

## MI REINO ES UN REINO DE JUSTICIA

MI REINO ES un Reino de justicia, y yo sostengo el cetro de justicia en mi mano. Te guiaré en los senderos de justicia. Si confías en mí, yo haré brillar tu justicia como la luz. Quienes esperan en mí heredarán la tierra y se deleitarán en abundancia de paz. Bienaventurado el hombre que yo escojo y hago que se acerque a mí. Tú habitarás en mis atrios y estarás satisfecho con la bondad de mi casa. Yo te responderé con asombrosas obras de justicia, y estableceré los montes mediante mi fortaleza. La obra de la justicia será paz, y el efecto de la justicia será tranquilidad y seguridad para siempre.

SALMOS 23:3; ISAÍAS 32:17

### Declaración de oración

*Tú nos has llamado a justicia, oh Señor, y tú me sostendrás en tu mano. Me darás como un pacto al pueblo, como una luz para los gentiles. Por medio de ti abriré ojos ciegos y sacaré de la cárcel a prisioneros, incluso a quienes se sientan en la oscuridad en la cárcel. Ciertamente, en ti tengo justicia y fortaleza. Porque esa es la herencia de los siervos del Señor, y mi justicia vendrá de ti.*

## TE HE PLANTADO EN JUSTICIA

HE VENIDO A proclamar el establecimiento de mi Reino: un Reino de justicia. Te reconfortaré y te consolaré cuando lamentes, y te daré belleza en lugar de cenizas y óleo de alegría en lugar de lamento. Te vestiré con manto de alabanza en lugar del espíritu angustiado, para que seas llamado árbol de justicia, plantío mío, para que puedas glorificarme. Comerás las riquezas de los impíos, y en lugar de vergüenza tendrás doble honra. Gozo eterno será tuyo. Haré contigo un pacto eterno. Tus descendientes serán conocidos entre los impíos, porque ellos son la posteridad que yo he bendecido. Haré que la justicia y la alabanza se muestren delante de todas las naciones.

ISAÍAS 61

### Declaración de oración

*Señor, que sea yo vestido de justicia. Que la justicia obre paz en mi vida, y que el efecto de la justicia sea tranquilidad y confianza para siempre. Tú me das belleza en lugar de cenizas, óleo de alegría, manto de alabanza en lugar del espíritu angustiado, para que pueda ser llamado árbol de justicia, plantío tuyo, para que tú seas glorificado.*

## YO LLENO EL MUNDO DE MI JUSTICIA

DARÉ A CONOCER mi salvación y revelaré mi justicia a las naciones. Obraré rectitud y justicia para todos los oprimidos. Mi trono está establecido en misericordia, y me siento en él en verdad en el tabernáculo de David, juzgando y buscando justicia y rectitud. Los cielos se derramarán y el firmamento derramará justicia. La tierra se abrirá y producirá salvación y justicia juntamente. Justicia y alabanza se producirán delante de todas las naciones. Las naciones verán mi justicia, y todos los reyes mi gloria. Yo llenaré el mundo de mi justicia.

ISAÍAS 16:5; 45:8; 62:2

## Declaración de oración

*Iré en la fuerza del Señor. Haré mención de tu justicia, solamente de la tuya. Estoy establecido en justicia, y la tiranía estará lejos de mí. No tendré nada que temer, porque el terror será llevado muy lejos y no se acercará a mí. Me deleitaré en gran manera en ti, oh Señor; mi alma se regocijará en ti. Me has vestido con túnica de salvación y con manto de justicia.*

## MI HIJO, JESÚS, ES TU MESÍAS-REY

EL ESTABLECIMIENTO DE mi Reino se logró mediante mi Hijo: tu Mesías-Rey. Que todas las naciones se regocijen y canten, porque Él juzgará al pueblo con justicia y gobernará las naciones de la tierra. Él dará paz a todos en su Reino y ordenará paz para su pueblo. Él fue ungido por mí para llevar el mensaje del Reino y establecerlo en la tierra. Lo dilatado de su gobierno y la paz no tendrán fin. Su Reino es de generación a generación. El evangelio es una declaración de su reinado.

SALMOS 67:5; ISAÍAS 55:5; MARCOS 1:15

## Declaración en oración

*Cuán hermosos sobre los montes son los pies de aquel que lleva las buenas nuevas, que proclama paz, que lleva buenas noticias de cosas buenas, que proclama salvación y que dice a Sión: "¡Tu Dios reina!"*

## ENTRÉGATE A LA PREDICACIÓN DEL EVANGELIO

MI REINO LLEGARÁ a los impíos mediante tu predicación del evangelio. Ve por todo el mundo y predica las buenas nuevas a toda la creación. El que crea y sea bautizado será salvo, pero el que no crea será condenado. Te he mandado que prediques a los pueblos y testifiques que mi Hijo es a quien yo he designado como juez de vivos y muertos. Te he dado gracia para predicar las insondables riquezas del Reino de mi Hijo y para mostrar a todos el misterio del Reino. Así todos conocerán mi múltiple sabiduría, según mi propósito eterno que logré mediante mi Hijo. En Él y por medio de Él puedes acercarte a mí con libertad y confianza.

SALMOS 47:8; MARCOS 16:15; HECHOS 10:42

### Declaración en oración

*Padre, responderé tu llamado a predicar el evangelio a todos los pueblos. No me avergüenzo del evangelio, porque es poder de Dios para la salvación de todo aquel que cree: primeramente los judíos, y después los gentiles. Porque en el evangelio se revela la justicia de Dios, una justicia que es por la fe de principio a fin, como está escrito: "El justo vivirá por la fe".*

## ENTIENDE LOS MISTERIOS DE MI REINO

Hijo mío, los misterios, los secretos del Reino de los cielos te han sido entregados. Te he confiado las cosas secretas de mi Reino. Preséntate a ti mismo fiel, porque te juzgaré por tu fidelidad. Yo sacaré a la luz de lo que está oculto en la oscuridad y expondré los motivos de los corazones de los hombres. Los misterios de mi Reino se te han dado a conocer para que puedas revelarlos a todas las gentes y ellos puedan convertirse en herederos de mi cuerpo y participantes de las promesas del Reino por medio de Cristo. Esta revelación te ha sido dada por el don de la gracia de Dios, que te es dada mediante la obra eficaz de su poder. Es mi voluntad dar a conocer las riquezas de la gloria de mi Reino a todos los pueblos.

1 Corintios 4:1-5; Efesios 3:1-7; Colosenses 1:27

### Declaración de oración

*Padre, gracias por confiarme la revelación de los misterios de tu Reino.*
*Por medio de tu Hijo Jesús, y de tu Espíritu Santo en mi interior, me*
*has ungido para predicar las buenas nuevas a los pobres. Me has*
*enviado a proclamar libertad a los cautivos y vista a los ciegos, a*
*liberar a los oprimidos y proclamar el año del favor del Señor.*

## TENGO UN PLAN GLORIOSO PARA LOS GENTILES

Es mi plan que mi Reino tenga dominio sobre todos los pueblos del mundo. Mediante mi Hijo confirmé las promesas hechas a Abraham, que los gentiles me glorificarían por mi misericordia hacia ellos. Isaías habló a mi pueblo para confirmar esta promesa cuando dijo: "Estará la raíz de Isaí, y el que se levantará a regir los gentiles; los gentiles esperarán en él". Mi luz ha llegado a todos los pueblos, y mi gloria se levanta sobre ellos. Los gentiles vendrán a mi luz, y reyes a la brillantez de mi salida. Se reunirán y vendrán a mí. Entonces verán y serán radiantes, y sus corazones se llenarán de gozo.

SALMOS 72:8; ROMANOS 15:12; ISAÍAS 60:1-5

### Declaración de oración

*Padre, tu Palabra ha revelado que tú justificarás a todas las naciones por la fe y bendecirás a todas las naciones mediante tu promesa a Abraham. Siempre que abra mi boca, que tus palabras me sean dadas para que pueda conocer sin temor el misterio de tu Reino. Porque mediante Jesús, tú puedes establecerme por el evangelio, para que proclame el misterio de tu Reino, oculto en tiempos pasados, pero ahora revelado y dado a conocer para que todas las naciones crean en ti y te obedezcan.*

## Estoy sometiendo las naciones

La obra de mi Reino es triunfante, y yo gobierno como Rey sobre toda la tierra. Someteré a los pueblos bajo mi Reino, y a las naciones igualmente. Iré delante de ti y enderezaré los lugares torcidos. Romperé las barras de bronce y cortaré las barras de oscuridad. Te daré los tesoros de la oscuridad y las riquezas ocultas de mi Reino, para que sepas que yo he llamado a mi pueblo por su nombre, incluso antes de que ellos me conocieran. Yo soy el Señor, y no hay otro. Yo haré todas las cosas. Haré descender bendiciones desde el cielo y haré que los cielos derramen mi justicia. La tierra se abrirá y producirá salvación, y justicia y salvación reinará juntamente en la tierra.

Isaías 45:1-8

### Declaración en oración

*Tú eres el Señor Altísimo, el gran Rey sobre toda la tierra. Someterás a los pueblos bajo tu reino. Tú reinas sobre las naciones; te sientas sobre el trono de tu santidad. Que los nobles de las naciones se reúnan como el pueblo del Dios de Abraham, porque los reyes de la tierra te pertenecen a ti. Que los pueblos, todos los habitantes del mundo, oigan y entiendan tus parábolas del Reino.*

## LAS PROMESAS DEL VIEJO PACTO SON CUMPLIDAS MEDIANTE MI HIJO

MEDIANTE MI HIJO, las promesas de mi viejo pacto con mi pueblo han sido cumplidas. Todos los términos de la tierra recordarán y se volverán a mí, y todas las familias de las naciones me adorarán. Porque mío es el Reino, y yo gobierno sobre las naciones. Mi camino será conocido en la tierra, y mi salvación entre todas las naciones. Las naciones se alegrarán y cantarán de gozo. Todas las naciones que yo he creado se reunirán y adorarán delante de mí, y glorificarán mi nombre. Dondequiera que las gentes sometan sus corazones al gobierno de mi Hijo, el Rey del Reino, yo mostraré el cielo en la tierra.

SALMOS 22:27-28; 67:2, 4; 86:9; HEBREOS 12:22

### Declaración en oración

*Padre, te alabo porque mediante la obra de tu Hijo Jesús, tú has establecido tu Reino en la tierra y has abierto las puertas del Reino a todas las naciones del mundo. Oraré y obraré con diligencia para ver tu Reino llegar a todas las naciones de mi mundo.*

## ADÓRAME EN ESPÍRITU Y EN VERDAD

EN TIEMPOS DE mi viejo pacto con Israel, mi pueblo iba al templo a reunirse conmigo y a adorarme. Mediante mi Hijo, el velo de separación entre mi pueblo y yo ha sido quitado, y mi pueblo ahora me adora en Espíritu y verdad. Yo busco verdaderos adoradores que me adoren en espíritu y verdad, porque yo soy Espíritu, y quienes me adoran deben adorarme en espíritu y verdad. Contempla a mi Hijo, en quien se deleita mi alma. He puesto mi espíritu sobre Él, y Él llevará justicia a todos los pueblos. Él llevará justicia por la verdad. Él no fracasará ni se desalentará hasta que haya establecido justicia en la tierra.

JUAN 4:22-24; ISAÍAS 42:1-9

### Declaración en oración

*Padre, ya no nos acercamos a ti mediante un velo oscuro, sino que mediante*
*Jesús tenemos acceso a tu trono de gracia. Tú pusiste tu Espíritu sobre Él, y*
*le ungiste para predicar las buenas nuevas a los humildes. Tú le enviaste a*
*sanar a los quebrantados de corazón y a proclamar libertad a los cautivos y*
*liberación de la cárcel para aquellos que están atados. Él consolará a todos*
*los que lloran y pondrá el manto de alabanza sobre tu pueblo. Seremos*
*árboles de justicia, plantío de tu Hijo, para que Él pueda ser glorificado.*

## MI REINO NO ES DE ESTE MUNDO

Mi Reino no es de este mundo. Mi Reino no es comida ni bebida, sino justicia, paz y gozo en mi Espíritu Santo. Porque aquel que sirve a mi Hijo en estas cosas es aceptable a mí y aprobado por los hombres. Por tanto, sigue las cosas que procuran la paz y las cosas que edifican los unos a los otros. No hagas nada que cause que tu hermano o hermana tropiecen o sean ofendidos. La entrada en mi Reino no llega por el nacimiento físico; sólo puede entrarse por nacimiento espiritual. Mi Reino existe en el interior de mi pueblo. Mi Reino es como un río que fluye desde Sión a las naciones. Por dondequiera que pasa el río, lleva sanidad.

ROMANOS 14:17-21; LUCAS 17:21; EZEQUIEL 47

### Declaración de oración

*Padre, tú has establecido tu trono en el cielo, y tu Reino gobierna sobre todo. Que los hombres hablen de la gloria de tu Reino y hablen de tu poder. Tu Reino no llega con observación; no es físico, sino existe en el interior de tu pueblo. Tu Reino no es comida ni bebida, sino justicia, paz y gozo en tu Espíritu Santo.*

# He puesto mi reino en tu interior

No PIENSES COMO quienes creían que el Mesías prometido vendría a la tierra a establecer un Reino que podría observarse en lo natural. Porque el Reino no llega con observación. Ciertamente, mi Reino está en tu interior. Mi Hijo estableció mi Reino por medio de su muerte y resurrección, y yo he puesto mi Espíritu Santo en tu interior para establecer mi Reino en tu corazón. Si confiesas tu fe en mi Hijo con tu boca y crees en tu corazón que Dios le ha resucitado de la muerte, serás salvo y te convertirás en parte de mi Reino. Fortalece tu corazón en fe para orar con diligencia que mi Reino sea establecido en plenitud en todo el mundo.

LUCAS 17:20-21; ROMANOS 10:9-10

## Declaración de oración

*Padre, gracias por la obra de tu Hijo, que vino a establecer tu Reino en la tierra. Ayúdame a entender los misterios de tu Reino y a comprender plenamente que tu Reino habita en el interior de los corazones de tu pueblo. Enséñame a edificar mi fe y a obrar con diligencia para dar a conocer tu Reino a todos los pueblos. Anhelamos el día en que tú regreses otra vez y establezcas tu Reino en su plenitud sobre la tierra.*

## Mi hijo está establecido en
## el santo monte de Sión

Yo HE ESTABLECIDO a mi Rey en mi santo monte de Sión y he decretado:
"Mi hijo eres tú; yo te engendré hoy. Pídeme, y te daré por herencia las
naciones, y como posesión tuya los confines de la tierra". Mi Hijo gobernará mi Reino desde Sión; por tanto, bienaventurado eres si pones tu
confianza en Él. Él te responderá en el tiempo de angustia y te defenderá
y enviará ayuda para fortalecerte desde su santo trono en Sión. Él ha
escogido Sión como su morada, y todo aquel que entra en su Reino habitará en Sión. Él bendecirá abundantemente a su pueblo con provisión y
satisfará a los pobres con pan. Él vestirá a sus enemigos de vergüenza,
pero su corona florecerá y su Reino vivirá eternamente.

SALMOS 2:7-8; 20:1-2; 132:13-18

### Declaración en oración

*Señor, tú has sido establecido sobre el santo monte de Sión, y gobernarás
en medio de tus enemigos. Cantaré alabanzas a ti y declararé tus obras
entre los pueblos. Tu salvación ha salido de Sión, y ha hecho regresar
la cautividad de tu pueblo. Te bendigo, porque me has mostrado
tus maravillosas obras. Que Sión sea establecido para siempre.*

## MI HIJO ES EL GOBERNADOR DE TODO

EL REINO ES de mi Hijo, y Él gobierna sobre las naciones. Él gobierna por su poder para siempre. Sus ojos observan las naciones, y no dejará que los rebeldes se exalten a sí mismos. Él guardará tu alma entre los vivos y no permitirá que tus pies sean conmovidos. Él probará a su pueblo y lo refinará como la plata es refinada. Aunque pases por el fuego y por el agua, Él te llevará a abundancia. Mi Hijo ama la justicia y ha establecido equidad. Él ejecuta justicia y rectitud. Él actuará con sabiduría, y será levantado y muy exaltado.

SALMOS 56:7-12

### Declaración en oración

*Señor, tú nos permites gobernar todo lo que tus manos han creado. Y pusiste todo ello bajo nuestro poder: las ovejas y el ganado, y todo animal salvaje, las aves del cielo, los peces del mar y todas las criaturas del océano. Nuestro Señor y Gobernador, ¡tu nombre es maravilloso en toda la tierra! Señor, todos en esta tierra te recordarán. Personas en todo el mundo se volverán a ti y te adorarán, porque tú tienes el control, el gobierno de todas las naciones.*

## SIGUE MI SENDERO DE JUSTICIA

Hijo mío, si recibes mis palabras y atesoras mis mandamientos dentro de ti, de modo que inclines tu oído a la sabiduría y apliques tu corazón al entendimiento, sí, si clamas por discernimiento y levantas tu voz para entender, si la buscas como a plata y como a tesoros ocultos, entonces entenderás el temor del Señor y encontrarás mi conocimiento. Porque yo doy sabiduría; de mi boca salen el conocimiento y el entendimiento; yo guardo sabiduría para los rectos; soy un escudo para aquellos que caminan en rectitud. Yo guardo el sendero de justicia y preservo el camino de mis santos.

PROVERBIOS 2:1-8

*Declaración en oración*

*Padre, esta es la oración de mi corazón: "Abre para mí las puertas
de la rectitud; entraré y daré gracias al Señor. Esta es la puerta del
Señor por la cual los justos pueden entrar. Te daré gracias, porque me
respondiste; te has convertido en mi salvación". Iré en la fortaleza del
Señor Dios; haré mención de tu justicia, solamente de la tuya.*

## ESCUCHA MI VOZ POR ENCIMA
## DE TODAS LAS DEMÁS

Yo soy el Dios de gloria y fortaleza. Mi voz puede oírse por encima del trueno de potentes aguas, porque es poderosa y majestuosa. Puede partir un fuerte cedro o relucir con el relámpago. Puede conmover el desierto y dejar estériles los bosques. Yo haré que mis enemigos oigan mi voz y hará temblar a mis enemigos. Sin embargo, puedo hablar con mi pueblo con una suave voz, un leve susurro, como hice con mi siervo Elías, y darle consejo, consuelo e instrucción. Hijo mío, aprende a escuchar mi voz y a conocer mi voz como las ovejas conocen la voz de su pastor. Si obedeces con diligencia mi voz y observas cuidadosamente todas mis instrucciones, entonces bendeciré tu vida porque obedeces mi voz.

Salmos 29:3-9; 1 Reyes 19:10-18; Deuteronomio 28

### Declaración en oración

*Señor, los cielos declaran tu gloria, y el firmamento proclama la obra de tus manos. Tu voz ha salido por toda la tierra, y tus palabras hasta los confines del mundo. Yo oigo la voz del Señor. Él me indica el camino, dónde debería girar a la derecha o a la izquierda, y me aconseja para que ande en el camino. Háblame, Señor, y escucharé y obedeceré tu voz.*

## DELÉITATE EN MÍ

DELÉITATE EN MÍ, y yo te daré los deseos de tu corazón. Entrégame tu camino; confía en mí, y yo lo haré. Haré brillar tu justicia como el amanecer, la justicia de tu causa como el sol de mediodía. Está quieto y espera en mí pacientemente. No te inquietes cuando los hombres prosperen en sus caminos y lleven a cabo sus malvados planes. Porque quienes esperan en mí heredarán la tierra. Yo me deleito en quienes me conocen y me entienden, que yo soy el Señor que ejerce bondad, justicia y rectitud en la tierra. No permitas que tus manos se cansen, porque yo estoy contigo. Soy poderoso para salvar, y tengo gran deleite en ti. Te aquietaré con mi amor y me regocijaré sobre ti con cántico.

SALMOS 37:4-9; JEREMÍAS 9:24; SOFONÍAS 3:15-18

### Declaración en oración

*Tengo gran deleite en el Señor; mi alma se regocija en mi Dios. Porque
Él me ha vestido con ropas de salvación y me ha puesto un manto de
su justicia, como un novio adorna su cabeza como un sacerdote y una
novia se adorna con sus joyas. Porque como el suelo hace salir los brotes
y el huerto hace que crezcan las semillas, así el Señor soberano hará
que se produzcan justicia y alabanza delante de todas las naciones.*

## Dame tu adoración y tu alabanza

Mi Reino será conocido por todo el mundo. Personas de todas las naciones vendrán para habitar para siempre en mi Reino, y las naciones del mundo darán alabanza y adoración a mi nombre y me glorificarán. Yo seré la esperanza de los gentiles. Los reyes y los jueces de la tierra serán sabios y me servirán con temor reverente y temor adorador, y se regocijarán con temblor. Ellos me adorarán en la hermosura de la santidad y me cantarán alabanzas.

Romanos 15:9-12; Salmos 2:10-11; 66:4

### Declaración en oración

*Señor, todos en esta tierra te recordarán. Personas en todo el mundo se volverán y te adorarán, porque tú tienes el control, gobernador de todas las naciones. Te adoraré en tu altar porque me haces alegrarme. Tú eres mi Dios y te alabaré.*

# SECCIÓN XII

Dios es la satisfacción de mi vida

## Yo soy un Dios en quien puedes confiar

Las naciones y los pueblos del mundo me ofrecerán sacrificio de justicia y pondrán su confianza en mí. Yo soy su fortaleza y su escudo; ellos confiarán en mí con todo su corazón, y yo les ayudaré. Por tanto, se regocijarán grandemente y me alabarán con cántico. Habitarán en mi tabernáculo para siempre y confiarán en el refugio de mis alas. Yo seré su salvación. Ellos confiarán y no tendrán temor, porque yo soy el Señor Dios Jehová y me he convertido en su fortaleza y su canto. Los guardaré en perfecta paz porque sus pensamientos permanecen en mí y confían en mí.

Salmos 28:7; 61:4; Isaías 26:3

### Declaración de oración

*Hazme oír tu bondad en la mañana, porque en ti confío; hazme saber el camino en que debo andar, porque levanto mi alma a ti. Señor, confío en ti. Permite que sea como un árbol plantado junto a las aguas que extienda mis raíces junto al río, y por eso no tengo por qué temer cuando llegue el calor. Que mis hojas sean verdes, y guárdame de preocupaciones en el año de sequía, dando fruto siempre.*

## YO SATISFARÉ TU ALMA

Yo SATISFARÉ a mi pueblo con larga vida y le mostraré mi salvación. Satisfaré tus deseos con cosas buenas, de modo que tu juventud se renueve como la del águila. Satisfaré tu alma con abundancia y te llenaré de bondad. Te guiaré continuamente. Serás como un huerto regado y como una corriente de agua, cuyas aguas no faltan. Bendeciré tu provisión y te satisfaré con pan.

SALMOS 103:5; 91:16; JEREMÍAS 31:14; ISAÍAS 58:11; SALMOS 132:15

## Declaración de oración

*Señor, tú eres mi refugio y mi fortaleza, mi Dios, en quien confío. Ciertamente me salvarás de la trampa del malvado y de pestilencia mortífera. Me cubrirás con tus plumas, y bajo tus alas encontraré refugio; tu fidelidad será mi escudo. Con larga vida me satisfarás y me mostrarás tu salvación.*

# Te ocultaré del malvado

Protegeré tu vida de la amenaza del enemigo y te ocultaré de sus malvadas conspiraciones y planes. Ciertamente les dispararé con mis flechas, y serán derribados de repente. Proporcionaré un lugar para mi pueblo y te plantaré para que tengas una casa propia y ya no seas molestado. Los malvados no te oprimirán más. Vigilaré los caminos de mis justos, pero el camino del malvado conduce a la destrucción. Aunque maquinen mal contra ti y piensen planes malvados, no pueden tener éxito.

Salmos 64:1-2; 1 Crónicas 17:9; Salmos 1:6; 21:11

## Declaración de oración

*Señor, levanta al humilde, pero echa a tierra al malvado. Escóndeme del plan secreto de los malvados, de la rebelión de quienes hacen iniquidad. Estaré quieto delante de ti y esperaré pacientemente, porque el poder del malvado será roto, pero tú sostendrás al justo. Tú eres un Dios justo y no abandonarás a tus fieles. Quienes hacen mal serán totalmente destruidos, y la descendencia de los malvados perecerá.*

## MIS OBRAS SON INCREÍBLES

HIJO MÍO, YO SOY el Señor Altísimo, y mis obras son increíbles. Yo soy un gran Rey sobre toda la tierra. Someteré a los pueblos bajo mi mano y a las naciones bajo mis pies. Te responderé cuando clames a mí, y recompensaré a mi pueblo con increíbles obras de justicia. Mediante la grandeza de mi poder, tus enemigos se someterán a sí mismos a mí. Los hombres hablarán del poder de mis increíbles obras y declararán mi grandeza.

SALMOS 47:2-3; 65:5; 66:3; 145:6

*Declaración de oración*

*Padre, tú eres el Señor Altísimo y eres increíble en tus obras. Tú eres el gran Rey sobre toda la tierra. Someterás a los pueblos bajo nuestra mano y a las naciones bajo nuestros pies. Yo hablaré del poder de tus obras y declararé tu grandeza. ¡Tú, Señor, eres todo lo que quiero! Tú eres mi elección, y tú me mantienes seguro. Haces mi vida agradable y mi futuro es brillante.*

## MI NOMBRE PERMANECERÁ PARA SIEMPRE

Yo soy un Dios grande, mayor que todos los dioses. Mi nombre permanecerá para siempre, y mi fama por todas las generaciones. Reivindicaré a mi pueblo y tendré compasión de mis siervos, haré todo lo que me agrada en los cielos y la tierra, en el mar y en todas sus profundidades. Yo hago levantarse las nubes de los confines de la tierra y envío relámpagos con la lluvia. Del aumento de mi gobierno y paz no habrá fin. Estableceré mi Reino y lo ordenaré, y lo estableceré con juicio y justicia para siempre. Mi nombre permanecerá para siempre y continuará tanto como el sol. Los hombres serán benditos en mí y todas las naciones me llamarán bienaventurado.

SALMOS 135:3-7, 13-14; 72:17

## Declaración de oración

*Padre, bienaventurados son quienes han aprendido a aclamarte, quienes caminan
en la luz de tu presencia, oh Señor. Se regocijan en tu nombre todo el día; se gozan
en tu justicia, porque tú eres su gloria y su fortaleza. Todas las naciones que tú
has creado vendrán y adorarán delante de ti, oh Señor, y glorificarán tu nombre.*

## Declaran mi gloria

Los cielos declaran mi gloria; el firmamento proclama las obras de mis manos. Declaran mi gloria entre las naciones y mis maravillosas obras entre todos los pueblos. Yo soy digno de recibir gloria, honra y poder, porque yo creé todas las cosas, y por mi voluntad fueron creadas. Da gloria a mi nombre, porque sólo yo soy santo. Todas las naciones vendrán y adorarán delante de mí, porque mis justos actos han sido revelados.

Salmos 19:1; 1 Crónicas 16:24

### Declaración de oración

*Tuya, Señor, es la grandeza, y el poder, la gloria y la majestad y el esplendor, porque todo en los cielos y en la tierra es tuyo. Tuyo, Señor, es el Reino; tú eres exaltado como cabeza sobre todo. Cuán majestuoso es tu nombre en toda la tierra. Tú has puesto tu gloria en los cielos.*

## YO REINO SOBRE TODO

QUE LA TIERRA se alegre, porque yo reino. Que las playas distantes se regocijen. Los cielos proclaman mi justicia, y todos los pueblos verán mi gloria. He dado a conocer mi salvación y he revelado mi justicia a las naciones. Me acuerdo de mi amor y fidelidad a mi pueblo; todos los confines de la tierra verán mi salvación. Yo reino sobre todo; estoy vestido de majestad y de fortaleza y poder. Yo he establecido el mundo, y no puede ser conmovido.

SALMOS 97:1; 98:1-3; 93:1

## Declaración de oración

*Tú nos has revelado tu justicia, y proclamaré tu salvación a todos los que necesiten oírla. Levantaré mi voz a las naciones y proclamaré tu majestad, tu fuerza y tu poder. Proclamaré tu amor y fidelidad dondequiera que vaya.*

## ESCUCHARÉ TU ORACIÓN

Hijo mío, cuando clames a mí yo te responderé. Daré oído a tu oración y te mostraré las maravillas de mi gran amor. Te guardaré como a la niña de mis ojos y te ocultaré en la sombra de mis alas de los malvados que quieren destruirte. Me levantaré y confrontaré a tus enemigos, y los de arribaré. Te rescataré del malvado con mi espada y te salvaré de tales personas. Mis ojos están sobre los justos, y mis oídos atentos a su oración. Pero mi rostro está contra quienes hacen maldad.

SALMOS 17:6-9, 13-14; 1 PEDRO 3:12

### Declaración de oración

*Tú has escuchado mi súplica y recibirás mi oración. Tú has dicho que responderás mis oraciones y has establecido un momento en que acudirás a salvarme. Tú escucharás la oración del destituido y no menospreciarás su oración. Tú oirás el lamento del prisionero y liberarás a quienes van a la muerte. Antes de que yo clame, tú responderás, y mientras yo esté hablando, tú oirás.*

## QUITARÉ TUS PECADOS

Yo soy compasivo y misericordioso, lento para la ira y grande en amor. No acusaré siempre, ni tampoco mantendré mi enojo para siempre. Yo no te trato como merecen tus pecados ni te devuelvo según tus iniquidades. Tan lejos como está el oriente del occidente, así he apartado tus transgresiones de ti. Como un padre tiene compasión de sus hijos, así tengo compasión de aquellos que me temen; yo sé de qué estás formado, y recuerdo que eres polvo. Desde la eternidad hasta la eternidad es mi amor para quienes me temen, y mi justicia para los hijos de tus hijos, para aquellos que guardan mi pacto y se acuerdan de obedecer mis preceptos.

Salmos 103:13-18

### Declaración de oración

*Tú me has sacado de las naciones y has reunido a tu pueblo de todos los países, y nos ha llevado de regreso a tu propia tierra. Tú nos has limpiado de todas nuestras impurezas. Tú me has dado un nuevo corazón y has puesto un espíritu nuevo en mí. Has quitado mi corazón de piedra y me has dado un corazón de carne. Has puesto tu Espíritu en mí y me has movido a seguir tus decretos y a guardar tus leyes. Viviré en la tierra que tú me diste. Seré tu hijo, y tú serás mi Dios.*

## BENDECIRÉ TU PROVISIÓN

HE BENDECIDO TU provisión y te he satisfecho con pan. Te he bendecido y rodeado tu vida de favor. Mis lluvias de bendición serán desatadas sobre tu vida a su tiempo. Bendeciré el fruto de tu vientre, las cosechas de tu tierra y tu ganado. Tu cesta y tu piedra de amasar serán bendecidas. Serás bendecido cuando entres y bendecido cuando salgas. Yo abriré los cielos, las puertas de mi abundancia, para enviar lluvias sobre tu tierra a su tiempo y para bendecir todo el trabajo de tus manos. Te haré cabeza y no cola. Le otorgaré abundante prosperidad en la tierra a la cual te llevaré.

SALMOS 132:15; EZEQUIEL 34:26; DEUTERONOMIO 28

### Declaración de oración

*Padre, ciertamente tú bendices al justo y nos rodeas de tu favor como un escudo. Gustaré y veré, porque tú eres bueno. Debido a que te temo y confío en ti, no me faltará nada. Benditos son aquellos a quienes escoges y llevas cerca para vivir en tus atrios, porque te llenamos de las cosas buenas de tu casa. Tú nos respondes con obras increíbles y rectas. Tú coronas el año con tu abundancia, y nuestros carros rebosan de abundancia.*

## YO SOY TU LUGAR SEGURO

HIJO MÍO, DESCANSA y duerme en paz, porque yo haré que habitas en seguridad. Te salvaré con mi salvación eterna, y siempre te mantendré seguro y libre de vergüenza. Yo saldré a buscar mis ovejas y las cuidaré. Te rescataré y te traeré de la cautividad. Yo seré tu Pastor y te haré reposar en campos fértiles, donde estarás seguro sobre verdes valles y verdes colinas. Haré regresar a los que se han apartado y vendaré a quienes estén heridos. Protegeré a los que son débiles.

SALMOS 4:8; ISAÍAS 48:17; EZEQUIEL 34:11-16

### Declaración de oración

*¡Oro a ti, Señor! Tú eres mi lugar seguro, y tú eres mi porción en la tierra de los vivientes. Por favor, responde mi oración. Estoy totalmente indefenso. ¡Ayúdame! Ellos me persiguen, y son demasiado fuertes. Rescátame de esta prisión para que pueda alabar tu nombre. Y cuando tu pueblo vea tu maravillosa bondad hacia mí, se pondrán de mi lado. Tú eres el Señor de justicia. Soy salvo, y habito seguramente.*

## TE ENSEÑARÉ MI VOLUNTAD

Yo soy tu Dios, y mi Espíritu Santo es bueno. Te guiaré en la tierra de rectitud y te enseñaré a hacer mi voluntad. Quien hace mi voluntad es mi hermano, mi hermana y mi madre. Mi amor está con quienes me temen, y mi justicia con quienes guardan mi pacto y hacen mi voluntad. ¿Cómo puede un joven permanecer en el sendero de la pureza? Viviendo según mi Palabra y buscándome con todo tu corazón, y no apartándote de mi voluntad. Guarda mi palabra en tu corazón para que no peques contra mí. Medita en mis preceptos y considera mis caminos.

SALMOS 143:10; MATEO 12:50; SALMOS 103:12-13; 119:6-16

### Declaración de oración

*Padre, tú has establecido preceptos que están ahí para ser totalmente obedecidos.
¡Oh, qué mis caminos estén firmes en obedecer tus decretos! Entonces no seré
avergonzado cuando considere todos tus mandamientos. Te alabaré con un
corazón recto cuando aprenda tus leyes justas. Obedeceré tus decretos. Dame
entendimiento para que pueda guardar tu ley y obedecerla con todo mi corazón.
Dirígeme en el sendero de tus mandamientos, porque allí encuentro delicia.*

## YO SOY TU FORTALEZA

Si caminas en rectitud y hablas correctamente, y evitas que tus oídos oigan de derramamiento de sangre, y cierras tus ojos para evitar mirar el mal, entonces te haré habitar en las alturas. Yo seré tu lugar de defensa en la fortaleza de las rocas. Se te dará pan, y el agua para ti estará asegurada. Yo seré la fuerza de mi pueblo y una fortaleza de salvación para mis ungidos. Yo soy tu ruta de refugio a la cual puedes acudir siempre. Te salvaré cuando clames, porque yo soy tu roca y tu fortaleza.

Isaías 33:15-16; Salmos 71:3

## Declaración de oración

*Señor, tú eres mi firme amor y mi fortaleza, mi alto refugio y mi libertador, mi escudo y Aquel en quien confío y me refugio, quien somete pueblos debajo de mí. Diré del Señor: "Tú eres mi refugio y mi fortaleza, mi Dios en quien confío". Quien te teme tiene una fortaleza segura y tú serás un refugio para sus hijos.*

## MI REINO ES ETERNO

MI REINO ES un Reino eterno, y mi dominio permanece en todas las generaciones. Yo soy digno de confianza en todo lo que prometo y fiel en todo lo que hago. He establecido mi trono en los cielos, y mi Reino gobierna sobre todo. Que los hombres hablen de la gloria de mi Reino y hablen de mi poder. Vine para traer justicia eterna y para establecer mi Reino. Mi Reino no es comida ni bebida, sino justicia, paz y gozo en el Espíritu Santo.

SALMOS 145:11, 13; 103:19; DANIEL 9:24; ROMANOS 14:17

### Declaración de oración

*Señor, tú has establecido tu trono en los cielos, y tu Reino gobierna sobre todo. Tu Reino y tu gobierno tocarán esta generación. Tú me rescataste y me hiciste entrar a tu Reino con cantos. Tú me has dado una corona de gozo y alegría eternos, y la tristeza y el lamento huirán.*

## SANARÉ A LOS QUEBRANTADOS

Yo EDIFICARÉ JERUSALÉN y reuniré a los exiliados de Israel. Sanaré a los quebrantados y vendaré sus heridas. Yo determino el número de estrellas y llamo a cada una por su nombre. Yo soy poderoso en poder, y mi entendimiento no tiene límites. Yo sostengo al humilde, pero derribo a tierra al malvado. Los justos claman, y yo los oigo y los libero de todas sus angustias. Yo estoy cerca de los quebrantados y salvo a los de espíritu abatido. Puede que el justo tenga muchos problemas, pero yo lo libraré de todos ellos. Protegeré sus huesos; ninguno de ellos será roto.

SALMOS 146:2-6; 34:4-6, 19-20

## Declaración de oración

*Te exaltaré en todo tiempo; tu alabanza estará de continuo en mi boca. Cuando estaba afligido, tú oíste y me hiciste alegrarme. Cuando te busqué, tú me respondiste y me libraste de todos mis temores. Quienes miran a ti están radiantes; sus rostros nunca están cubiertos de vergüenza. Tu ángel acampa alrededor de quienes te temen, y los libras.*

## YO LEVANTARÉ AL HUMILDE

LEVÁNTATE, HIJO MÍO, y levanta tu cabeza, porque yo no me olvidaré del humilde. Yo guío al humilde en justicia, y enseño al humilde mi camino. Yo soy el Dios que está entronado desde siempre. Yo no cambio. Oiré al humilde, pero humillaré a quienes no tienen temor de mí. Me deleitaré en mi pueblo y coronaré al humilde con victoria. Humildad es el temor del Señor, y sus recompensas son riquezas, honra y vida.

SALMOS 10:12; 25:29; 55:19; 149:4; PROVERBIOS 22:4

### Declaración de oración

*Señor, tú has oído el deseo de los humildes; tú prepararás sus corazones y harás que tus oídos oigan. Tú salvarás a los humildes, pero derribarás a los de mirada altiva. Mi alma se jactará en ti. El humilde lo oirá y se alegrará.*

## HARÉ BRILLAR MI LUZ SOBRE EL MUNDO

Yo ENVIARÉ MI luz y mi verdad y te guiaré. Te llevaré a mi monte santo
y a mi tabernáculo. El día es mío, y también la noche. He preparado la
luz y el sol, y he establecido todos los límites de la tierra. El sol ya no
será tu luz de día, ni la brillantez de la luna te dará luz. Porque yo seré
para ti una luz eterna y el Dios de tu gloria. Yo soy la luz del mundo.
El que me sigue no andará en tinieblas sino que tendrá la luz de la vida.

SALMOS 43:3; 74:16-17; ISAÍAS 60:19; JUAN 8:12

## Declaración de oración

*¿Dónde me iré de tu Espíritu? ¿O a dónde puedo huir de tu presencia? Si*
*subo a los cielos, tú estás allí. Si hago mi morada en el infierno, he aquí*
*que tú estás allí. Si tomo las alas de la mañana y hábito en las partes*
*más remotas del mar, incluso allí tu mano me guiará, y me sostendrá tu*
*diestra. Si digo: "Ciertamente las tinieblas me cubrirán", incluso la noche*
*será luz a mi alrededor; ciertamente, la oscuridad no ocultará de ti. Pero*
*la noche brilla como el día; la oscuridad y la luz son lo mismo para ti.*

## MI GOBIERNO NUNCA TERMINARÁ

PORQUE UN NIÑO nos es nacido, hijo nos es dado, y el principado sobre su hombro; y se llamará su nombre Admirable, Consejero, Dios Fuerte, Padre Eterno, Príncipe de Paz. Lo dilatado de su imperio y la paz no tendrán límite, sobre el trono de David y sobre su reino, disponiéndolo y confirmándolo en juicio y en justicia desde ahora y para siempre.

ISAÍAS 9:6-7

### Declaración de oración

*Señor, lo dilatado del gobierno y tu paz no tendrán fin. Que tu gobierno y tu paz aumenten de generación a generación.*

## TE DARÉ DESCANSO

CUANDO CRUCES Y habites en la tierra que yo te doy como herencia, te daré descanso de todos tus enemigos, de modo que habites con seguridad. Entonces estará el lugar donde yo he escogido que mi nombre habite. Yo soy el Señor que ha dado descanso a su pueblo según todo lo que prometí. No ha faltado ni una sola palabra de toda mi buena promesa. Acudan a mí, todos los que están cargados y cansados, y yo les daré descanso.

DEUTERONOMIO 12:10-11; 1 REYES 8:56; MATEO 11:28

### Declaración de oración

*Permite que entre en el descanso que tengo en Cristo. Tengo descanso de la tristeza, del temor y de la difícil atadura. Que habite en un pacífico lugar de morada y en una casa segura, y en lugar de descanso tranquilo.*

## Mi trono es establecido en misericordia

Alábame entre los pueblos, y cántame entre las naciones, porque mi misericordia llega hasta los cielos y mi verdad hasta las nubes. Mi trono es establecido en misericordia, y me siento en él en verdad en el tabernáculo de David, juzgando y buscando justicia y persiguiendo la rectitud. Canten de mi poder y canten en voz alta de mi misericordia, porque yo seré su defensa y su refugio en tiempo de angustia. Mi misericordia permanece para siempre.

Salmos 57:9-10; 59:16; Isaías 16:5

### Declaración de oración

*A causa de tu gran misericordia, vengo a tu casa, Señor, y estoy lleno de maravilla cuando me inclino para adorar en tu santo templo. Ciertamente, el bien y la misericordia me seguirán todos los días de mi vida, y en la casa del Señor moraré para siempre.*

## TE LIBRARÉ DE TUS ENEMIGOS

Yo soy el Señor de Sión, y estoy establecido en el monte santo en poder.
Gobierno en medio de mis enemigos. Mediante la grandeza de mi poder,
mis enemigos se someterán a mí. Todos tus odiosos enemigos se sentirán
como necios, porque yo te ayudaré y te consolaré. Mis planes sucederán
exactamente como yo he planeado. Mis huellas tomarán forma. Esparciré
a los enemigos que pisen mi tierra y los aplastaré en el polvo de mis montes.
Les prohibiré que tomen a mi pueblo y les hagan esclavos, y levantaré el
peso de opresión de sus hombros. Este es mi plan, pensado para toda la
tierra. Y mi mano es la que lo hará, llegando a todas las naciones. El Dios
de los ejércitos celestiales lo ha planeado. ¿Cómo podrían ser cancelados
tales planes? Mi mano se ha extendido. ¿Quién podrá apartarla?

SALMOS 66:3; 86:17; ISAÍAS 14:24-27

### Declaración de oración

*Guíame, oh Señor, en tu justicia a causa de mis enemigos. Que mi camino sea
recto delante de mi rostro. Por tu poder en mí, puedo avanzar contra mis enemigos
y escalar los muros que quieren dejarme fuera. Por medio de ti haré grandes cosas,
porque eres tú quien aplastará a mis enemigos. Sea yo librado de la mano de mis
enemigos, y que te sirva sin temor en santidad y justicia todos los días de mi vida.*

## YO SOY UN DIOS DE COMPASIÓN

LOS CIELOS GRITAN de alegría, y la tierra se regocija. Los montes irrumpen en canto, porque yo consuelo a mi pueblo y tendré compasión de mis afligidos. Consolaré a mi Iglesia y miraré con compasión todas sus ruinas. Haré que pase delante de ti toda mi bondad y proclamaré mi nombre delante de ti. Seré misericordioso con quien sea misericordioso, y tendré compasión de quien tenga compasión. Yo soy un Dios lleno de compasión, misericordioso, bondadoso y abundante en misericordia y verdad.

ISAÍAS 49:13; 51:3; ÉXODO 33:19; SALMOS 86:15

### Declaración de oración

*Señor, tú has redimido mi vida del pozo y me has coronado de amor y compasión. Tú anhelas ser misericordioso conmigo. Te levantas para mostrarme compasión. Tú eres un Dios de justicia. Esperaré en ti y seré bendecido. Por tu misericordia no somos consumidos y tu compasión nunca falla.*

# Te he dado mi sabiduría

Que todos los pueblos, todos los habitantes del mundo, presten oído y oigan mi sabiduría. Que oigan y entiendan mis parábolas del Reino. Te daré espíritu de sabiduría y revelación en el conocimiento de mí, y permitiré que los ojos de tu entendimiento sean iluminados para conocer la esperanza de mi llamamiento y las riquezas de la gloria de mi herencia. Yo guardo sensata sabiduría para el justo y soy un escudo para aquellos que caminan con rectitud. Te enseñaré el camino de la sabiduría y te guiaré en senderos de rectitud.

Salmos 49:1-4; Efesios 1:17-18; Proverbios 2:7; 4:11

## Declaración de oración

*Que la sabiduría y el conocimiento sean mi estabilidad y la fortaleza de mi salvación, y el temor del Señor sea mi tesoro. Tú me has llenado de tu Espíritu, en sabiduría y entendimiento, en conocimiento y en toda obra. Felices son tus siervos, quienes están continuamente delante de ti y oyen tu sabiduría.*

## YO SOY TU REDENTOR

TE REDIMIRÉ DE todas tus angustias. Yo redimiré el alma de mis siervos, y ninguno de quienes confían en mí serán condenados. Yo redimiré tu vida de la opresión y la violencia. Preciosa será tu sangre ante mis ojos. Yo soy tu todopoderoso Redentor, y defenderé tu causa contra tus enemigos. No temas, porque te he redimido. Te he llamado por tu nombre; mío eres tú. Cuando pases por las aguas, yo estaré contigo; y por los ríos, no te anegarán. Cuando pases por el fuego, no te quemarás, ni la llama arderá en ti. Porque yo soy el Señor tu Dios, el Santo de Israel, tu Salvador; entregué a mi Hijo para rescatarte.

SALMOS 25:22; 34;22; PROVERBIOS 23:11; SALMOS 43:1-3

### Declaración de oración

*Que las palabras de mi boca y la meditación de mi corazón sean aceptables a ti, oh Señor, mi fortaleza y mi Redentor. Sé que mi Redentor vive, y Él permanecerá al fin en la tierra. Mis labios se regocijarán cuando cante a ti, y mi alma, que tú has redimido.*

## ENVIÉ A MI HIJO PARA SALVAR AL MUNDO

Yo ENVIÉ A mi Hijo al mundo para ser levantado, para que todo aquel que en Él crea no perezca sino tenga vida eterna. Porque de tal manera amé al mundo que di a mi Hijo unigénito, para que todo aquel que cree en Él no perezca sino tenga vida eterna. Porque no envié a mi Hijo al mundo para condenar al mundo, sino para que el mundo pudiera ser salvo por Él. Porque la paga del pecado es muerte, pero el don de Dios es vida eterna en Cristo Jesús, su Señor, porque por gracia han sido salvos mediante la fe, y eso no de ustedes; ¡es don de Dios!

JUAN 3:15-17; ROMANOS 6:23

### Declaración de oración

*Padre, ¡gracias a ti por tu don indescriptible!*

## TE LLENARÉ DE GOZO Y ALEGRÍA

HARÉ QUE TUS lugares desiertos sean como el huerto de Edén, y tus tierras estériles como mi jardín. Te llenaré de gozo, alegría y gratitud, y del sonido de cantos. Te he rescatado y te he hecho entrar en Sión con cantos. Te he dado una corona de gozo y alegría eterna, y la tristeza y el lamento huirán. Mi luz está sembrada para el justo, y mi alegría para el recto de corazón. Yo soy el Señor tu Dios, y estoy en medio de ti; me regocijaré sobre ti con alegría. Te aquietaré con mi amor y me regocijaré sobre ti con cántico.

ISAÍAS 51:3; SALMOS 91:11; SOFONÍAS 3:17

### Declaración de oración

*Padre, en ti obtendré gozo y alegría, y la tristeza y el lamento huirán de mi vida. Delante de ti están honra y majestad; fortaleza y alegría están en tu morada. Tú has cambiado mi lamento en danza; has quitado mi manto de angustia y me has vestido de alegría.*

## YO ENDEREZARÉ LO TORCIDO

Yo CONSOLARÉ a mi pueblo, porque su guerra ha terminado y su iniquidad es perdonada. Han recibido de mí el doble por todos sus pecados. Todo valle será levantado, y todo monte y colina serán allanados. Los lugares torcidos serán enderezados, y los lugares torcidos serán suavizados. Mi gloria será revelada, y toda carne lo verá. Alimentaré a mi rebaño como un pastor y reuniré a los corderos con mi brazo. Los llevaré en mi regazo y conduciré suavemente a quienes tienen pequeños.

ISAÍAS 40:5, 11

### Declaración de oración

*¿No has sabido? ¿No has oído? El Dios eterno, el Señor, el Creador de los confines de la tierra, ni se cansa ni desmaya. Su entendimiento es insondable. Él da fortaleza al débil, y aumenta la fuerza del que no tiene ninguna. Incluso los jóvenes se fatigarán y se cansarán, y caerán estrepitosamente. Pero quienes esperan en el Señor renovarán sus fuerzas; levantarán alas como las águilas; correrán y no se cansarán; caminarán y no se fatigarán.*

## RENOVARÉ TUS FUERZAS

Yo SATISFARÉ TUS deseos con cosas buenas, para que tu juventud sea renovada como la del águila. Yo envío mi Espíritu y renuevo la faz de la tierra. Por tanto, no desmayes. Aunque tu hombre exterior se vaya desgastando, sin embargo, el hombre interior está siendo renovado de día en día. Porque tu ligera aflicción, la cual es por un momento, está obrando para ti un más excelente y eterno peso de gloria. No mires las cosas que se ven, sino las cosas que no se ven. Porque las cosas que se ven son temporales, pero las cosas que no se ven son eternas.

SALMOS 103:5; 104:30; 2 CORINTIOS 4:16-18

### Declaración de oración

*Esperaré en el Señor y renovaré mis fuerzas. Crea en mí un corazón limpio, oh Dios, y renueva un espíritu recto dentro de mí. Aquel que resucitó al Señor Jesús también me resucitará con Jesús y me presentará delante de su rostro.*

## Yo quitaré tu temor

Yo soy tu luz y tu salvación; ¿de quién temerás? Yo soy la fortaleza de tu vida; ¿de quién tendrás miedo? Disfrutarás del reposo que tienes en mí, porque reposarás de la tristeza y del temor, y de la atadura. Sabiduría y conocimientos serán tu estabilidad, y mi fortaleza será tu salvación. El temor del Señor es tu tesoro. Yo te estableceré en justicia, y la tiranía estará lejos de ti. No tienes nada que temer, porque el terror será eliminado y no se acercará a ti.

Salmos 27:1; Isaías 14:3; 33:6; 54:14

## Declaración de oración

*Señor, no temeré porque tú estás conmigo. Tú me fortalecerás, me ayudarás, y me sostendrás con tu diestra de justicia. No temeré porque tú, Señor, sostendrás mi mano y me ayudarás. Sea tu misericordia sobre aquellos que te temen de generación en generación.*

## TENGO UN FUTURO GLORIOSO PARA TI

PORQUE YO SÉ los pensamientos que tengo hacia ti, pensamientos de paz y no de mal, para darte un futuro y una esperanza. Hay esperanza en tu futuro de que tus hijos regresarán a su propia frontera. Ocurrirá en los postreros tiempos que el monte de la casa del Señor será establecido en lo alto de las montañas y será exaltado sobre las colinas, y los pueblos acudirán a él. Muchas naciones llegarán y dirán: "Venid, y subamos al monte de Jehová, y a la casa del Dios de Jacob; y nos enseñará en sus caminos, y andaremos por sus veredas".

JEREMÍAS 29:11; 31:17; MIQUEAS 4:1-2

## Declaración de oración

*¡Tú, Señor, eres todo lo que quiero! Tú eres mi porción, y me mantienes seguro. Tú haces mi vida agradable, y mi futuro es brillante. Tú juzgarás entre muchos pueblos y reprenderás a fuertes naciones lejanas. Ellos convertirán sus espadas en arados y sus lanzas en podadoras. No levantarán espada nación contra nación, ni aprenderán más la guerra. Todos los pueblos caminarán en tu nombre para siempre.*

## Te he dado nueva vida

ESTÁS SEPULTADO CON Cristo mediante el bautismo en muerte, para que como Cristo fue resucitado de la muerte por mi gloria, aun así camines en novedad de vida. Porque si has sido unido en la semejanza de su muerte, ciertamente también lo serás en la semejanza de su resurrección. He aquí que las viejas cosas pasaron, y declaro cosas nuevas; he aquí que llegan. Abriré ríos en alturas desoladas y fuentes en medio de los valles. Convertiré el desierto en un estanque de agua y la tierra seca en corrientes de agua. No temas, porque yo estoy contigo; no desmayes, porque yo soy tu Dios. Te fortaleceré, sí, te ayudaré. Te sostendré con mi diestra de justicia.

ROMANOS 6:4-5; ISAÍAS 41:10, 18

### Declaración de oración

*Tú has puesto un cántico nuevo en mi boca, y canto alabanzas a ti. Muchos verán tu bondad y temerán y confiarán en tu nombre. Proclamaré las buenas nuevas de justicia en la gran asamblea; ciertamente, no refrenaré mis labios.*

## OTROS LIBROS PUBLICADOS POR
## CASA CREACIÓN/CHARISMA HOUSE
## DEL APÓSTOL JOHN ECKHARDT

*Oraciones que derrotan a los demonios*
*Oraciones que rompen maldiciones*
*Todavía Dios habla*
*Oraciones que traen sanidad*
*Oraciones que revelan el cielo en la tierra*

## EN INGLÉS:

*Prayers That Rout Demons*
*Prayers That Break Curses*
*God Still Speaks*
*Prayers That Bring Healing*
*Prayers That Release Heaven on Earth*